Direito de Greve

Direito de Greve

DISCURSO E FORMA JURÍDICA

2023

Guilherme da Hora Pereira

ALMEDINA

DIREITO DE GREVE
DISCURSO E FORMA JURÍDICA
© Almedina, 2023
AUTOR: Guilherme da Hora Pereira

DIRETOR ALMEDINA BRASIL: Rodrigo Mentz
EDITORA JURÍDICA: Manuella Santos de Castro
EDITOR DE DESENVOLVIMENTO: Aurélio Cesar Nogueira
ASSISTENTES EDITORIAIS: Larissa Nogueira e Rafael Fulanetti
ESTAGIÁRIA DE PRODUÇÃO: Laura Roberti

DIAGRAMAÇÃO: Almedina
DESIGN DE CAPA: Roberta Bassanetto

ISBN: 9786556278445
Maio, 2023

Dados Internacionais de Catalogação na Publicação (CIP)
(Câmara Brasileira do Livro, SP, Brasil)

Pereira, Guilherme da Hora
Direito de greve: discurso e forma jurídica / Guilherme da Hora Pereira.
-- 1. ed. -- São Paulo: Almedina, 2023.

ISBN 978-65-5627-844-5

1. Direito do trabalho 2. Direito de greve
3. Marxismo 4. Movimentos sociais I. Título.

23-148586 CDU-34:331.109.32(81)

Índices para catálogo sistemático:

1. Brasil : Direito de greve : Direito do trabalho
34:331.109.32(81)

Eliane de Freitas Leite - Bibliotecária - CRB 8/8415

Universidade Católica de Brasília – UCB
Reitora: Profa. Me. Adriana Pelizzari
Pró-Reitora Acadêmica: Profa. Me. Adriana Pelizzari
Pró-Reitor de Administração: Prof. Me. Weslley Rodrigues Sepúlvida
Coordenador de Internacionalização: Prof. Dr. Ir. Lucio Gomes Dantas
Coordenadora de Pesquisa e Extensão: Profa. Dra. Silvia Kéli de Barros Alcanfor
Coordenador do Programa de Pós-Graduação em Direito: Prof. Dr. Maurício Dalri Timm do Valle
Editor-Chefe do Convênio de Publicações: Prof. Dr. Maurício Dalri Timm do Valle

Este livro segue as regras do novo Acordo Ortográfico da Língua Portuguesa (1990).

EDITORA: Almedina Brasil
Rua José Maria Lisboa, 860, Conj.131 e 132, Jardim Paulista | 01423-001 São Paulo | Brasil
www.almedina.com.br

Não apenas em suas respostas, mas já nas próprias perguntas havia uma mistificação.

Karl Marx – Friedrich Engels
A ideologia alemã (junho de 1846)

O que é que pode fazer o homem comum
Neste presente instante senão sangrar?
Tentar inaugurar
A vida comovida
Inteiramente livre e triunfante?

Belchior

À Clarice

SUMÁRIO

INTRODUÇÃO

Vive-se o tempo em que importante parte do pensamento jurídico, político, filosófico, acadêmico e das religiões recolheu-se em um silêncio legitimador dos poderes existentes, acomodando o pensamento crítico a uma tímida retaguarda analítica, apoiada na sacralização da evolução tecnológica e na proclamação da hermetização ideológica das práticas alegadamente racionais do capital. Segundo Robert Kurz, o pensamento a-conceitual típico do período compreendido entre o final do século XX e este início de século XXI não tem outra finalidade além de atender ao desejo de rebaixar a filosofia e a história a mero objetos de uso do capital.[1] Tal subordinação contemplativa e interpretativa surge como a principal causa de uma civilização individualizada e individualizante, subordinada aos marcos e limites de uma sociedade civil limitada pelo discurso jurídico, refém de uma realidade concretizada no hoje e refratária a uma imbricação filosófica explosiva e revolucionária. Trata-se de um processo de capitulação da razão em face da unidimensionalidade privada, cuja amplitude encontra limites no próprio alcance hermético da técnica.

Na contramão deste movimento, impõe-se a retomada da filosofia da práxis em nome de uma utopia concreta, vanguardista, transformadora,

[1] *"En una economía global de casino, el espíritu se convierte en filosofía de casino para uso doméstico de la máquina dineraria automatizada. No es casual que el face-lifting 'ético' de la economía de mercado se llame ahora 'filosofia' al igual que ciertos productos cosméticos, las nuevas estrategias de management de empresas o el perfil de marketing de um consorcio empresarial."* In: Kurz, Robert. *Los intelectuales después de la lucha de clases: de la nueva aconteptualidad a un nuevo pensamiento crítico.* In: Jappe, Anselm. Kurz, Robert. Ortlieb, Claus Peter. ***El absurdo Mercado de los hombres sin cualidades.*** La Rioja: Pepitas de Calabaza, 2014, p. 43.

inquieta, orientada para além da mera metafísica ou do simples idealismo analítico, e, por isso mesmo, capaz de interferir no centro nevrálgico da administração do dado e do existente e de revelar a essência oculta na aparência. Busca-se, pois, a superação da sedução mística e da abstração contemplativa de uma sociedade produzida (e reproduzida) pelas elevações técnicas ou espirituais de uma determinada época. Tal é o pano de fundo da pesquisa ora submetida ao crivo do leitor: a postulação radical de uma sociedade complexamente desenvolvida a partir do anseio transformador contido (mas não reprimido) na clássica exegese da Tese XI de Marx contra Feuerbach, segundo a qual "os filósofos têm apenas interpretado o mundo de maneiras diferentes; a questão, porém, é transformá-lo."[2]

A obra de Karl Marx é inteiramente permeada por um espírito de dúvida e de desconfiança crítica. O pensamento marxiano opõe, ao longo de toda a produção intelectual do autor, considerações criticamente científicas às sentenças, representações e discursos empírico-positivistas que funcionavam (e ainda funcionam, a bem dizer) como obstáculos à emancipação humana. Essa foi a perspectiva com que Marx travou, por toda a vida, um extenso e acidentado combate contra as determinações do capital em todos os campos em que estas se apresentassem. A crítica marxiana vai muito além do simples confronto de argumentos ou da simples verificação de compatibilidades e incompatibilidades entre ideias postas sob investigação. Marx se propôs a *transformar* a sociedade burguesa diretamente em suas raízes, e, para tanto, identificou como essencial promover um ajuste de contas com toda a consciência filosófica que o antecedia, suscitando uma ultrapassagem da *intelligentsia* até então existente em um aspecto radical e necessário à vida material dos homens.

É por isso que a reflexão sobre as imbricações entre o direito de greve exercitado pelo movimento operário brasileiro do século XXI e a luta de classes como uma mera relação superestrutural de cunho jurisprudencial puro, por assim dizer, analisando pequenos defeitos aqui e acolá verificáveis em sentenças e acórdãos espalhados por alguns dos diversos tribunais do País, não seria digna de uma digressão crítica que se diga marxista. Em rigor, julga-se que o aspecto radical do pensamento marxiano convida o seu intérprete à análise das complexas questões que se apresentam para

[2] MARX, Karl. **Teses sobre Feuerbach.** Moscou: Ed. Progresso Lisboa, 1982. Disponível em < https://www.marxists.org/portugues/marx/1845/tesfeuer.htm> Acesso em 02 mai 2020.

investigação também imbuído do mesmo espírito de dúvida e desconfiança crítica característicos do "primeiro violino" da crítica do capital. Assim, o tratamento conferido à greve, no Brasil, deve ser observado em toda a extensão da sua complexidade, segundo uma reflexão propriamente marxista e, por isso mesmo, ancorada em categorias materiais historicamente desenvolvidas e postas em oposição em um processo que leve em consideração a estrutura social em que a prática teórica se vê umbilicalmente ligada à política.

Daí que esta pesquisa replique, em seu próprio compasso, algumas das características marcadamente empregadas pela obra marxiana, a começar pelo vocabulário recheado de termos como "proletariado", "luta de classes", "valor", etc., que, expressos de acordo com o rigor metodológico da obra marxiana, objetivam a articulação do pensamento jurídico em um campo teórico crítico, materialista e transformador. Para tanto, todavia, é essencial que se apresentem os fundamentos do discurso marxiano para a transformação social articulando-os à crítica do direito (de greve). A relevância do marxismo, nesse aspecto, é reafirmada em Robert Kurz, inclusive na perspectiva da importância da sua retomada na contemporaneidade da sociedade unidimensional:

> *Si la teoria, y sobre todo la de tipo académico, no se atreve ya a mostrarse en público sino andando de puntillas, tan lastimoso estado tal vez se deba a la muerte del marxismo. Por lo visto, el marxismo, fue tan determinante par ala elaboración teórica del siglo veinte que esta parece haver cessado com él. Con el desmoronamento de los conceptos marxistas se desmorona la conceptualidad de la teoría en cuanto tal, porque el marxismo parecia ser la Aufhebung de la herencia de la filosofia, frente a la cual toda la elaboración conceptual posterior se definía por afinidade o rachazo. Ahora, en cambio, este punto de referencia, sea positiva o negativa, parece desvanecerse sin dejar rastro.*[3]

Nesta perspectiva, tem-se que o texto a seguir apresentado originou-se de pesquisa relativamente ambiciosa e de difícil execução, tendo-se partido de uma conclusão filosófica abrangente e já bastante disseminada – a relação existente entre o *direito* e a subordinação de homens e mulheres a uma práxis exploratória diretamente determinada por relações sociais

[3] KURZ, Robert. *Los intelectuales después de la lucha de clases: de la nueva aconteptualidad a un nuevo pensamiento crítico.* In: JAPPE, Anselm. KURZ, Robert. ORTLIEB, Claus Peter. ***El absurdo Mercado de los hombres sin cualidades.*** La Rioja: Pepitas de Calabaza, 2014, p. 45-46.

determinadas, por sua vez, pela circulação de mercadorias entre proprietários e não proprietários – para, após, concluir-se na prática de tal dominação junto às massas proletárias na captura do movimento grevista pelo discurso-forma dominante.[4]

Centralizando nos processos de valorização e realização do valor o eixo gravitacional em torno do qual orbita, esta pesquisa busca alcançar, na manifestação concreta do exercício do direito de greve, o ponto em que se manifesta a dominação do capital (e do discurso jurídico capitalista) sobre as massas proletárias como *forma social*. Em suma, trata-se o presente trabalho de uma articulação conceitual objetiva, elaborada a partir de uma análise estrutural da razão crítica marxista, entre as contradições fundamentais da sociabilidade capitalista e seus reflexos no horizonte jurídico burguês que, capturando as lutas operárias, submete o processo dialético e material da reivindicação operária à lógica formal do direito.

Assim, todo o processo de análise do objeto de investigação afunila-se na mais evidente manifestação coletiva do proletariado, seu instrumento de luta simultaneamente mais personalista e mais coletivista, na medida em que subjetiva os operários como agentes diretamente envolvidos no processo de produção exatamente por meio da paralização desta mesma produção: a greve. A greve aparece ao operário, portanto, como extremo oposto e como concretização plena do processo de venda da força de trabalho: enquanto assujeita o vendedor de força de trabalho como indivíduo dispondo-de-si segundo um processo material de oposição capitalista entre possuidores de mercadorias, representa, simultaneamente, a ação coletivamente articulada para paralisar o processo de valorização-realização do valor, desarticulando a *robinsonada*, pondo em evidência o paradigma da vontade livre e autônoma na produção e desmascarando-a segundo sua mais cruenta expressão: a disposição de tempo de vida em troca da própria subsistência.

[4] No que, ousa-se, esta pesquisa busca um alinhamento com o magistério de Antonio Candido: "Começo observando que, em comparação a eras passadas, chegamos a um máximo de racionalidade técnica e de domínio sobre a natureza. Isso permite imaginar a possibilidade de resolver grande número de problemas materiais do homem, quem sabe inclusive o da alimentação. No entanto, a irracionalidade do comportamento é também máxima, servida frequentemente pelos mesmos meios que deveriam realizar os desígnios da racionalidade." In: CANDIDO, Antonio. O direito à literatura. In: CANDIDO, Antonio. **Vários Escritos.**, Rio de Janeiro: Ouro sobre Azul, 2011, p. 171.

A greve, surgindo como manifestação material do laço social entre trabalhadores e trabalhadoras capazes de impor a completa paralisação da produção e, via de consequência, a paralisação da camada mais profunda da reprodução de toda a estrutura do capital, não poderia passar incólume pelas instâncias também materialmente postas a serviço da acumulação capitalista. A esta pesquisa, portanto, cumpre investigar a forma com que o discurso jurídico age enquanto instrumento de *legalização* da luta de classes, *domesticando* os impulsos emancipatórios da classe operária a partir da *subordinação* dos seus processos reivindicatórios à lógica da equivalência geral entre a forma jurídica e a forma mercadoria.

As relações e contradições entre as classes, materializadas pela greve, são, assim, encobertas e fetichizadas na forma-jurídica, conformando-as como relações entre as normas de regulamentação da greve *de per se* e submetendo a própria luta de classes a uma esfera de validação e mediação estatal que, obviamente, está subordinada à equivalência geral entre forma-jurídica e forma-mercadoria. Nesta toada, o franco conflito de classes transforma-se no diálogo de surdos magistralmente retratado na literatura naturalista de *Germinal* (1885), obra em que Émile Zola expõe a realidade de trabalhadores e trabalhadoras de minas de carvão francesas que, no limite da sua miserabilidade e exploração, resolvem pela eclosão de um movimento paredista de grandes proporções, de nítida inspiração marxista e anarquista, que, dividido entre a institucionalização do conflito e a luta de classes violenta, encontra na institucionalidade o seu resultado social típico, que Zola reduz a um mal-entendido de classes: a imposição, aos trabalhadores, da escolha entre o retorno ao trabalho e a sua antiga sociabilidade ou a morte por inanição.

A regulamentação da greve inserida na sociabilidade do capital manifesta-se na própria positivação do direito de greve no sistema jurídico brasileiro, seja no art. 9º da Constituição Federal ou ainda na Lei n. 7.783, de 28 de junho de 1989, de modo que o movimento de massas passe a corresponder, institucionalmente, à suspensão coletiva, temporária e pacífica, total ou parcial, de prestação pessoal de serviços a um determinado empregador, isto é legalizando-se a fissura da sociabilidade capitalista como um direito subjetivo limitado à reivindicação obreira-salarial e inerente à condição de empregado ou empregada.

Até por isso, o cenário empírico da pesquisa circunscreve-se à um movimento paredista "emblematicamente" levado à julgamento perante o Tribunal Superior do Trabalho na última década e que serve como "exemplo" e precedente para todos os demais que ousem desafiar a moldura do discurso jurídico socialmente admitido pelo capital: o dissídio coletivo de greve n. 1000418-66.2018.5.0000, movido pelas diversas personalidades jurídicas integrantes do Sistema Eletrobras contra as entidades sindicais do segmento, cujos trabalhadores organizados deflagraram greve contra a privatização das empresas do setor elétrico brasileiro. A "resposta" oferecida pela Justiça Especializada, seja em seu voto "conservador" (vencedor) ou mesmo em seu voto "progressista" (vencido) revelam a impossibilidade de o movimento paredista fissurar, legalmente, a sociabilidade do capital.

A forma jurídica assumida pelo direito de greve aparece para análise como a consagração de um campo jurídico específico para as reivindicações obreiras, reconhecidas pelo Estado na medida em que não "desorganizem" o circuito de valorização do capital. O Estado brasileiro, assim como qualquer forma estatal no mundo capitalista, ao incidir sobre a greve (e mesmo no contexto de um "direito social" amplamente empregado como processo de valorização laboral, como o direito do trabalho em si), estabelece um "terreno" específico em que o diálogo entre operários e capitalistas ocorre como uma ação coletiva limitada ao sinalagma da forma sujeito de direito, isto é, preservando-se a relação de equivalência geral entre a forma jurídica e a forma mercadoria, e submetendo-se, estruturalmente, a ação coletiva operária à moldura das relações de produção capitalistas.

Trata-se o presente texto, em última instância, de um processo reflexivo de desmistificação do fetichismo jurídico, revelando a estrutura submersa da sociabilidade capitalista, habilmente encoberta pelo discurso jurídico em expressões pretensamente universais, naturais, e que se apresentam como imprescindíveis enquanto, em seu centro nervoso, recalcam a materialidade das relações sociais inseridas nos processos de produção e de circulação de mercadorias. Para tanto, de forma até mesmo pretensiosa, organiza-se a exposição a seguir segundo as estruturas metodológicas d'*O Capital*, ou seja, segundo "um plano que parte do nível mais alto de abstração, no qual se focalizam fatores isolados ou no menor número possível, daí procedendo por concretização progressiva, à medida que se acrescentam novos fatores, no sentido da aproximação cada vez maior e multilateral com a realidade fatual."[5] Vale salientar, são os diversos obstá-

[5] GORENDER, Jacob. Apresentação. In MARX, Karl. **O capital:** crítica da economia política: livro I: o processo de produção do capital. São Paulo: Boitempo, 2017, p. 37.

culos enfrentados ao longo desta caminhada que permitem ao presente trabalho a adoção de um posicionamento alternativo aos modelos restritivos de pensamento, incapazes que são de transformar-se em possibilidades efetivas e reais de emancipação humana.

O diálogo entre Marx, Pachukanis e diversos autores de inspiração marxista, ora proposto segundo o "jogo dialético da passagem do abstrato ao concreto real e vice-versa"[6], encontra na crítica da legalização da greve o elemento capaz de impulsionar a superação do discurso jurídico como pressuposto da transformação social, negando espaço ao fetiche normativo reformista em favor da utopia concreta.

Neste diapasão, o Capítulo 1 tem por tarefa justamente situar o leitor em meio a vocação plurívoca da práxis transformadora marxiana. Isso porque a presente exposição, mesmo longe de ser um tratado sobre o(s) marxismo(s), vê como fundamental a educação da leitura para que se possa compreender, adequadamente, o processo contraditório que atravessa as relações sociais burguesas e o horizonte do capitalismo inseridos no cenário sob análise. Somente após localizar-se segundo o pensamento e o método marxianos o leitor poderá, enfim, libertar-se da interdição do tempo histórico capitalista e das representações estruturais da sua eternidade e naturalidade, as quais, vale antecipar, encontram no valor (e na fetichização do valor) sua validação enquanto materialidade e consciência em constante produção e reprodução.

Porém, para que o salto teórico-conceitual não seja feito de supetão, introduzindo diretamente no problema sob análise objetos aparentemente irreconhecíveis ao discurso jurídico de regulação da greve (o fetiche da mercadoria e a ideologia, por exemplo), impõe-se que a abordagem seja iniciada pela apresentação dos fundamentos do debate jurídico-marxista contemporâneo, com foco justamente sobre as categorias ora desenvolvidas, quais sejam as formas sociais e a relação dialética de sobredeterminação.

O Capítulo 2, por sua vez, analisa a estrutura dialética da sociabilidade burguesa segundo pontos de articulação essenciais a uma estrutura complexa e que, em profundidade, fundamentam, com relativa dominância, as condições de existência do movimento operário, das relações jurídicas e mesmo da greve sob o capitalismo. Vale dizer, tal investigação pretende correlacionar as contradições fundamentais da sociabilidade burguesa à

[6] Idem, ibidem.

materialidade das manifestações históricas da sociedade capitalista.[7] Não se trata de nenhuma "reinvenção da roda", mas de um importante alinhamento ao produto apresentado pela *Contribuição à crítica da economia política*, dedicado a explicitar a posição assumida pelas categorias capitalistas enquanto contradições complexamente produzidas e reproduzidas como abstrações.[8] Destarte, evidencia-se a essencialidade da investigação sobre a interação entre os elementos estruturais da sociabilidade capitalista no plano da ação recíproca entre a base e a superestrutura – o que, se verá adiante, é essencial não somente ao método marxiano *para si*, mas para a adequada compreensão da relação existente entre os pensamentos de Marx e Pachukanis, sobretudo quando contrapostos na práxis da paralisação da produção.

Já no Capítulo 3, após revisitadas algumas das contradições da sociabilidade capitalista que funcionam como *bases objetivas* da estrutura social do capital, passa-se a buscar as *formas* de submissão e de exploração de classe imposta contra os sujeitos explorados. Nessa etapa é fundamental levar-se em conta a concepção althusseriana de superestrutura, que "compreende dois 'níveis' ou 'instâncias': a jurídico-política (o direito e o Estado) e a ideológica (as distintas ideologias, religiosa, moral, jurídica, política, etc...)."[9] Afirma-se aqui a necessidade de, superando a condição positivista de objetividade, criticar o direito também sob o crivo da oposição Ciência – Ideologia no seio da teoria jurídica de Pachukanis. Neste estágio, a pesquisa ora

[7] Em um processo que, à sua maneira, emula a perspectiva de Hilferding: "*(...) el concepto fundamental de la economia es igual al concepto fundamental de la concepción materialista de la historia. Tal identidad es necesaria en tanto la vida económica no es más que una parte de la vida histórica, y por tanto la conformidad a las leyes económicas debe ser igual a la conformidad a las leyes históricas. Desde que el trabajo en su figura social deviene medida del valor, la economia se constituye como disciplina histórica y como ciencia de la sociedad.*" / HILFERDING, Rudolf. *La crítica de Böhm-Bawerk a Marx*. In: HILFERDING, Rudolf; BÖHM-BAWERK, Eugen von; BORTKIEWICZ, Ladislau von. ***Economía burguesa y economía marxista.*** Ciudad de México: Pasado y presente, 1978, p. 138-139.

[8] E que, inclusive, vai ao encontro do que defende Althusser ao preconizar que a *Contribuição à crítica da economia política* "[...] não é mais que uma longa demonstração da tese seguinte: o simples jamais existe senão numa estrutura complexa; a existência universal de uma categoria simples nunca é originária, ela só aparece ao fim de um longo processo histórico, como o produto de uma estrutura social extremamente diferenciada; nunca lidamos, portanto, na realidade, com a existência pura da simplicidade, seja ela essência ou categoria, mas com a existência de 'concretos', de seres e de processos complexos e estruturados." In: ALTHUSSER, Louis. **Por Marx.** Campinas: Editora da Unicamp, 2015, p. 159.

[9] ALTHUSSER, Louis. **Aparelhos Ideológicos de Estado:** nota sobre os aparelhos ideológicos de Estado (AIE). Rio de Janeiro: Edições Graal, 1985, p. 128.

proposta presta-se a investigar o discurso jurídico com o objetivo de "ver o que a ideologia burguesa oculta necessariamente: a estrutura de classe e a exploração de classe de uma formação social"[10]. Isto é, tem-se como objetivo retirar o véu místico do papel implacavelmente desempenhado pelo direito enquanto ideologia e materialidade direcionadas à afirmação do *sujeito de direito* e à reprodução da exploração capitalista.

Neste sentido, foi Pachukanis quem obteve maior êxito na aproximação metodológica entre a forma jurídica e a forma mercadoria historicamente determinada. Em Pachukanis o direito aparece não somente como a expressão ideológica ou como sistema conceitual, mas também como fenômeno material garantidor do processo de circulação de mercadorias, de modo que a própria *forma jurídica* estaria enraizada e sobre determinada segundo as contradições fundamentais da sociabilidade capitalista, especialmente a lei do valor e os processos de produção e de circulação de mercadorias. Assim que, estando o direito condicionado à universalização das contradições advindas dos processos de valorização e de realização do valor, qualquer investigação da teoria jurídica haveria, necessariamente, de ir ao encontro das referidas contradições, desvendando as formações sociais que, ocultas atrás das abstrações habitualmente verificadas no momento jurídico, *mistificam* a ordem jurídica como um dado natural apriorístico ou como uma simples representação formal de uma ordem consciente.

A esta altura, expõe-se o pensamento de Pachukanis, portanto, como um modelo teórico capaz de submeter o direito à interpelação pelo processo de valorização do valor, estabelecendo a relação de determinação das formas do direito pelas formas da base econômica da estrutura social, denunciando-o à realidade social encoberta pelos seus conceitos típicos. Vale dizer, o sistema pachukaniano apresenta-se como essencial ao desfecho desta pesquisa justamente na medida em que consegue estabelecer o vínculo fundamental entre a greve enquanto manifestação dos sujeitos-conscientes pela paralisação do processo de produção e o imperativo jurídico – e, no mais das vezes, jurisdicional – pela forma-salário e pelo retorno ao trabalho, expresso sob diversas máscaras normativas, mas evidentemente relacionado à ordem da reprodução da sociabilidade capitalista.[11]

[10] ALTHUSSER, Louis. **Freud e Lacan. Marx e Freud:** introdução crítica-histórica. Rio de Janeiro: Edições Graal, 1985, p. 80.

[11] Neste compasso, Marcelo Gomes Franco Grillo sublinha que "os tratadistas do Direito burguês, teoricamente, compõem a relação jurídica por sujeito ativo, sujeito passivo, vínculo de atributividade e objeto, no qual o sujeito ativo é quem detém o Direito Subjetivo e o sujeito

Vale salientar que a concretização deste modelo analítico é apresentada no ponto em que se investigam os sujeitos coletivos cuja ação é submetida à reflexão ora proposta: as entidades sindicais. Observa-se a sua limitação em relação ao horizonte imposto pela lei do valor e pela lógica da circulação de mercadorias. Assim, de certa maneira, pondera-se em que medida os sindicatos, representantes por excelência do movimento operário na sociabilidade capitalista, subordinam-se à ideologia do socialismo jurídico, cuja expressão final de submissão pode ser capturada exatamente no assujeitamento da greve aos mecanismos da sociedade das mercadorias.[12]

Já no derradeiro Capítulo 4, passa-se a enfrentar a problemática da *greve* e do *direito de greve* propriamente ditos. Isto é, confronta-se toda a construção da forma jurídica como relação social derivada das entranhas do valor, iniciando pela reflexão acerca da reverberação do discurso jurídico capitalista na regulação brasileira do fato-greve, perpassando as "etapas" e "fases" mais ou menos bem determinadas em que a mediação estatal se fez presente para reprimir e/ou domesticar o choque de interesses entre operários e capitalistas em território brasileiro. Para tanto, percorre-se um caminho cronológico em que se sopesam as regulamentações legislativas da greve e suas percepções por parte da "doutrina" tradicional que, em rigor, estabelecem as bases do discurso jurídico capitalista acerca da greve até a atualidade, em um desenvolvimento aparentemente "técnico", mas essencialmente impregnado pela ideologia burguesa e por suas práticas materiais, as quais, por sua vez, são confrontadas na análise da *legalização* da greve e no processo de interpelação ideológica do direito de greve.

passivo é o obrigado da relação jurídica. O vínculo de atributividade é o que une certo sujeito ativo ao objeto, tendo como pressuposto a norma jurídica. Agora, para a teoria marxista do Direito, se poderia dizer que o vínculo de atributividade é 'a forma equivalente entre sujeitos livres', o qual une o sujeito ativo ao objeto e não tem a norma jurídica como pressuposto da relação, pois, antes, é pela ligação entre sujeitos de Direito 'livres', que a própria relação jurídica se completa" In: FRANCO GRILLO, Marcelo Gomes. **O Direito na filosofia de Slavoj Žižek:** perspectivas para o pensamento jurídico crítico. São Paulo: Alfa-Omega, p.77.

[12] Nesses termos, Anselm Jappe, em afirmação que contempla o espírito das páginas finais do Capítulo 3, preconiza como característica da sociabilidade capitalista o *absurdo mercado dos homens sem qualidades*, em cuja espiral do fetiche *"el movimiento obrero ha confundido siempre el capitalismo con lo que no era más que una etapa determinada de su evolución. Las luchas de clases eran conflictos de intereses que se desarrollaban siempre dentro del horizonte de la sociedade de la mercancia y sin ponerla em cuestión"* In: JAPPE, Anselm. *El absurdo mercado de los hombres sin cualidades*. In ___.; KURZ, Robert.; ORTLIEB, Claus Peter. ***El absurdo mercado de los hombres sin cualidades.*** La Rioja: Pepitas de Calabaza, 2014, p. 37.

Em seguida, passa-se da reflexão abstrata para a investigação dos movimentos estruturais concretamente verificáveis no julgamento, pelo Tribunal Superior do Trabalho, do dissídio coletivo de greve n. 1000418-66.2018.5.00.0000, oportunidade em que o Estado, instado a mediar a "crise" provocada pela deflagração de movimento paredista pelos operários do sistema Eletrobras contra a sua privatização, condiciona a sua "resposta" à adequação das reivindicações à moldura da forma jurídica socialmente admissível pela sociabilidade do capital. Ao observar-se de perto a manifestação *in concreto* do discurso jurídico burguês no seio da ação judicial em comentário pode-se, por fim, perceber o movimento que ocorre por sob a superfície do "direito de greve", especialmente à luz da regulação capitalista e dos imperativos lançados sobre os indivíduos e instituições *conformados* aos movimentos e contradições fundamentais à reprodução do valor e da própria sociedade do capital.

1
OS FUNDAMENTOS DO DEBATE JURÍDICO-MARXISTA CONTEMPORÂNEO

1.1. O caminho de Marx

Marx fez de sua obra uma eminente investigação simultaneamente teórica e política da sociedade burguesa. Ainda em sua juventude (entre 1841 e 1842), Marx somou-se a um grupo de jovens hegelianos de esquerda cuja produção textual supunha que a crítica aos centros irracionais do então Estado prussiano pudesse conformá-lo aos ditames da razão, reprogramando a medida do Estado real a uma realização da liberdade racional e, de certa maneira, adaptando o hegelianismo ao liberalismo clássico pela afirmação do Estado como *locus* da universalidade dos interesses de uma sociedade em que o Estado é "um grande organismo no qual a liberdade jurídica, moral e política deve alcançar a própria realização, e no qual o indivíduo singular, obedecendo à lei do Estado, obedeça só às leis naturais de sua mesma razão, da razão humana."[13]

De acordo com o jovem Marx, pressupondo que o indivíduo só deva obediência às leis do Estado na medida em que tais leis correspondam efetivamente às leis naturais da razão humana, uma determinada expressão jurídica proferida no âmbito de um Estado não organizado racionalmente aparece como um não-direito, *a faca russa do samoiedo,* uma sanção positiva da ilegalidade que anula a igualdade dos cidadãos perante a lei: um privilégio. A principal expressão deste período da obra marxiana consta do *Debate sobre a lei referente ao furto de madeira*, de 1842.[14]

[13] NAVES, Márcio Bilharinho. **Marx:** ciência e revolução. São Paulo: Moderna, 2000, p. 21.

[14] MARX, Karl. **Os despossuídos:** debates sobre a lei referente ao furto de madeira. São Paulo: Boitempo, 2017.

Assim se inicia o longo – porém, de certa maneira, rarefeito – caminho da reflexão marxiana sobre o discurso jurídico, que desembocará num intenso fluxo de contradições dialeticamente postas até os nossos dias, e cujos denominadores estruturais se encontram soterrados por um pesado emaranhado ideológico insuperável sob a perspectiva do horizonte de relações sociais burguesas supostamente autônomas entre si.

Em um segundo momento de sua juventude, Marx, fortemente influenciado pelo materialismo feuerbachiano e sua noção de alienação, encontra no proletariado a força material capaz de confrontar a dominação de classe e romper com os grilhões da miséria dos homens. Assim, o proletário, armado com a teoria revolucionária, surge como o agente da emancipação humana. A principal obra marxiana que caracteriza esse período é a *Crítica da filosofia do direito de Hegel – Introdução*, de passagem que merece reprodução:

> A arma da crítica não pode, é claro, substituir a crítica da arma, o poder material tem de ser derrubado pelo poder material, mas a teoria também se torna força material quando se apodera das massas. A teoria é capaz de se apoderar das massas tão logo demonstra ad hominem, e demonstra ad hominem tão logo se torna radical. Ser radical é agarrar a coisa pela raiz. Mas a raiz, para o homem, é o próprio homem. [...] As revoluções precisam de um elemento passivo, de uma base material. A teoria só é efetivada num povo na medida em que é a efetivação de suas necessidades.[15]

O período da crítica marxiana à alienação é, também, fortemente caracterizado pela sua problemática humanista, o que, segundo autores como Márcio Bilharinho Naves, Adriano de Assis Ferreira e Robert Kurz, "impede Marx de apreender as determinações reais da sociedade burguesa"[16]. É que, em tal período, Marx tem como ponto de partida do seu pensamento o próprio sujeito histórico revolucionário – proletariado – como portador da condição emancipatória geral *por si*. O ser-aí do proletariado adviria de um processo de consciência dialeticamente desenvolvido em que a emancipação humana[17] adviria de uma mobilização organizada do proletariado em defesa da sua própria personalidade proletária, afir-

[15] MARX. Karl. **Crítica da filosofia do direito de Hegel.** São Paulo: Boitempo, 2013, p. 157-158.
[16] NAVES, Márcio Bilharinho. **Marx:** ciência e revolução. São Paulo: Moderna, 2000, p. 27.
[17] MARX, Karl. **Sobre a questão judaica.** São Paulo: Boitempo, 2010.

mando-a, segundo a lógica hegeliana, como negação da negação dos seus grilhões. A ancoragem teórica marxiana até então trespassava o campo econômico-social, relacionando o trabalho alienado (em sentido estrito, ou seja, no distanciamento entre produtor e produto) e a análise da alienação religiosa feuerbachiana[18] ao processo de conscientização de uma classe operária ainda hesitante em seu *iter* emancipatório.

Este contexto (e as limitações da compreensão marxiana que, mesmo vislumbrando os mecanismos da exploração, não encontrava o método adequado para o seu enfrentamento) é visível na forma como Marx define, ainda em *Crítica da filosofia do direito de Hegel – Introdução*, o proletariado como sujeito histórico de transformação emancipatória:

> Para que a revolução de um povo e a emancipação de uma classe particular da sociedade civil coincidam, para que um estamento [Stand] se afirme como um estamento de toda a sociedade, é necessário que, inversamente, todos os defeitos da sociedade sejam concentrados numa outra classe, que um determinado estamento seja o do escândalo universal, a incorporação das barreiras universais; é necessário que uma esfera social particular se afirme como o crime notório de toda a sociedade, de modo que a libertação dessa esfera apareça como uma autolibertação universal. Para que um estamento seja par excellence o estamento da libertação é necessário, inversamente, que um outro estamento seja o estamento inequívoco da opressão.
>
> [...]

[18] Em A essência do cristianismo (1841) Feuerbach desenvolve a ideia de alienação religiosa como uma operação em que o homem passa a considerar como algo exterior e não controlável algo que, na verdade, resulta de sua própria criação: "E aqui vale sem qualquer restrição o princípio: o objeto do homem nada mais é que a sua própria essência objetivada. Como o homem pensar, como for intencionado, assim é o seu Deus. *A consciência de Deus é a consciência que o homem tem de si mesmo, o conhecimento de Deus o conhecimento que o homem tem de si mesmo.* Pelo Deus conheces o homem e vice-versa pelo homem conheces o seu Deus; ambos são a mesma coisa. O que é Deus para o homem é o seu espírito, a sua alma e o que é para o homem seu espírito, sua alma, seu coração, isto é também o seu Deus: Deus é a intimidade revelada, o pronunciamento do Eu do homem; a religião é uma revelação solene das preciosidades ocultas do homem, a confissão dos seus mais íntimos pensamentos, a manifestação pública dos seus segredos de amor. Mas ao ser a religião, a consciência de Deus, definida como a consciência que o homem tem de si mesmo, não deve ser aqui entendido como se o homem religioso fosse diretamente consciente de si, que a sua consciência de Deus é a consciência que tem da sua própria essência, porque a falta da consciência deste fato é exatamente o que funda a essência peculiar da religião." FEUERBACH, Ludwig. **A essência do cristianismo.** Petrópolis: Vozes, 2013, p. 44-45.

> Na Alemanha, ao contrário, onde a vida prática é tão desprovida de espírito quanto a vida espiritual é desprovida de prática, nenhuma classe da sociedade civil tem a necessidade e a capacidade de realizar a emancipação universal, até que seja forçada a isso por sua situação imediata, pela necessidade material e por seus próprios grilhões.
>
> Onde se encontra, então, a possibilidade positiva de emancipação alemã? Eis a nossa resposta: na formação de uma classe com grilhões radicais, de uma classe da sociedade civil que não seja uma classe da sociedade civil, de um estamento que seja a dissolução de todos os estamentos, de uma esfera que possua um caráter universal mediante seus sofrimentos universais e que não reivindique nenhum direito particular, porque contra ela não se comete uma injustiça particular, mas a injustiça por excelência, que já não possa exigir um título histórico, mas apenas o título humano, que não se encontre numa oposição unilateral às consequências, mas numa oposição abrangente aos pressupostos do sistema político alemão; uma esfera, por fim, que não pode se emancipar sem se emancipar de todas as outras esferas da sociedade e, com isso, sem emancipar todas essas esferas – uma esfera que é, numa palavra, a perda total da humanidade e que, portanto, só pode ganhar a si mesma por um reganho total do homem. Tal dissolução da sociedade, como um estamento particular, é o proletariado.
>
> [...]
>
> A única libertação praticamente possível da Alemanha é a libertação do ponto de vista da teoria que declara o homem como o ser supremo do homem.[19]

O mesmo tom é adotado por Marx nas páginas dos *Manuscritos econômico-filosóficos*, nas quais o autor, já tendo se voltado ao comunismo e em pleno processo de cientifização do socialismo, ao analisar as condições de vida do operariado e a sua alienação pelo trabalho, reproduziu as representações humanistas (e moralistas) de Feuerbach. Assim, na alienação do trabalho os objetos produzidos pelo trabalho aparecem ao obreiro como algo estranho, independente, capaz de dominar o trabalhador como uma espécie de poder autônomo que se multiplica na mesma proporção em que o obreiro se priva da sua capacidade de subsistência. A atividade produtiva, portanto, não pertence ao próprio trabalhador, mas a outrem, "de modo que o trabalhador se sente infeliz e mortificado em um trabalho que não

[19] MARX. Karl. **Crítica da filosofia do direito de Hegel.** São Paulo: Boitempo, 2013, p. 161-162.

acarreta o seu desenvolvimento mental e físico"[20]. A alienação, nesse viés, exterioriza o trabalho em relação ao trabalhador e, justamente por isso, implica na perda do trabalhador de si mesmo.

> O trabalhador – diz Marx – se torna tanto mais pobre quanto mais riqueza produz, quanto mais sua produção aumenta em poder e extensão. O trabalhador se torna uma mercadoria tão mais barata quanto mais mercadorias cria. Com a valorização do mundo das coisas (*Sachenwelt*) aumenta em proporção direta a desvalorização do mundo dos homens (*Menschenwelt*). O trabalho não produz somente mercadorias; ele produz a si mesmo e ao trabalhador como uma mercadoria, e isto na medida em que produz, de fato, mercadorias em geral. Este fato nada mais exprime, senão: o objeto (*Gegenstand*) que o trabalho produz, o seu produto, se lhe defronta como um ser estranho, como um poder independente do produtor.[21]

O trecho acima, de beleza quase poética, reproduz a fórmula teológica-antropológica feuerbachiana segundo a qual *quanto mais rico é Deus, mais pobre torna-se o homem*[22]. *Mais ainda, é o desdobramento conclusivo dos textos da juventude de Karl Marx que revela a profunda articulação do pensamento marxiano com a antropologia filosófica de Feuerbach, vez que, partindo-se do trabalho alienado como indutor da dominação do capitalista – a dominação sobre a produção e o produto por aquele que não produz –, a sociedade comunista, concebida idealmente,* até então, como aquela sociedade não-alienada após a supressão positiva da propriedade privada, permitiria ao homem a apropriação da sua essência, "reconduzindo o predicado ao sujeito"[23] e reunificando o homem com o homem e com a natureza.

O período do humanismo marxiano é, portanto, bastante caracterizado pelo emprego de noções e de categorias tipicamente afetadas ao universo da ideologia da mercadoria (gênero humano, natureza humana, essência humana, etc.). Tais características do discurso crítico do jovem Marx admitem, portanto, a busca pela determinação e pela transformação da sociedade burguesa através da personificação dos movimentos da sociedade de acordo com os anseios de sujeitos históricos revolucionários (homens, proletários, etc.).

[20] NAVES, Márcio Bilharinho. **Marx:** ciência e revolução. São Paulo: Moderna, 2000, p. 25.

[21] MARX, Karl. **Manuscritos econômico-filosóficos.** São Paulo: Boitempo, 2010, p. 80.

[22] FEUERBACH, Ludwig. **A essência do cristianismo.** Petrópolis: Vozes, 2013.

[23] NAVES, Márcio Bilharinho. **Marx:** ciência e revolução. São Paulo: Moderna, 2000, p. 27.

Todavia, a construção do materialismo histórico marxiano propõe a si mesma um ponto de inflexão. Essa ruptura epistemológica revela-se, n'*A ideologia alemã*, como uma espécie de ajuste de contas entre o hegelianismo, o feuerbachianismo e o conhecimento científico marxiano naquele estágio determinado de desenvolvimento. Marx, a partir de então, passa a abordar com mais clareza o processo histórico como resultado de articulações existentes entre as relações de produção e as forças produtivas de uma determinada sociabilidade. O marco desta ruptura é fundamental ao trabalho ora apresentado, já que este, tanto quanto aquela, tenta escapar ao condicionamento da teoria pelo campo no qual ela se insere. Nesse contexto, o conjunto de problemas teóricos constitutivos do conhecimento científico real, em Marx (e, pretensiosamente, nesta abordagem), foge à mistificação dos pressupostos ideais, morais ou humanizantes do homem burguês ou proletário e, vá lá, da Justiça do Trabalho ou de uma regulamentação dos direitos laborais que, tendo suas respostas limitadas à amplitude das perguntas do seu próprio campo, conforma a ação humana à experiência histórica do seu próprio e limitado conceito. Assim é que Marx retrata a inaptidão da crítica filosófica alemã para a transformação social, inapta ao enfrentamento do mundo real e dos elementos decisivos da sua existência material.

> Certa vez – diz Marx –, um nobre homem imaginou que os seres humanos se afogavam na água apenas porque estavam possuídos pela ideia da gravidade. Se afastassem essa representação da cabeça, por exemplo esclarecendo-a como uma representação supersticiosa, religiosa, eles estariam livres de todo e qualquer perigo de afogamento. Durante toda a sua vida combateu a ilusão da gravidade, de cujas danosas consequências todas as estatísticas lhe forneciam novas e numerosas provas. Aquele nobre homem era do tipo dos novos filósofos revolucionários alemães.[24]

É apenas com a maturação de sua obra que Marx passa a apresentar a materialidade do processo histórico como *locus* das estruturas fundamentais de uma determinada sociabilidade. A partir de então, Marx estabelece (e estabiliza) um vocabulário de categorias teórico-conceituais com as quais a crítica marxista mais avançada e aprofundada trabalhará nos próximos séculos. A esse respeito, destaque-se o conceito de produção,

[24] Marx, Karl. **A ideologia alemã.** São Paulo: Boitempo, 2007, p. 523-524.

a distinção entre os diversos modos de produção, a investigação sobre o grau de desenvolvimento das forças produtivas, a determinação material da vida social, dentre outros. Destarte, a análise marxiana, já em seu período de maturação, consolida seu centro nervoso no modo como os homens produzem a sua vida material e, por conseguinte, produzem a si mesmos.

> Tal como os indivíduos exteriorizam sua vida – diz Marx –, assim são eles. O que eles são coincide, pois, com sua produção, tanto com o que produzem como também com o modo como produzem. O que os indivíduos são, portanto, depende das condições materiais de sua produção.[25]

Afirmado o princípio da determinação material da vida social como princípio fundamental da concepção teórica marxiana, evidencia-se o enraizamento dos processos sociais e políticos nas condições materiais da produção. Não à toa o "radicalismo" do pensamento marxiano é literal, preconizando a tomada da crítica e da análise das coisas em sua raiz. Daí que a análise do direito de greve deva aprofundar-se, também, nas raízes do discurso jurídico, abordando o movimento paredista como um instrumento operário materialmente habilitado a promover a paralisação da produção e da extração de mais-valor. Ora que, havendo raízes tão profundas na greve quanto a paralisação do regime de exploração de trabalho não pago, parece evidente que o discurso jurídico que a regulamenta reproduza as medidas exatamente necessárias à reprodução da própria sociabilidade burguesa. Eis a relevância da ancoragem marxista à reflexão ora proposta e, também, a importância de uma crítica não aprisionada unicamente aos conceitos da teoria jurídica tradicional.

Nada obstante, Marx, mesmo tendo identificado em *A ideologia alemã* o princípio da determinação material pela produção, ainda procurava resolver o problema da *articulação* entre essa base material e o conjunto dos demais elementos de natureza não-econômica integrantes da vida social. Assim, apresenta-se a conhecida representação arquitetônica segundo a qual o modo de produção e as relações materiais constituiriam a base material, a *estrutura* sobre a qual se ergueria uma *superestrutura* composta por elementos não econômicos – ideias, representações, ideologia, política, direito, arte, etc. –. Segundo o Marx da *Ideologia alemã*, portanto, a supe-

[25] Idem, p. 87.

restrutura seria subordinada, condicionada, compreendida e diretamente explicada a partir da respectiva base estrutural econômica.

> A estrutura social e o Estado – diz Marx – provêm constantemente do processo de vida de indivíduos determinados, mas desses indivíduos não como podem aparecer na imaginação própria ou alheia, mas sim tal como realmente são, quer dizer, tal como atuam, como produzem materialmente e, portanto, tal como desenvolvem suas atividades sob determinados limites, pressupostos e condições materiais, independentes de seu arbítrio.
>
> A produção de ideias, de representações, da consciência, está, em princípio, imediatamente entrelaçada com a atividade material e com o intercâmbio material dos homens, com a linguagem da vida real. O representar, o pensar, o intercâmbio espiritual dos homens ainda aparecem, aqui, como emanação direta de seu comportamento material. O mesmo vale para a produção espiritual, tal como ela se apresenta na linguagem da política, das leis, da moral, da religião, da metafísica etc. de um povo. Os homens são os produtores de suas representações, de suas ideias e assim por diante, mas os homens reais, ativos, tal como são condicionados por um determinado desenvolvimento de suas forças produtivas e pelo intercâmbio que a ele corresponde, até chegar às suas formações mais desenvolvidas. A consciência [*Bewusstsein*] não pode jamais ser outra coisa do que o ser consciente [*bewusste Sein*], e o ser dos homens é o seu processo de vida real.[26]

Neste compasso é que Marx consolida seu arcabouço crítico à filosofia idealista. Por assim dizer, "a história deixa de ser uma coleção de fatos mortos, como para os empiristas ainda abstratos, ou uma ação imaginária de sujeitos imaginários, para os idealistas"[27]. O pensamento marxiano, por sua vez, partia do processo de vida real dos homens de carne e osso, "ao contrário da filosofia alemã, que desce do céu à terra, [o pensamento] aqui se eleva da terra ao céu."[28] Ou seja:

> [...] indivíduos determinados, que são ativos na produção de determinada maneira, contraem entre si estas relações sociais e políticas determinadas. A observação empírica tem de provar, em cada caso particular, empiricamente

[26] MARX, Karl. **A ideologia alemã.** São Paulo: Boitempo, 2007, p. 93-94.

[27] Idem, p. 94-95.

[28] Idem, p. 94.

e sem nenhum tipo de mistificação, ou especulação, a conexão entre a estrutura social e política e a produção.[29]

Ao refutar a crença idealista de que as ideias modelam a vida material como ideologia, Marx confronta os modelos hegelianos da Ideia Absoluta e do Espírito Absoluto, apresentando-os como resultado de uma interação social dinâmica entre o desenvolvimento das forças produtivas e as relações que os homens são compelidos a estabelecer entre si como forma de satisfazer suas necessidades materiais.[30] O interessante da madura abordagem marxiana, entretanto, é a contraposição cientificamente baseada segundo o núcleo lógico da economia política e orientado à sua reprodução: o valor. Assim é que se dá a orientação definitiva de Marx ao materialismo histórico-dialético como fundamentação científica do socialismo, não mais apresentando o conceito de alienação como princípio da situação da classe operária, mas acoplando ao seu pensamento os fundamentos da economia política ricardiana para *demonstrar* que a exploração do proletariado se *integra*, como contradição fundamental, ao eixo do sistema econômico da sociedade burguesa. Esse modelo de ultrapassagem epistemológica cristaliza-se na *Miséria da filosofia*, obra em que Marx, ao polemizar com Proudhon, admite a teoria do ricardiana do valor-trabalho como pedra fundamental da *crítica* da economia política, inclusive empregando-a como centro gravitacional crítico em diversas conferências realizadas entre 1847 e 1848, mais tarde publicadas sob o título de *Trabalho assalariado e capital*.

Esse enfoque alcançou seu ponto culminante enquanto Marx entregava-se à sua obsessão teórica: "elaborar a crítica da economia política enquanto ciência mediada pela ideologia da mercadoria e apresentar uma teoria econômica alternativa, a partir das conquistas científicas dos economistas clássicos"[31]. As investigações de Marx implicaram, a essa altura (entre 1857 e 1858), na elaboração dos chamados *Grundrisse – Esboços dos fundamentos da crítica da economia política* (somente publicados já na União Soviética, entre 1939 e 1941), que esclarecem muitas das diretrizes metodológicas do pensamento marxiano durante a elaboração de *O Capital*.

[29] Idem, p. 93.

[30] GORENDER, Jacob. Apresentação. In MARX, Karl. **O capital:** crítica da economia política: livro I: o processo de produção do capital. São Paulo: Boitempo, 2017.

[31] GORENDER, Jacob. Apresentação. In MARX, Karl. **O capital:** crítica da economia política: livro I: o processo de produção do capital. São Paulo: Boitempo, 2017, p. 25.

Vale dizer, foi nos *Grundrisse* que se pavimentou a compreensão segundo a qual separação entre o agente do processo de trabalho e a propriedade dos meios de produção configura-se, simultaneamente, como condição e característica próprias do modo de produção capitalista enquanto organização social histórica.[32]

Nas palavras de Gorender, tal compreensão é explicada na medida em que

> somente tal separação permite que o agente do processo do trabalho, como pura força de trabalho subjetiva, desprovida de posses objetivas, se disponha ao assalariamento regular, enquanto, para os proprietários dos meios de produção e de subsistência, a exploração da força de trabalho assalariada é a condição básica da acumulação do capital mediante relações de produção já de natureza capitalista. As categorias específicas do modo de produção capitalista não constituíam expressão de uma racionalidade supra-histórica, de leis naturais inalteráveis, conforme pensavam os economistas clássicos, mas, ao contrário, seu surgimento tinha data recente e sua vigência marcaria não mais que certa época histórica determinada.[33]

Ainda segundo o texto dos *Grundrisse,* a historicidade do capital e da produção capitalista, em toda a sua grandeza, estaria intrinsecamente relacionada à posição relativa do próprio capital na estrutura das relações sociais pressupostas de um determinado desenvolvimento histórico das forças produtivas.

> Na medida em que o tempo de trabalho [...] é posto pelo capital como único elemento determinante de valor, – diz Marx – desaparece o trabalho imediato e sua quantidade como o princípio determinante da produção – a criação de valores de uso –, e é reduzido tanto quantitativamente a uma proporção insig-

[32] Donde se extrai a relevância da propriedade privada e da lei da apropriação para o metabolismo social capitalista, conforme preconizam Lapidus e Ostrovityanov (1929): "Na economia mercantil simples, o produtor de mercadorias é o seu dono e vendedor; na economia capitalista, o dono não é o produtor da mercadoria, mas sim o capitalista que é proprietário de fábricas equipadas e detém os meios de produção. Esta a razão pela qual o capitalista obriga o operário, privado dos meios de produção e dos meios de consumo, a trabalhar para ele." LAPIDUS, I.; OSTROVITYANOV, K.; **Princípios de Economia Política** (tomo I), São Paulo: Nova Cultura.info, 2020, p. 49.

[33] GORENDER, Jacob. Apresentação. In MARX, Karl. **O capital:** crítica da economia política: livro I: o processo de produção do capital. São Paulo: Boitempo, 2017, p. 27.

nificante, quanto qualitativamente como um momento ainda indispensável, mas subalterno frente ao trabalho científico geral, à aplicação tecnológica das ciências naturais, de um lado, bem como à força produtiva geral resultante da articulação social na produção total – que aparece como dom natural do trabalho social (embora seja um produto histórico). O capital trabalha, assim, pela sua própria dissolução como a forma dominante da produção.[34]

Marx passa a admitir, nesse período, a tendência de extinção do capitalismo não por suas deficiências, mas pelo próprio desenvolvimento das suas forças produtivas até um ponto em que o trabalho vivo se tornaria insignificante em comparação aos meios de produção, superando a lei ricardiana do valor como critério de produtividade do trabalho e de distribuição do produto social.[35] Nada obstante, foi entre a redação dos *Grundrisse* e a elaboração de *Contribuição à crítica da economia política* que o pensamento marxiano encontrou sua formulação mais bem acabada acerca da forma como o *sujeito* se insere nas relações de produção, apresentando, também, o processo de vida social, política e intelectual dos homens como resultado das contradições entre as forças produtivas materiais da sociedade e as relações de produção existentes em um determinado recorte social.

Consolidou-se, nesse intervalo, a categoria da *totalidade social*[36], empregada pela crítica marxista do direito como um ponto de inflexão na relação

[34] MARX, Karl. **Grundrisse:** manuscritos econômicos de 1857-1858: esboços da crítica da economia política. São Paulo, Boitempo, 2011, p. 583.

[35] GORENDER, Jacob. Apresentação. In MARX, Karl. **O capital:** crítica da economia política: livro I: o processo de produção do capital. São Paulo: Boitempo, 2017.

[36] "Não é o predomínio de motivos econômicos na explicação da história que distingue de maneira decisiva o marxismo da ciência burguesa – diz Lukács –, mas o ponto de vista da totalidade. A categoria da totalidade, o domínio universal e determinante do todo sobre as partes constituem a essência do método que Marx recebeu de Hegel e transformou de maneira original no fundamento de uma ciência inteiramente nova. A separação capitalista entre o produtor e o processo global da produção, a fragmentação do processo de trabalho em partes que deixam de lado o caráter humano do trabalhador, a atomização da sociedade em indivíduos que produzem irrefletidamente, sem planejamento nem coerência, tudo isso devia ser também uma influência profunda sobre o pensamento, a ciência e a filosofia do capitalismo. A ciência proletária é revolucionária não somente pelo fato de contrapor à sociedade burguesa conteúdos revolucionários, mas, em primeiro lugar, devido à essência revolucionária de seu método. O *domínio da categoria da totalidade é o portador do princípio revolucionário da ciência*." In: LUKÁCS, György. **História e consciência de classe:** estudos sobre a dialética marxista. São Paulo: Martins Fontes, 2003, p. 105.

entre a forma jurídica abstrata – o direito – e a expressão jurídica do modo de produção – a propriedade – capaz de colmatar, finalmente, a subordinação das formas jurídicas às formas da produção de acordo com o modelo de relações reciprocamente contraditórias aplicável ao binômio estrutura-superestrutura.[37] Nesse sentido, veja-se a célebre passagem constante do Prefácio de *Contribuição à crítica da economia política*, de citação obrigatória:

> O resultado geral a que cheguei e que, uma vez obtido, serviu-me de guia para meus estudos, pode ser formulado, resumidamente, assim: na produção social da própria existência, os homens entram em relações determinadas, necessárias, independentes de sua vontade; essas relações de produção correspondem a um grau determinado de desenvolvimento de suas forças produtivas materiais. A totalidade dessas relações de produção constitui a estrutura econômica da sociedade, a base real sobre a qual se eleva uma superestrutura jurídica e política e à qual correspondem formas sociais determinadas de consciência. O modo de produção da vida material condiciona o processo de vida social, política e intelectual. Não é a consciência dos homens que determina seu ser; ao contrário, é seu ser social que determina sua consciência. Em uma certa etapa de seu desenvolvimento, as forças produtivas materiais da sociedade entram em contradição com a relações de produção existentes, ou, o que não é mais que sua expressão jurídica, com as relações de propriedade no seio das quais elas haviam se desenvolvido até então. De formas evolutivas das forças produtivas que eram, essas relações se convertem em entraves.

[37] Sobre a polêmica em torno da necessária *abolição* da totalidade, recomenda-se a leitura, notadamente, de Postone, Moishe. **Tempo, trabalho e dominação social:** uma reinterpretação da teoria crítica de Marx. São Paulo: Boitempo, 2014 (p. 92-104) e Holloway, John. **Fissurar o capitalismo.** São Paulo: Publisher Brasil, 2013. Nesse aspecto, Postone antagoniza Lukács ao afirmar a historicidade da própria totalidade em Marx: "A crítica marxiana da totalidade é uma crítica historicamente específica que não confunde o que é com o que deveria ser. Ela não aborda a questão da totalidade em termos ontológicos; ou seja, ela não afirma ontologicamente a existência trans-histórica da totalidade nem nega que a totalidade exista (o que, dada a existência do capital, só poderia ser uma mistificação). Pelo contrário, ela analisa a totalidade em termos das formas estruturantes da sociedade capitalista. Em Hegel, a totalidade se desenvolve como a realização do sujeito; no marxismo tradicional, ela se torna a realização do proletariado como sujeito concreto. Na crítica de Marx, a totalidade está fundada como historicamente específica e se desenvolve de uma forma que aponta a possibilidade de sua abolição. A explicação histórica de Marx do sujeito como capital, e não como classe, pretende basear socialmente a dialética de Hegel e assim fornecer a crítica desta." In: Postone, Moishe. **Tempo, trabalho e dominação social:** uma reinterpretação da teoria crítica de Marx. São Paulo: Boitempo, 2014, p. 102.

Abre-se então uma época de revolução social. A transformação que se produziu na base econômica transforma mais ou menos lenta ou rapidamente toda a colossal superestrutura.[38]

A esta altura mostravam-se já bastante delineadas as balizas metodológicas do pensamento marxiano. Tal estabilidade é perceptível não apenas nas obras escritas, mas também transparece dos pronunciamentos proferidos por Marx na Associação Internacional dos Trabalhadores (a Primeira Internacional), donde se destaca a conferência de 1865, postumamente publicada sob o título *Salário, preço e lucro*. Em rigor, o amadurecimento do pensamento marxiano confunde-se com a sua objetivação metodológica, de modo que, apenas após 1867 e a publicação do Livro I de *O capital*, o sistema social de Marx tornou-se habilitado a uma leitura estrutural concreta, esotericamente estruturada (voltada *para dentro*) em um todo reflexivo que passa de elevados níveis de abstração a concretizações fatuais, orgânicas e logicamente expostas a fim de sintetizar as relações e contradições internas de determinações essenciais à sociabilidade capitalista.

Todavia, apesar da inequívoca sofisticação deste "estágio final" do pensamento marxiano, é também cristalina a contradição residual que o atravessa (ora de viés humanista, ora na espiral metodológica do duplo Marx exotérico/esotérico), certamente em uma derivação do contexto teórico-político em que o autor abordava seu objeto de investigação. Veja-se, nessa linha, que, ao mesmo tempo em que Marx assenta a cientificidade do seu pensamento sobre uma base materialista advinda de processos históricos e sociais, ele eventualmente manifesta o seu objeto como constituído pelo indivíduo[39], pondo em segundo plano o confronto entre as classes

[38] MARX, Karl. **Contribuição à crítica da economia política.** São Paulo: Expressão Popular, 2008, p. 49-50.

[39] Tal contradição contamina não apenas a obra do Marx maduro, mas também a de seus discípulos mais notáveis e que, de certo modo, possuíam autorização para declamar o marxismo como se falassem pela boca de Marx. A esse respeito, merece destaque o modelo afirmado por Engels como solução teórica para o enfrentamento do problema de fundamento da determinação economicista da obra marxiana, extraído de carta de Engels à Bloch, que relega a questão das superestruturas ao segundo plano em detrimento da combinação das vontades individuais, veja-se: "A história se faz de tal maneira que o resultado final se extrai dos conflitos de um grande número de vontades individuais, das quais cada uma por sua vez é feita tal qual ela é, por uma quantidade de condições particulares de existência; há, aí, portanto, inúmeras forças que se contrabalançam mutuamente, um grupo infinito de

ou, até mesmo, a relação de produção-realização do valor: "a produção passa a ser o resultado da atividade dos homens, uma criação do sujeito, e não o resultado objetivo de um processo que coloca duas classes sociais em confronto"[40]. Tal contradição subsistirá durante toda a obra marxiana, portanto, ainda que seja em *O Capital* que o apuro metodológico marxiano atinja seu ápice, sendo "a obra pela qual Marx deve ser julgado"[41], os espectros do humanismo e do exoterismo nunca são definitivamente superados, o que, inclusive, implica em divisões analíticas do(s) marxismo(s) segundo os marxistas.

1.2. O corte epistemológico

A filosofia da práxis marxiana visa a superação do capitalismo. A prática teórica marxista, portanto, é uma prática teórica revolucionária direcionada a uma interpretação transformadora das contradições da sociedade capitalista. Marx e, por conseguinte, os marxistas, escolheram "o caminho da luta e não o da conciliação"[42] e é justamente esse norte comum que per-

paralelogramos de forças, do qual se destaca uma resultante – o acontecimento histórico – que pode ser vista ela mesma, por sua vez, como o produto de uma força agindo como um todo, de maneira inconsciente e cega. Pois o que cada indivíduo quer é impedido por outro, e o que daí se extrai é aquilo que ninguém quis. É assim que a história até nossos dias transcorre como um processo da natureza e está submetida também, em substância, às mesmas leis de movimento que ela. Mas pelo fato de as diversas vontades, das quais cada uma quer aquilo a que a impelem sua constituição física e as circunstâncias exteriores, econômicas, em última instância (ou suas próprias circunstâncias pessoais, ou as circunstâncias sociais gerais), não chegarem ao que querem, mas se fundirem numa média geral, numa resultante comum, não se tem o direito de concluir que elas são iguais a zero. Pelo contrário, cada uma contribui para a resultante, e por esse motivo está incluída nela." ENGELS, Friedrich. *Apud* ALTHUSSER, Louis. Contradição e sobredeterminação: notas para uma pesquisa. In ALTHUSSER, Louis. **Por Marx.** Campinas: Editora da Unicamp, 2015, p. 95.

[40] NAVES, Márcio Bilharinho. **Marx:** ciência e revolução. São Paulo: Moderna, 2000, p. 32.

[41] "Esta obra gigantesca que é *O Capital* contém simplesmente uma das três grandes descobertas científicas de toda a história humana: a descoberta do sistema de conceitos (portanto, da *teoria científica*) que abre ao conhecimento científico aquilo que podemos chamar de "Continente-História". Antes de Marx, dois "continentes" de importância comparável já haviam sido "abertos" ao conhecimento científico: o Continente-Matemáticas, pelos gregos do século V a.C, e o Continente-Física, por Galileu" In: ALTHUSSER, Louis. Advertência aos leitores do livro I d'O Capital. In MARX, Karl. **O capital:** crítica da economia política: livro I: o processo de produção do capital. São Paulo: Boitempo, 2017, p. 39.

[42] LENINE, V. I. Que fazer? In: LENINE, V. I. **Obras escolhidas**: tomo 1. São Paulo: Alfa-Omega, 1986, p. 86.

mite que "um pensamento extremamente calcado na leitura de *O capital*, como o de Pachukanis, seja tão marxista quanto a crítica da música de Theodor Adorno ou o onírico *O princípio esperança* de Ernst Bloch".[43] Todavia, nada obstante o objetivo comum de todo marxista seja a transformação da sociedade capitalista, o marxismo desenvolveu-se historicamente através de uma infinidade de cisões hermenêuticas, interpretações táticas e distintas estratégias que opuseram, desde o final do século XIX até este início de século XXI, reformistas a revolucionários, internacionalistas a soviéticos, democratas a centralistas, humanistas a estruturalistas, etc. O tratamento conferido ao pensamento de Marx apresenta-o, portanto, como um punhado de possibilidades aparentemente contraditórias entre si relacionadas ao devir da transformação histórica e social que "se vale do passado e do presente para vislumbrar o futuro".[44] Nessa linha, é essencial à finalidade desta pesquisa que se explicitem, ainda que brevemente, duas das múltiplas formulações e posições metodológicas especificamente inseridas dentro do quadrante marxista de pensamento, que, opostas, "resultam em dois modos distintos de interpretar a utopia marxista".[45]

A primeira destas formulações considera o pensamento marxiano em sua totalidade, como um fluxo contínuo com horizonte fixo no socialismo desde a sua gênese até a morte de Marx. Assim, por esse contexto orgânico em que a obra marxiana se apresenta em um método crítico-científico monista integrado, garante-se o espaço para a crítica humanista das obras da juventude marxiana.

> A obra de Marx – argumenta Michel Löwy – não está fundada sobre uma "dualidade" de que o autor, por falta de rigor ou por confusão inconsciente, não teria percebido; pelo contrário, ela tende para um monismo rigoroso no qual fatos e valores não estão "misturados", mas organicamente ligados ao interior de um único movimento de pensamento, de uma "ciência crítica", em que a explicação e a crítica do real estão dialeticamente integradas.[46]

Segundo Michel Löwy, a leitura de *O capital* confirmaria o sistema marxiano como um humanismo absoluto, orgânico, no qual o socialismo surge

[43] MASCARO, Alysson Leandro. **Utopia e Direito:** Ernst Bloch e a Ontologia Jurídica da Utopia. São Paulo: Quartier Latin, 2008, p. 37.

[44] Idem, p. 36.

[45] Idem, p. 38.

[46] LÖWY, Michael. **A teoria da revolução no Jovem Marx.** Petrópolis: Vozes, 2002, p. 38.

como um modelo social em que a produção seja racionalmente adequada às necessidades dos homens, despindo-o da irracionalidade reificada do capital pela própria humanização do processo produtivo em si.

> Gramsci definiu – diz Michel Löwy –, numa fórmula muito feliz, o marxismo como um historicismo absoluto e um humanismo absoluto. A leitura de O Capital – com a condição, bem entendido, de se ler o que está escrito nele, e não um suposto 'discurso silencioso', 'reconstituído', 'apesar da letra de Marx' – confirma inteiramente essa definição. [...] Parece-nos que os principais momentos do humanismo em O Capital são: a) o desvendamento das relações entre os homens atrás das categorias reificadas da economia capitalista; b) a crítica da desumanidade do capitalismo; c) o socialismo como possibilidade objetiva de uma sociedade onde a produção é racionalmente controlada pelos homens.[47]

Alysson Mascaro define o marxismo humanista como uma vertente mais ampla e aberta do pensamento marxiano. Por assim dizer, ao interpretar o sistema marxiano como um sistema humanista, admite-se "o processo de transformação social como uma evolução que possa se valer até mesmo das instituições político-jurídicas burguesas para sua própria destruição".[48]

[47] Löwy, Michael. **Método dialético e teoria política.** Rio de Janeiro: Paz e Terra, 1978, p. 62-63. A *leitura* aqui referida por Michel Löwy polemiza diretamente com a *leitura sintomal* de Louis Althusser, um dos principais expoentes do anti-humanismo teórico. Segundo Althusser, a leitura imediata de Marx é insuficiente à apreensão de toda a dimensão crítica da obra marxiana. Afirma o marxista argelino: "todo esse trabalho crítico é, portanto, indispensável não só para poder ler Marx de outro modo que não uma leitura imediata, presa quer nas falsas evidências dos conceitos ideológicos da juventude, quer nas falsas evidências, talvez ainda mais perigosas, dos conceitos aparentemente familiares das Obras do corte. Esse trabalho necessário para ler Marx é, ao mesmo tempo, no sentido estrito, o trabalho de elaboração teórica da filosofia marxista. A teoria que permite ver claramente em Marx, distinguir a ciência da ideologia, pensar a diferença destas em sua relação histórica; pensar a descontinuidade do corte epistemológico no contínuo de um processo histórico; a teoria que permite distinguir uma palavra de um conceito; distinguir a existência ou a não existência de um conceito sob uma palavra; discernir a existência de um conceito pela função de uma palavra no discurso teórico; definir a natureza de um conceito por sua função na problemática e, portanto, pelo lugar que ele ocupa no sistema da 'teoria' – essa teoria que é a única a permitir uma autêntica leitura dos textos de Marx, uma leitura ao mesmo tempo epistemológica e histórica, não é efetivamente senão a própria filosofia marxista." Althusser, Louis. Prefácio. In: Althusser, Louis. **Por Marx.** Campinas: Editora da Unicamp, 2015, p. 29.

[48] Mascaro, Alysson Leandro. **Utopia e Direito:** Ernst Bloch e a Ontologia Jurídica da Utopia. São Paulo: Quartier Latin, 2008, p. 40.

Assim, a associação mais tradicional é aquela que se faz entre o humanismo e a social-democracia de cariz social-reformista[49], apesar de que, ao fim e ao cabo, o humanismo marxista não pode ser ignorado mesmo em experiências associadas à ditadura do proletariado.[50]

Por outro lado, a segunda das abordagens metodológicas do marxismo aponta para a inexistência desta organicidade do pensamento marxiano. Para os pensadores desta segunda vertente, cujo principal expoente é o francês Louis Althusser, não há marxismo no jovem Marx[51]. A obra marxiana pós-maturação é que se apresenta, portanto, como a pedra de toque da teoria revolucionária, aqui compreendida não mais como uma alteração no jogo de poderes políticos e jurídicos em favor da classe operária, mas como uma ruptura definitiva com as instituições burguesas que estruturam a sua respectiva sociabilidade. Segundo essa concepção, uma determinada estrutura de poder não se altera pelo simples controle institucional por parte do proletariado, assim como alguém que passe a etiquetar uma caixa de pregos como parafusos não tem, por si só, a capacidade de transformar tais pregos em parafusos.

Neste diapasão, o método de Marx identifica na contradição advinda do antagonismo entre classes uma representação da contradição entre forças produtivas e relações de produção decorrente de toda uma complexa rede de contradições acumuladas em uma unidade real. Segundo Althusser,

[49] "Com efeito, não é segredo pra ninguém que, na social-democracia internacional contemporânea se formaram duas tendências cuja luta ora se reaviva e irrompe em chamas, ora se abranda e arde lentamente sob as cinzas de imponentes 'resoluções de tréguas'. Em que consiste a 'nova' tendência que assume uma atitude crítica gente ao marxismo 'velho, dogmático', disse-o Bernstein e mostrou-o Millerand com suficiente clareza. A social-democracia deve transformar-se de partido da revolução social num partido democrático de reformas sociais. Esta reivindicação política foi apoiada por Bernstein com toda uma bateria de 'novos' argumentos e considerações bastante harmoniosamente orquestrados." LENINE, V. I. Que fazer? In: LENINE, V. I. **Obras escolhidas**: tomo 1. São Paulo: Alfa-Omega, 1986, p. 84-85.

[50] Não deve ser de todo desprezada a perspectiva humanista do socialismo stalinista, haja vista o emprego sistemático de mecanismos de Estado – que, em Marx, é marginalmente um instrumento burguês – enquanto elementos de apropriação do poder político pela classe operária em nome do socialismo.

[51] "Certamente a juventude de conduz ao marxismo, mas ao preço de arrancá-lo prodigiosamente de suas origens, ao preço de um combate heroico contra as ilusões de que foi alimentado pela história da Alemanha onde nasceu, ao preço de uma atenção aguda às realidades que essas ilusões recobriam." ALTHUSSER, Louis. Sobre o jovem Marx: Questões de teoria. In ALTHUSSER, Louis. **Por Marx.** Campinas: Editora da Unicamp, 2015, p. 63.

> [...] toda a experiência revolucionária marxista demonstra que, se a contradição em geral (mas ela já é especificada: a contradição entre as forças produtivas e as relações de produção, encarnada essencialmente na contradição entre duas classes antagonistas) basta para definir uma situação em que a revolução está na "ordem do dia", ela não pode, por sua simples virtude direta, provocar uma "situação revolucionária" [...]. Pois as "circunstâncias" ou as "correntes" que a realizam são mais do que seu puro e simples fenômeno. Elas dependem das relações de produção, que são um dos termos da contradição, mas, ao mesmo tempo, sua condição de existência; dependem das superestruturas, instâncias que dela derivam, mas têm sua consistência e eficácia próprias; dependem da própria conjuntura internacional, que intervém como determinação desempenhando seu papel específico. Quer dizer que as "diferenças" que constituem cada uma das instâncias em jogo (e que se manifestam nessa "acumulação" de que fala Lenin), se elas se "fundem" numa unidade real, não se "dissipam" como um puro fenômeno na unidade interior de uma contradição simples. A unidade que constituem nessa fusão da ruptura revolucionária, elas a constituem com sua essência e sua eficácia próprias, a partir do que são e segundo as modalidades específicas de sua ação. Ao constituir essa unidade, elas reconstituem e realizam a unidade fundamental que as anima, mas ao fazê-lo indicam também sua natureza: que a contradição é inseparável da estrutura do corpo social como um todo, no qual ela se exerce, inseparável de suas condições formais de existência, e mesmo das instâncias que governa; que é, portanto, a própria contradição, em seu âmago, afetada por elas, determinante mas igualmente determinada num único e mesmo movimento, e determinada pelos diversos níveis e pelas diversas instâncias da formação social que ela anima: poderíamos chama-la sobredeterminada em seu princípio.[52]

Em rigor, o principal mérito desta vertente de marxismo é o profundo repúdio metodológico ao determinismo mecanicista segundo o qual a tomada do poder político e dos meios de produção pelo proletariado surgiria como o estopim necessário e decorrente da própria tensão entre as classes sociais em oposição. Segundo o pensamento althusseriano, a simples tomada do poder político e a mudança de chave na dominação dos

[52] Althusser, Louis. Contradição e sobredeterminação: notas para uma pesquisa. In: Althusser, Louis. **Por Marx.** Campinas: Editora da Unicamp, 2015, p. 77-79.

meios de produção (dos capitalistas para o proletariado) não implica aqui na ruptura lógica da dominação econômica e das estruturas de exploração do capital. A simples alteração das relações de propriedade não seria capaz de derrubar todo o ferramental da exploração capitalista, o que não se mostrou razoável e nem factível diante das experiências históricas pretéritas.

A sustentar tal compreensão, tem-se que a constatação da profundidade das raízes das formas sociais existentes na sociedade burguesa fez com que Marx, em *O capital*, apresentasse, sob certos aspectos, uma espécie de retificação teórica – o que Althusser define como *corte epistemológico.*[53]

> A questão da diferença específica da filosofia marxista – diz Althusser – tomou assim a forma da questão de saber se existia ou não, no desenvolvimento intelectual de Marx, um corte epistemológico marcando o surgimento de uma nova concepção da filosofia – e a questão correlativa do lugar preciso desse corte. Foi no campo dessa questão que o estudo das obras de juventude de Marx tomou uma importância teórica (existência do corte?) e histórica (lugar do corte?) decisiva.[54]

O Marx do corte epistemológico propôs uma abordagem dialética das relações mútuas existentes entre as forças produtivas e as relações de produção sob o capitalismo, o que abriu, em definitivo, o campo para a teoria revolucionária e, evidentemente, para a própria ação revolucionária como

[53] Althusser divide a obra marxiana de acordo com a seguinte classificação: entre 1840 e 1844 – obras da juventude; em 1845 – obras do corte; entre 1845 e 1857 – obras da maturação; e entre 1857 e 1883 – obras da maturidade. In ALTHUSSER, Louis. **Por Marx.** Campinas: Editora da Unicamp, 2015.

[54] ALTHUSSER, Louis. Prefácio. In ALTHUSSER, Louis. **Por Marx.** Campinas: Editora da Unicamp, 2015, p. 23. Comentando a obra de Althusser e o ponto específico em que se apresenta o referido corte epistemológico, Nicole-Édith Thévenin disserta: "Em *Pour Marx* a questão se põe assim: de Feuerbach ao *Capital,* passando pela *Ideologia alemã*, como se deu a evolução de Marx, sua liberação de uma problemática antiga, o surgimento de uma nova problemática e consequentemente, de uma nova ciência, de um novo objeto: o *Continente-História.* Como, tendo em um primeiro momento 'esposado' a problemática feuerbachiana, identificando-se tanto com ela, como escreve Althusser, ao ponto de criticar Hegel nos termos de uma problemática antropológica, Marx pôde, 'ao preço de um prodigioso afastamento das suas origens', ao preço de esforços extraordinários para remover, atravessar, a camada ideológica da ideologia alemã, 'liquidar' a sua consciência anterior, abrir as portas a uma concepção nova da filosofia." THÉVENIN, Nicole-Édith. O itinerário de Althusser. In: NAVES, Márcio Bilharinho (Org.). **Presença de Althusser.** Campinas: UNICAMP/IFCH, 2010, p. 14-15.

pressuposto para uma superação total do jugo do capital. Os grilhões do capital poderiam, então, ser definitivamente rompidos, mas tal ruptura não mais seria determinada *a priori*, segundo uma determinação inadvertida. Ao contrário, a ruptura dos grilhões capitalistas somente apresentar-se-ia como viável e factível na medida em que a luta de classes assumisse, integralmente, o seu viés emancipatório. Isto é, a estrutura da exploração capitalista somente poderia ver-se subjugada no momento em que a luta de classes convergisse para a superação plena das contradições econômicas, políticas e sociais do capitalismo, sem "arrastar consigo instituições que são próprias ao capitalismo"[55], tais como o trabalho abstrato, o salariato, o Estado, o direito, etc.

Tais convicções foram, em alguma medida, objeto de debate ainda no Partido Social-democrata Alemão, na conhecida celeuma entre Rosa Luxemburgo e Bernstein[56]. Foi Carlos Nelson Coutinho quem diagnosticou as duas visões paradigmáticas atribuíveis à obra marxiana, correspondentes, respectivamente, ao jovem Marx e ao Marx maduro, diferenciadas fundamentalmente pelo papel mais ou menos estrutural assumido pela classe operária quando da tomada do poder do Estado.

> A depender do modo "restrito" ou "amplo" de conceber o Estado – preconiza Coutinho –, resulta – na história da teoria política marxista – a elaboração de dois diferentes paradigmas de revolução socialista, que definiria esquematicamente como "explosivo" e "processual".[57]

Semelhante conclusão é apontada por Alysson Mascaro. Este autor, celebrado representante do marxismo jurídico brasileiro, destaca a dialética da obra madura de Marx sobretudo no ponto em que as relações de produção capitalistas, ao gerarem forças produtivas específicas que assujeitam o homem em um extenso feixe de relações sociais, apontam a ruptura revolucionária não mais como necessidade histórica, mas como *possibilidade* histórica.[58] A "destruição da velha dominação e a ocorrên-

[55] MASCARO, Alysson Leandro. **Utopia e Direito:** Ernst Bloch e a Ontologia Jurídica da Utopia. São Paulo: Quartier Latin, 2008, p. 40.

[56] Ver LUXEMBURGO, Rosa. **Reforma ou revolução?** São Paulo: Expressão Popular, 2015.

[57] COUTINHO, Carlos Nelson. **Marxismo e política:** a dualidade de poderes e outros ensaios. São Paulo: Cortez, 1994, p. 13.

[58] "Nas obras de sua maturidade [...] ao invés de propor um procedimento mecânico no qual a mudança dos meios de produção gera necessariamente a mudança do meio econômico, Marx

cia de uma nova, expressando, historicamente, o melhor e o pior que a história já possa ter conhecido, ao mesmo tempo"[59] passa não pela simples alteração nas relações de propriedade, mas por um complexo processo de extinção das formas sociais antigas, substituindo-as de acordo com as necessidades das forças produtivas sob um novo modo de produção vindouro. A esse respeito, o próprio *Manifesto comunista* já ressaltava a relevância das formas sociais durante o curso dos processos históricos de transformação social. O que é sólido, afinal, somente se desmancha no ar mediante o revolucionamento incessante das relações de produção e das suas respectivas relações sociais.

> A burguesia – segundo o *Manifesto* – não pode existir sem revolucionar incessantemente os instrumentos de produção, por conseguinte, as relações de produção e, com isso, todas as relações sociais. A conservação inalterada do antigo modo de produção era, pelo contrário, a primeira condição de existência de todas as classes industriais anteriores. Essa subversão contínua da produção, esse abalo constante de todo sistema social, essa agitação permanente e essa falta de segurança distinguem a época burguesa de todas as precedentes. Dissolvem-se todas as relações sociais antigas e cristalizadas, com seu cortejo de concepções e de ideias secularmente veneradas; as relações que as substituem tornam-se antiquadas antes de se consolidarem. Tudo o que era sólido e estável se desmancha no ar, tudo o que era sagrado é profanado e os homens são obrigados finalmente a encarar sem ilusões a sua posição social e as suas relações com os outros homens.[60]

Obviamente que a análise socialista (e mesmo marxista) do discurso jurídico não escapou desta polêmica, vendo-se, em determinada época (principalmente após a revolução russa de 1917) dividida "entre aqueles que perfilhavam a alternativa institucional – os que concebiam um socialismo de Estado, baseado no direito – e aqueles que lançavam mão de uma visão

propõe uma dialética entre forças produtivas e relações de produção. As relações de produção capitalistas geram forças produtivas específicas, e a transição ao socialismo é ao mesmo tempo a ruptura com as forças produtivas capitalistas e sua relação de produção." In MASCARO, Alysson Leandro. **Utopia e Direito:** Ernst Bloch e a Ontologia Jurídica da Utopia. São Paulo: Quartier Latin, 2008, p. 42.

[59] MASCARO, Alysson Leandro. **Utopia e Direito:** Ernst Bloch e a Ontologia Jurídica da Utopia. São Paulo: Quartier Latin, 2008, p. 45.

[60] MARX, Karl.; ENGELS, Friedrich. **Manifesto comunista.** São Paulo: Boitempo, 1998, p. 43.

socialista como a negação do capitalismo e de todas as suas instituições".[61] Esta pesquisa, parece evidente, afilia-se ao segundo grupo justamente por criticar o direito como como uma forma social derivada de uma interação dialeticamente sobredeterminante entre as relações de produção capitalistas e a circulação de mercadorias sob o capital.

A lógica do corte epistemológico é, nessa linha, a que melhor comporta a leitura esotérica de Marx, especialmente diante do seu característico "mostrar como o verdadeiro objeto das ciências humanas não é o homem enquanto centro intencional da ação e produtor do sentido, mas as estruturas sociais que lhe determinam"[62]. Afirmam-se nesta toada os contornos de um paradigma metodológico capaz de abrigar a luta emancipatória em toda a sua capilaridade estrutural, ultrapassando as arenas da institucionalidade justamente no ponto em que questiona, no seu âmago, as próprias instituições burguesas, seus valores, organizações, práticas e aparelhos.

> Isso significa – em Althusser – que a ideologia proletária não é o diretamente oposto, a inversão, o reverso da ideologia burguesa, mas é uma ideologia totalmente diferente, que leva em si outros valores, que é crítica e revolucionária. Porque é, já agora, apesar de todas as vicissitudes de sua história, portadora desses valores, já agora realizados nas organizações e nas práticas de luta operária, pelo que a ideologia proletária antecipa o que serão os aparelhos ideológicos do Estado da transição socialista, adianta, pela mesma razão, a supressão do Estado e a supressão dos aparelhos ideológicos de Estado no comunismo.[63]

A oposição entre as classes sociais somente faz sentido, aqui, quando aparece em sua relação direta com as relações de produção. As classes em conflito, ou melhor, a "sociedade dilacerada pelas contradições de classe"[64] não admite qualquer estrutura ou forma social à margem das classes ou acima das classes e, por conseguinte, à margem das relações de produção

[61] Mascaro, Alysson Leandro. **Utopia e Direito:** Ernst Bloch e a Ontologia Jurídica da Utopia. São Paulo: Quartier Latin, 2008, p. 41.

[62] Safatle, Vladimir. **Introdução a Jacques Lacan.** Belo Horizonte: Autêntica Editora, 2018, p. 45.

[63] Althusser, Louis. **Aparelhos Ideológicos de Estado:** nota sobre os aparelhos ideológicos de Estado (AIE). Rio de Janeiro: Edições Graal, 1985, p. 128.

[64] Lenine, V. I. Que fazer? In: Lenine, V. I. **Obras escolhidas**: tomo 1. São Paulo: Alfa-Omega, 1986, p. 108.

ou acima das relações de produção. A sistemática da vertente estrutural do marxismo, por seus mecanismos internos e sua capacidade de observar as interações e contradições dialéticas entre estruturas e formas sociais do capitalismo, surge, nessa exata medida, como o ponto de partida da crítica do valor e, na via da sobredeterminação (ou da derivação secundária), da crítica do discurso jurídico da greve como mecanismo integrante da escravização assalariada dos operários.[65]

1.3. O "novo marxismo" e os eixos do pensamento marxista contemporâneo

Foi Alysson Mascaro quem consolidou o modelo de uma nova leitura marxista, derivada do pensamento althusseriano – isto é, afastada do humanismo teórico e estabelecida sobre uma compreensão científica da historicidade das formas sociais, especialmente a forma-valor e a forma-mercadoria como determinantes da sociabilidade capitalista – e subdividida em três eixos centrais e um eixo de tangente, donde se espraia a abordagem contemporânea mais sofisticada do pensamento marxista.[66]

[65] "[...] Marx descobre um novo conceito, pressentido antes dele desde o século XVIII (Longuet, Rousseau, et alii), retomado mesmo por Hegel na obra Filosofia do direito (que fez dele um "fenômeno" da Astúcia da Razão cujo triunfo é o Estado: a oposição da pobreza e da riqueza), e abundantemente utilizado pelos historiadores de 1830: o conceito de classe social, em relação direta com as relações de produção. Essa intervenção de um novo conceito, seu relacionamento com um conceito fundamental da estrutura econômica, eis com o que remanejar da cabeça aos pés a essência do Estado, que doravante não está mais acima dos grupos humanos, mas a serviço da classe dominante; que não tem mais por missão realizar-se na arte, na religião e na filosofia, mas colocar estar a serviço dos interesses da classe dominante, ou melhor, coagi-las a se constituir com base nas ideias e nos temas que ele torna dominantes; que deixa, portanto, de ser a "verdade da" sociedade civil, para se tornar não a "verdade de" outra coisa qualquer, nem mesmo da economia, mas o instrumento de ação e de dominação de uma classe social etc." ALTHUSSER, Louis. Contradição e sobredeterminação: notas para uma pesquisa In ALTHUSSER, Louis. **Por Marx.** Campinas: Editora da Unicamp, 2015, p. 86-87.

[66] "Proponho pensar o pensamento marxista atual em três eixos centrais e um eixo de tangente. Os campos centrais dialogam mais diretamente com os c6anones de uma crítica da economia política capitalista, lastreando-se na forma-valor e em seus problemas. Nesse âmbito, estão, em uma linhagem principal, as perspectivas derivacionistas das formas sociais. Numa outra linha, estão as leituras de movimento político alternativista, da multidão e do comum. Numa terceira linha, a chamada Nova crítica do valor e pensadores próximos. No eixo de tangente, agrupam-se pensadores que, parcialmente, corroboram e mesmo partilham temas e horizontes tipicamente marxistas, mas que, de outra maneira, levam premissas críticas a seus campos de gravidade próprios. Os chamados pós-marxismos, mas não apenas esses

Neste modelo trilateral-tangencial denominado pelo jusfilósofo brasileiro como "*novo marxismo*", se estabelecem, como problemas centrais ao debate marxista, as questões ligadas ao valor, à acumulação e às formas sociais do capitalismo e suas intercorrências na sociabilidade sob o jugo do capital.

Dentre os mencionados eixos centrais, aquele que representa o campo do *derivacionismo* é o que se dedica com mais afinco à investigação sobre a constituição, a dinâmica, as contradições, as resiliências, os limites e a derivação das formas sociais na sociabilidade capitalista. Não por acaso, é da perspectiva do derivacionismo que são extraídas as principais críticas da relação entre a forma da subjetividade jurídica e a economia política. Nessa linha, destacam-se: i) o pensamento de Joachim Hirsch, cuja *teoria materialista do Estado* apresenta a forma política estatal como forma típica da sociabilidade capitalista, derivada de uma articulação dialética entre o processo de valorização do valor e as demandas sociais que "equilibram" o capital, garantindo a sua própria reprodução[67]; e ii) a investigação sobre o *Estado e a forma política*, conduzida por Alysson Mascaro, cujo conceito de *conformação* é fundamental ao debate ora proposto exatamente por destrinchar o "processo de acoplamento, ajuste recíproco e acomodação"[68] percebido entre a forma jurídica estatal e a forma de subjetividade jurídica.

> O vínculo entre forma política e forma jurídica é de *conformação* – enuncia Mascaro –, realizando entre si uma espécie de derivação de segundo grau, a partir de um fundo primeiro e necessário que é derivado diretamente da

movimentos, aí se situam." In: MASCARO, Alysson Leandro. **Filosofia do Direito.** São Paulo: Atlas, 2009, p. 510.

67 Segundo Hirsch, o Estado surge como derivação da forma-mercadoria e aparece como forma necessária ao estabelecimento da sociabilidade capitalista, reproduzindo-a em suas contradições históricas: "Apenas como 'economia de mercado', o capitalismo não é capaz de assegurar a sua existência. As suas contradições internas impõem uma atividade voltada para o conjunto da existência material, da ordenação e da manutenção da sociedade e fora do processo de valorização imediato. E isso só pode realizar-se na medida em que seja possível formar a comunidade política da sociedade capitalista: por meio do Estado. "Mercado" e "Estado" não são assim opostos, mas, pelo contrário, referem-se um ao outro de forma inseparável. O Estado enquanto aparelho de força possibilita a existência do mercado, através da garantia da propriedade privada e das relações jurídicas apoiadas nela, e deve permanentemente intervir no processo mercantil para mantê-lo em funcionamento. Mas ele mesmo permanece dependente, em seus fundamentos, da existência assegurada do processo, de valorização capitalista regulado pelo mercado." In: HIRSCH, Joachim. **Teoria materialista do Estado:** processos de transformação do sistema capitalista de Estado. Rio de Janeiro: Revan, 2010, p. 34.

68 MASCARO, Alysson Leandro. **Filosofia do Direito.** São Paulo: Atlas, 2009, p. 513.

forma-mercadoria. É o aparato estatal já necessariamente existente e as formas jurídicas já anunciadas socialmente que se encontram para então estabelecer um complexo fenomênico político-jurídico. Pode-se entender, então, que as formas política e jurídica, ambas singulares, são derivadas de formas sociais comuns e apenas posteriormente conformadas, reciprocamente. Em tal processo de conformação, os limites nucleares das duas formas são necessariamente mantidos em sua especificidade, como estruturas fundamentais da reprodução do capital. A conformação opera na quantidade da política e do direito, nunca na qualidade de estatal ou jurídico.[69]

O segundo dos eixos centrais referidos por Mascaro é representado pelos *alternativismos políticos*, que tem por principal característica o debate sobre a prática marxista em concreto, introduzindo a reflexão acerca da dificuldade experimentada pela luta de classes ortodoxamente encampada por partidos políticos ou sindicatos com motivação revolucionária ante as transformações da dinâmica da produção capitalista. Assim é que autores como John Holloway e Antonio Negri apontam para a necessidade de novos arranjos de massas para a construção de um caminho de ruptura externa ao Estado, à democracia e às instituições jurídicas ou políticas. Especialmente interessante, nesse contexto, é a *fissura* proposta por Holloway como mecânica de luta política extra-sistêmica e orientada a expor as limitações das formas sociais do capital, forçando-as à contradição como instrumento indutor da crise e da fraqueza nas estruturas da reprodução capitalista.

> A abertura de fissuras – explica Holloway – é a abertura de um mundo que se apresenta como fechado. É a abertura de categorias que em sua superfície negam o poder do fazer humano, para descobrir em seu núcleo o fazer negado e encarcerado. [...] O método da fissura é o método da crise: queremos entender a parede não a partir de sua solidez, mas de suas fissuras; queremos entender o capitalismo não como dominação, mas a partir da perspectiva de sua crise, suas contradições, suas fraquezas, e queremos entender como nós mesmos somos estas contradições.[70]

O terceiro dos eixos centrais ao debate jurídico-marxista contemporâneo resulta de uma *nova crítica do valor* – o que inclusive dá nome à própria

[69] MASCARO, Alysson Leandro. **Estado e forma política.** São Paulo: Boitempo, 2013, p. 41.
[70] HOLLOWAY, John. **Fissurar o capitalismo.** São Paulo: Publisher Brasil, 2013, p. 12-13.

corrente de pensamento – promovida principalmente por Robert Kurz, Anselm Jappe, Moishe Postone e Alfred Sohn-Rethel. Os pensadores filiados à nova crítica do valor caracterizam-se pela investigação do *valor* como elemento central da reprodução capitalista, questionando, de certa forma, a conclusão de que a conquista do "poder" pela classe operária implicaria na emancipação geral da humanidade. Em rigor, segundo a nova crítica do valor, uma eventual vitória da classe operária somente ocorreria *na própria arena da sociabilidade do capital*, sendo a lógica da luta de classes uma reprodução de um discurso concebido e equilibrado no terreno da disputa tipicamente capitalista e meramente adequada à redistribuição do valor em favor de sujeitos diversos.

> A luta de classes – expõe Jappe – foi a forma de movimento imanente ao capitalismo, a forma na qual se desenvolveu a respectiva base aceita por toda a gente: o valor. O valor fez com que os operários entrassem cada vez mais no capitalismo e no trabalho assalariado, em vez de os fazer sair dessas realidades; o valor transformou todos os sujeitos em "cidadãos livres", em participantes na concorrência universal, como forma geral e comum da vida social. No fundo, a quase totalidade das organizações políticas operárias nunca prosseguiu objetivos que não fossem imanentes ao modo de produção capitalista.[71]

Já no eixo de tangência ao "novo marxismo", destaca-se a abordagem da subjetividade como elemento da problemática da ideologia, cuja investigação, promovida por Slavoj Žižek, direciona a ambiência da luta revolucionária não à consciência direta das classes em disputa, mas às formas constituintes da subjetividade, da produção e da reprodução social do

[71] JAPPE, Anselm. **As aventuras da mercadoria.** Lisboa: Antígona, 2006, p. 102. A conclusão de Jappe, de certa maneira, volta-se contra um eventual mecanicismo verificável no *Anti-Dühring* de Engels, para quem "À medida que o modo de produção capitalista vai transformando a grande maioria da população em proletária, ele cria o poder que é forçado a realizar essa revolução, sob pena de perecer. E, ao urgir cada vez mais na metamorfose dos grandes meios de produção socializados em propriedade do Estado, ele aponta o caminho para a consumação dessa revolução. O proletariado assume o poder do Estado e transforma os meios de produção primeiramente em propriedade do Estado. Desse modo, ele próprio se extingue como proletariado, desse modo ele extingue todas as diferenças e antagonismos de classes e, desse modo, ele também extingue o Estado enquanto Estado." *In:* ENGELS, Friedrich. **Anti-Dühring:** a revolução da ciência segundo o senhor Engeu Dühring. São Paulo: Boitempo, 2015, p. 316.

capital segundo a forma-mercadoria, apreendida como a forma determinante da sociabilidade geral.[72]

> [...] a luta de classes – argumenta Žižek – não pode ser reduzida a um conflito entre agentes específicos dentro da realidade social: ela não é uma diferença entre agentes (que pode ser descrita por meio de uma análise social detalhada), mas um antagonismo ("luta") que constitui esses agentes. O objetivismo "marxista", portanto, deveria ser rompido duas vezes: em relação ao *a priori* objetivo-subjetivo da forma mercadoria e em relação ao antagonismo transobjetivo da luta de classes. A verdadeira tarefa é pensar as duas dimensões juntas: a lógica transcendental da mercadoria como modo de funcionamento da totalidade social e a luta de classes como antagonismo que atravessa a realidade social, como seu ponto de subjetivação.[73]

Nesta perspectiva, o "novo marxismo" é marcado por localizar sua investigação no interior das estruturas do capital, enfrentando as formas sociais elementares do capitalismo (e toda a sobredeterminação daí derivada). Por assim dizer, os seus eixos centrais e, em alguma medida, mesmo o seu eixo de tangente, afastam as formas sociais capitalistas do seu contexto acidental ou fenomenológico, aproximando-se de uma leitura dos processos objetivos da acumulação capitalista, analisando a lógica da mercadoria, do dinheiro e da produção e situando a centralidade do modo de produção capitalista exatamente no processo de valorização do valor.

> Trata-se – segundo Robert Kurz – de uma critica muito mais profunda do capitalismo, que merece esse nome também em seu sentido lógico e histórico, porque critica fundamentalmente o modo de produção capitalista nas suas formas político-econômicas elementares, que englobam todos os grupos, classes e camadas da sociedade, e constituem o sistema de referência comum dos conflitos sociais no seio do capitalismo. Este segundo e autêntico plano da crítica de Marx ao capitalismo já não se refere apenas a um certo modo ou a um certo grau de desenvolvimento, ou a determinados efeitos deste contexto formal social, já não é meramente acidental ou fenomenológico, mas atinge a essência ou o cerne da coisa; não se refere a propriedades negativas ou a defeitos e insuficiências (eventualmente susceptíveis de correcção ima-

[72] Remete-se o leitor à obra de Marcelo Gomes Franco Grillo, *O direito na filosofia de Slavoj Žižek*.

[73] ŽIŽEK, Slavoj. **Vivendo no fim dos tempos.** São Paulo: Boitempo, 2012, p. 161.

nente), mas é uma crítica categórica ou categorial, isto é, rejeita as definições essenciais fundamentais do capitalismo.[74]

Tem-se aí uma leitura crítica, radical e categórica de Marx, capaz de opor-se, em alguma medida, à abordagem intersubjetiva dos interesses de classe, e afastar-se da reflexão sobre uma "exploração consciente" de uma classe dominada por outra classe dominante. A exploração de classe, obviamente, é *real* sob o capitalismo, mas decorreria de uma vocação determinada pela própria lógica alucinada da produção capitalista, que tudo submete ao potencial abstrato do valor de troca.[75]

A intersubjetividade é apontada, portanto, como o invólucro exterior do desenvolvimento capitalista. Sua camada mais externa e, portanto, mais visível, inerente aos sujeitos históricos e seus movimentos espontâneos de luta, forma, assim, o marxismo "exotérico", voltado positivamente para o desenvolvimento materialista e histórico imanente ao capitalismo em si.

> Esta interpretação – diz Kurz – mostra-nos o conhecido Marx da "luta de classes", do "interesse econômico", do "ponto de vista do operário", do "materialismo histórico", etc. Se a teoria de Marx ficasse reduzida a isso, então, dada a sua ênfase social, ela apenas se distinguiria de outras teorias da modernização pela sua terminologia específica e pela fundamentação na teoria da história. Nesse sentido, o programa de uma crítica do capitalismo meramente imanente e voltada para os diversos níveis da não simultaneidade estaria hoje esgotado, e com isso Marx estaria liquidado.[76]

Por sua vez, a "leitura objetiva" de Marx opõe ao sistema marxiano exotérico um Marx *esotérico*. Kurz, em sua abordagem, explica tal oposição na medida em que "o Marx exotérico é o teórico voltado positivamente para o desenvolvimento imanente do capitalismo, enquanto o Marx esotérico

[74] KURZ, Robert. ***Marx Lesen!*** Frankfurt: Eichborn, 2006, p. 14.

[75] "O capitalismo passa a ser encarado como uma lei objetiva, cujo desenvolvimento faz sentido por si só, sem a necessidade de recorrer a intenções de classe para justificá-lo. As injustiças não derivam da exploração de uma classe por outra, mas da conversão do mundo num potencial abstrato de valor de troca, lógica desumana que subordina a tudo e a todos." In ASSIS FERREIRA, Adriano de. **Questão de classes:** Direito, Estado e capitalismo em Menger, Stutchka e Pachukanis. São Paulo: Alfa-Omega, 2009, p. 26.

[76] KURZ, Robert. ***Marx Lesen!*** Frankfurt: Eichborn, 2006, p. 14.

é o teórico voltado para a crítica categórica do capitalismo."[77] Nessa perspectiva, o reconhecimento do caráter dúplice existente na obra marxiana (e, via de consequência, na obra marxista) admite mais um nível de objetivação em que o político e o jurídico capitalistas não mais derivariam de uma natureza humana autônoma, mas teriam sua forma e conteúdo ditados e ressignificados de acordo com cada modo de produção específico. As formas sociais, portanto, de acordo com os citados eixos do "novo marxismo", determinam-se de acordo com a existência material da produção, na mesma proporção em que o ser social determina a consciência do homem.[78] Assim que, dessubjetivada a sociedade capitalista, a problemática ideológica *do próprio sujeito* passa a estar, também, subordinada ao rigor científico imposto pelas relações de produção. Nos termos de Adriano de Assis Ferreira, o marxismo esotérico promove a "passagem de uma problemática ideológica (filosofias individualistas burguesas) para uma problemática científica (materialismo histórico), substituindo-se o homem pelas relações de produção como forma de conhecimento da estrutura social."[79]

Vale dizer, a este respeito, que o marxismo esotérico, ao definir como seu objeto de investigação a mercadoria, inserindo-a no contexto capitalista do processo de valorização do valor, dissociou dos sujeitos empíricos em conflito na luta de classes aqueles imperativos supostamente impregnados da sua condição histórica de classe. Noutras palavras, o proletariado como sujeito coletivo *existe* e não pode ser simplesmente ignorado no processo de dessubjetivação, porém também ele *como categoria* está capturado por uma realidade subordinada à forma autorreferencial do valor e da mercadoria.[80]

[77] Idem, p. 15.

[78] "Assim, o político e o jurídico passariam a derivar não mais da natureza humana, tendo um sentido autônomo e absoluto, mas teriam seu significado reelaborado por cada modo de produção específico: 'cada maneira de combinação entre os trabalhadores diretos e os meios de produção configura uma nova forma de organização social que, por sua vez, instaura novas categorias e articulações na história dos homens.'" In ASSIS FERREIRA, Adriano de. **Questão de classes:** Direito, Estado e capitalismo em Menger, Stutchka e Pachukanis. São Paulo: Alfa-Omega, 2009, p. 29.

[79] ASSIS FERREIRA, Adriano de. **Questão de classes:** Direito, Estado e capitalismo em Menger, Stutchka e Pachukanis. São Paulo: Alfa-Omega, 2009, p. 29.

[80] Marx, naquele que pode ser considerado seu melhor texto *político* – *O 18 de Brumário de Luis Bonaparte* (1852), pontua a limitação da intervenção humana nos acontecimentos históricos a partir da noção de interdependência dos fatos sociais: "Os homens fazem a sua própria história; contudo, não a fazem de livre e espontânea vontade, pois não são eles quem escolhem

Há aqui um verdadeiro canhão dialético direcionado às estruturas sociais capitalistas que, mistificando a atividade humana concreta em abstrações ideológicas, muitas vezes são criticadas sob o seu aspecto meramente epifenomênico, enquanto haveriam de ser abordadas criticamente em sua realidade concreta. Assim que, como a produção capitalista, o *direito* não poderia aparecer como um mero processo de consciência, mas como forma concreta historicamente determinada e, como tal, deve ser objetivamente abordado pelo pensamento de orientação marxista.

> *El punto de partida de sus análisis* – argumenta Anselm Jappe acerca do marxismo esotérico – *son los conceptos marxianos de "fetichismo" y "valor", en cuanto describen la transformación de la actividad humana concreta en algo tan abstracto y puramente cuantificativo como es el valor de cambio, encarnado en la mercancía y el dinero. El "fetichismo" no es, por tanto, solamente una ilusión o un fenómeno de conciencia sino una realidad: la autonomización de las mercancías que siguen solamente sus propias leyes de desarrollo. "Detrás" de la ciega procesualidad autorreferencial del valor no hay ningún sujeto que "hace" la historia. Pero a diferencia del estructuralismo, Krisis no cree que el "proceso sin sujeto" sea una ley fundamental e inalterable del existir, sino que lo concibe como un estadio histórico necesario pero transitorio.*[81]

O valor, aqui, é protagonista.[82] A categoria capitalista do valor é, portanto, determinante, totalizando os méritos, as escolhas, as preferências

as circunstâncias sob as quais ela é feita, mas estas lhes foram transmitidas assim como se encontram. A tradição de todas as gerações passadas é como um pesadelo que comprime o cérebro dos vivos." In MARX, Karl. **O 18 de Brumário de Luís Bonaparte.** São Paulo: Boitempo, 2011, p. 25.

[81] JAPPE, Anselm. *El absurdo mercado de los hombres sin cualidades.* In JAPPE, Anselm.; KURZ, Robert.; ORTLIEB, Claus Peter. ***El absurdo mercado de los hombres sin cualidades.*** La Rioja: Pepitas de Calabaza, 2014, p. 33.

[82] "O inimigo é o valor, mas ele é um inimigo invisível, a mão invisível que mantém o capitalismo coeso e arrasa o mundo. O valor cria um poderoso e complexo campo de tensão que envolve todas as nossas tentativas de ruptura com o capitalismo, no qual é difícil traçar linhas claras entre o que é 'revolucionário' e o que é 'reformista'. Para além do Estado, para além de nossas contradições pessoais, é o valor, o poder do mercado, da mercadoria barata, do dinheiro, que constantemente ameaça esmagar as nossas fissuras." In: HOLLOWAY, John. **Fissurar o capitalismo.** São Paulo: Publisher Brasil, 2013, p. 72. Em um mesmo sentido, Moishe Postone: "[...] para Marx, superar o capitalismo envolve abolir o valor como forma social de riqueza, o que, por sua vez, resulta na superação do modo determinado de produção desenvolvido sob o capitalismo. Ele afirma explicitamente [aqui Postone faz referência aos *Grundrisse*] que a abolição do valor significa que o tempo de trabalho deixaria de servir como

e as bandeiras de luta admitidas por todo um discurso filosófico que legitime as instâncias objetivas do próprio sistema. Os imperativos e funções positivamente (e espontaneamente) atribuídos aos "sujeitos históricos" aparecem como mera abstração racional de um sistema fetichizado e fetichizante, cujas fronteiras são estabelecidas pelo próprio horizonte do valor, e cuja lógica produz (e reproduz) a perspectiva de mundo burguesa em sua racionalidade irracional.[83] Assim, sendo o valor a categoria que funciona simultaneamente como *locus* e como *animus* da produção, da reprodução e da consciência do sujeito[84], habilita-se o debate das formas sociais contemporâneas como projeção de um fetiche estruturado pelo valor-mercadoria.[85]

a medida de riqueza e que a produção de riqueza deixaria de ser efetuada primariamente pelo trabalho humano imediato no processo de produção: 'tão logo o trabalho na sua forma imediata deixa de ser a grande fonte da riqueza, o tempo de trabalho deixa, e tem de deixar, de ser a sua medida e, em consequência, o valor de troca deixa de ser [a medida] do valor de uso'." In: Postone, Moishe. **Tempo, trabalho e dominação social:** uma reinterpretação da teoria crítica de Marx. São Paulo: Boitempo, 2014, p. 43.

[83] Segundo Kurz, a aplicação do método marxiano às estruturas do capitalismo demonstra que "a aparente racionalidade da modernidade capitalista só representa de certo modo a racionalidade interior de um sistema alucinado objectivado: uma espécie de crença secularizada em demónios, que se manifesta nas abstrações tornadas tangíveis do sistema produtor de mercadorias, nas suas crises, absurdos e resultados destrutivos para o ser humano e para a natureza. Na autonomização da chamada economia, na fetichização do trabalho, do valor e do dinheiro, opõe-se aos seres humanos a sua própria sociabilidade, enquanto poder alheio e externo." In Kurz, Robert. ***Marx Lesen!*** Frankfurt: Eichborn, 2006, p. 21.

[84] *"Krisis considera inútil oponer los ideales de la Ilustración burguesa, como la igualdad y la libertad, a su mala realización, reconociendo ya em esos ideales mismos uma estrutura creada por el valor: el valor es siempre al mismo tempo forma de conciencia,, de produccíon y de reproducción."* In Jappe, Anselm. *El absurdo mercado de los hombres sin cualidades.* In Jappe, Anselm.; Kurz, Robert.; Ortlieb, Claus Peter. ***El absurdo mercado de los hombres sin cualidades.*** La Rioja: Pepitas de Calabaza, 2014, p. 36-37.

[85] "Só com o conceito de fetiche empregado pelo Marx esotérico se torna possível denominar, num nível teórico de abstração mais elevado, uma comunidade de todas as formas sociais até hoje, não simplesmente através de retroprojeções da era moderna: por mais diferentes que as suas relações possam ter sido, nunca houve sociedades autoconscientes, que pudessem decidir livremente sobre a utilização das suas possibilidades, houve sempre apenas sociedades que foram dirigidas por meio fetichistas dos mais diferentes tipos (rituais, personificações, tradições determinadas pela religião, etc.). Ter-se-ia de falar aqui de uma 'história das relações de fetiche'. O moderno sistema produtor de mercadorias, com a sua economia autonomizada irracionalmente, representa, portanto, apenas a última forma de fetichismo social, fustigada pela sua própria dinâmica cega." In Kurz, Robert. ***Marx Lesen!*** Frankfurt: Eichborn, 2006, p. 22.

> A interpretação de Marx sobre o sujeito histórico com referência à categoria do capital – segundo Moishe Postone – indica uma mudança de uma teoria de relações sociais entendidas apenas em termos de classes sociais para uma teoria de formas de mediação social expressas por categorias como valor e capital. Essa diferença está relacionada à que existe entre [...], de um lado, entender o capitalismo como um sistema de exploração e dominação de classe na sociedade moderna e, de outro, o que constitui o próprio tecido da sociedade moderna. O 'sujeito', para Marx, é a determinação conceitual desse tecido. [...] A diferença entre o conceito idealista hegeliano do sujeito e o que Marx apresenta como 'núcleo racional' materialista daquele conceito não é o fato de o primeiro ser abstrato e supra-humano, enquanto o segundo é concreto e humano. De fato, até o ponto em que a noção de Hegel do sujeito tem validade social e histórica, de acordo com Marx, esse sujeito *não* é um agente social concreto e humano, coletivo ou individual. Pelo contrário, o sujeito histórico analisado por Marx é composto por relações objetivadas, as formas categoriais subjetivo-objetivas características do capitalismo, cuja "substância" é o trabalho abstrato, ou seja, o caráter específico do trabalho como atividade socialmente mediadora no capitalismo. O sujeito de Marx, tal como o de Hegel, então, é abstrato e não pode ser identificado com nenhum ator social. Ademais, os dois se desenvolvem no tempo de uma forma que é independente da vontade individual.[86]

Ao promover esta espécie de "dessubjetivação" da sociedade capitalista e da reprodução da vida social, o marxismo revela a íntima relação entre o processo produtivo e a circulação de mercadorias enquanto etapas da reprodução da sociabilidade capitalista. Mais ainda, aponta a relação estrutural de influência recíproca existente entre tais formas sociais e as ditas instâncias "autônomas" da sociabilidade capitalista, em um movimento que desmascara a existência dependente da política, do Estado e

[86] POSTONE, Moishe. **Tempo, trabalho e dominação social:** uma reinterpretação da teoria crítica de Marx. São Paulo: Boitempo, 2014, p. 97. Não parece difícil associar a leitura de Postone à perspectiva marxiana do *sujeito automático* surgido do trânsito "forma-a-forma" do valor em seu próprio movimento, assim que, em Anselm Jappe, "na sociedade em que domina o fetichismo da mercadoria não pode haver um verdadeiro sujeito humano: é o valor, nas suas metamorfoses (mercadoria e dinheiro), que constitui o verdadeiro sujeito. Os 'sujeitos' humanos vão a seu reboque, são os seus executantes e funcionários – 'sujeitos' do sujeito automático." In: JAPPE, Anselm. **A sociedade autofágica**: capitalismo, desmesura e autodestruição. Lisboa: Antígona, 2019, p. 33.

do direito como momentos (ainda que materiais) de reprodução do fetiche da mercadoria em um sistema alucinado pela abstração da produção. Não há mais espaço para conexões meramente causais ou funcionais, mas, ao contrário, exsurgem determinações que, forjadas pelas relações de produção, projetam-se como determinações universais abstratas em favor da reprodução da sociedade burguesa e de seu contínuo aburguesamento.[87]

Tal leitura de Marx resgata dos textos de juventude do pensador alemão os elementos que lhes são mais valiosos: a crítica da miséria real do homem e sua perspectiva de emancipação humana, questionando, radicalmente, a divisão do homem e da sociedade segundo "uma esfera estatal *ideal*, por um lado, e uma esfera socioeconômica, privada, burguesa, suja, do trabalho abstrato, do interesse do dinheiro, da concorrência econômica, por outro."[88] Os paradoxos segundo os quais os indivíduos se desagregam entram em contradição consigo mesmos, como reversos de uma mesma moeda forjada com o duro metal da lei do valor.

> A "sociedade civil" - diz Robert Kurz -, "burguesa" neste sentido não é a sociedade em que uma determinada classe domina (mesmo no Estado), nomeadamente a burguesia proprietária, mas sim a esfera da reprodução econômica autonomizada de todos os indivíduos, que se opõe à estatalidade meramente abstrata dos mesmos indivíduos. Uma tal situação de pura democracia, que põe cada indivíduo como "soberano" por meio da cidadania, enquanto o mesmo indivíduo pode ser simultaneamente um mendigo sem-abrigo no aspecto social ("civil"), zomba da comunidade humana, diz Marx. [...] Enquanto o liberalismo sempre criticou apenas a administração externa e

[87] "Quando tais trivialidades são reduzidas ao seu efetivo conteúdo, expressam mais do que sabem seus pregadores. A saber, que toda forma de produção forja suas próprias relações jurídicas, forma de governo, etc. A insipiência e o desentendimento consistem precisamente em relacionar casualmente o que é organicamente conectado, em reduzi-lo a uma mera conexão da reflexão. Os economistas burgueses têm em mente apenas que se produz melhor com a polícia moderna do que, por exemplo, com o direito do mais forte. Só esquecem que o direito do mais forte também é um direito, e que o direito do mais forte subsiste sob outra forma em seu 'estado de direito'. [...] Para resumir: para todos os estágios da produção há determinações comuns que são fixadas pelo pensamento como determinações universais; mas as assim chamadas condições universais de toda produção nada mais são do que esses momentos abstratos, com os quais nenhum estágio histórico efetivo da produção pode ser compreendido." In MARX, Karl. **Grundrisse:** manuscritos econômicos de 1857-1858: esboços da crítica da economia política. São Paulo, Boitempo, 2011, p. 43-44.

[88] KURZ, Robert. ***Marx Lesen!*** Frankfurt: Eichborn, 2006, p. 78.

burocrática da sociedade pelo Estado, para em compensação favorecer o mercado e sua pretensa liberdade, a crítica radical do Estado feita por Marx vê no mercado apenas o reverso da mesma medalha: o autoritarismo do Estado é o equivalente complementar do autoritarismo do mercado, o totalitarismo político é apenas uma manifestação do totalitarismo econômico[89]. Em ambos os lados desta relação, os indivíduos continuam sem ser livres, porque numa das armadilhas estão entregues à burocracia, na outra, aos poderes da concorrência anônima. Mercado e Estado, política e economia, constituem apenas os dois lados de uma relação social paradoxal, irracional e esquizofrênica onde os indivíduos se desagregam em "homo oeconomicus" e "homo politicus", em "bourgeois" e "citoyen", ou seja, entram em contradição consigo mesmos. São os dois aspectos de uma e mesma deficiência grave, que não podem ser jogados um contra o outro, mas apenas tem de ser ambos igualmente abolidos – justamente naquela associação de "indivíduos sociais concretos" que Marx tinha em vista quando da sua crítica do trabalho abstrato.[90]

Assim que tal abordagem de Marx, seguindo uma orientação metodológica cujo cerne da crítica converge para a valorização do valor pela produção capitalista, ultrapassa os estreitos horizontes de dualismos tipicamente burgueses como a separação entre o domínio público e privado, o mercado e o Estado, política e economia, etc. As relações intersubjetivas são apreendidas, portanto, em toda a sua extensão, de modo que os sujeitos (ou *pessoas*, na conformação teórica hegeliana), na medida em que se afirmam enquanto personalidades individuais, simultaneamente, por submeterem-se ao processo de valorização capitalista, coisificam-se em uma função de mera representação de mercadorias e categorias econômicas tornadas independentes da sua própria subjetividade. Em linhas gerais, a

[89] A este respeito, interessante referência de Jappe ao pensamento do grupo *Krisis*: "*La URSS, afirma Krisis, estaba plenamente integrada en el sistema mundial de la mercancía, pero no pudo resistir más a la concurrencia del mercado mundial a causa de la petrificación de las mismas estructuras de dirigismo gracias a las cuales había logrado inicialmente situarse entre los países avanzados, repitiendo a marchas forzadas aquel proceso de acumulación primitiva bajo la dirección estatal que lso países occidentales habían atravesado en siglos anteriores de modo más lento y, por tanto, más 'blando'. Cuando la conciencia occidental se horrorizaba ante el 'totalitarismo, no veía sino la imagen concentrada de su propio passado.*" In JAPPE, Anselm. *El absurdo mercado de los hombres sin cualidades*. In JAPPE, Anselm.; KURZ, Robert.; ORTLIEB, Claus Peter. ***El absurdo mercado de los hombres sin cualidades***. La Rioja: Pepitas de Calabaza, 2014, p. 37-38.

[90] KURZ, Robert. ***Marx Lesen!*** Frankfurt: Eichborn, 2006, p. 79.

leitura objetiva de Marx contrapõe-se ao humanismo marxista que, incapaz de libertar o sujeito preso às estruturas do valor, aparece reiteradamente sob o véu do *espontaneísmo* do movimento operário, agarrando-se "com unhas e dentes ao conceito iluminista de sujeito, do qual ele não é mais que a 'segunda transição'".[91]

Sob tal perspectiva, portanto, desce-se às raízes da mistificação das formas sociais da sociedade capitalista para, daí, enxergar na greve não apenas um instrumento de luta operária de viés econômico, trade-unionista, restrito às balizas da forma-salário, mas o lampejo de uma fissura na forma do valor-fetiche e de superação da forma-mercadoria. A crítica categórica da greve, por assim dizer, não se trata de uma análise exterior sobre a paralisação da extração de mais-valor, mas sim de revelar o mais-valor em sua relação intrínseca com a própria forma consumada do valor enquanto base derivante da sociabilidade capitalista. A greve aqui surge, portanto, como possibilidade revigorada daquilo que Marx, n'*A ideologia alemã*, referiu como a suprassunção do trabalho:

> Enquanto os servos fugitivos visavam apenas desenvolver livremente e afirmar suas condições de existência já dadas e, por isso, não ultrapassavam, em última instância, os limites do trabalho livre, os proletários, para afirmar a si mesmos como pessoas, têm de suprassumir sua própria condição de existência anterior, que é, ao mesmo tempo, a condição de toda a sociedade anterior, isto é, o trabalho. Eles também se encontram, por isso, em oposição ao Estado, a forma pela qual os indivíduos se deram, ate então, uma expressão coletiva, e têm de derrubar o Estado para impor a sua personalidade.[92]

As características da forma-mercadoria inerentes à regulação da greve enquanto direito subjetivo somente sobem ao palco quando apresentadas em interação ativa com as contradições fundamentais da sociabilidade capitalista, sempre ocultas sob a coxia da sociedade capitalista. Assim que tais contradições, impostas aos seres humanos com a aparência de processos naturais da convivência em comunidade e interiorizadas ao longo de séculos (e que, por isso mesmo, costumam escapar à crítica como mero

[91] KURZ, Robert. **O pós-marxismo e o fetiche do trabalho:** sobre a contradição histórica na teoria de Marx. Krisis, n. 15, 1995, Disponível em: <http://www.obeco-online.org/rkurz136.htm> Acesso em: 05.02.2020.

[92] MARX, Karl. **A ideologia alemã.** São Paulo: Boitempo, 2007, p. 66.

pano de fundo tacitamente compreendido e apreendido), não podem ficar de fora de uma abordagem que se propõe habilitada a manejar uma crítica categórica do capitalismo.

1.4. Dialética ou dogmática: a favor da sobredeterminação

Como visto, o principal mérito da leitura objetiva de Marx é justamente o que engendra a sua maior dificuldade teórica: a crítica categórica do capitalismo. Vale dizer, é somente na crítica categórica ao capitalismo que são postos de lado os lugares-comuns vulgarmente atribuídos à luta de classes em favor de situar no cerne da análise os horizontes do desenvolvimento capitalista em sua totalidade, como sistema em processo.[93] Isso significa que a leitura radical do sistema marxiano aponta como metodologicamente inadequadas as formulações teóricas pretensamente emancipatórias em si, isto é, orientadas de acordo com as categorias do processo de valorização do valor que não possuam como objetivo (ainda que mediato) a superação das contradições fundamentais (e infraestruturais) da sociedade burguesa. Em rigor, o marxismo orienta-se a uma análise das formas sociais capitalistas em um espaço discursivo adequado à crítica categórica, isto é, um espaço em que não haja pressupostos cegos ao raciocínio científico.[94]

Assim que, justamente por não admitir quaisquer estágios preliminares à crítica ou "zonas tabu de perguntas que não se fazem e de coisas que não se fala, mas existem"[95], a leitura objetiva de Marx leva ao ápice a oposição entre materialismo e idealismo. Isso porque o pensamento idealista, ao apresentar a concepção do "real como resultado do pensamento que se absorve em si, procede de si, move-se por si"[96], pressupõe a ilusão impositiva de uma zona tabu em que o conhecimento científico advém do próprio processo espiritual enquanto gênese do real. Segundo Althusser, Hegel, principal expoente da matriz idealista de pensamento, confunde-se ao tomar

[93] FERNANDES, Florestan. Introdução In MARX, Karl. **Contribuição à crítica da economia política.** São Paulo: Expressão Popular, 2008.

[94] KURZ, Robert. ***Marx Lesen!*** Frankfurt: Eichborn, 2006.

[95] Idem, p. 21.

[96] MARX, Karl. **Contribuição à crítica da economia política.** São Paulo: Expressão Popular, 2008, p. 259.

o conceito universal que figura no início do processo do conhecimento (exemplo: o conceito da própria universalidade, o conceito de 'ser' na Lógica) por essência e motor desse processo, pelo 'conceito que engendraria a si mesmo', ele toma a Generalidade I, que a prática teórica vai transformar em conhecimento (Generalidade III), por essência e motor do próprio processo de transformação![97]

Da negação da descontinuidade qualitativa entre Generalidade I (matéria-prima teórica trabalhada) e Generalidade II (pensamento material-concreto que trabalha) é que surgem os impasses do idealismo hegeliano. No plano do pensamento jurídico, inclusive, os estreitos horizontes do direito burguês (e mesmo da crítica socialista vulgar, de viés trade-unionista ou economicista) em muito se confundem com os limites da filosofia do direito de Hegel, "capaz de perceber que a desigualdade e a dependência que a sociedade burguesa gera continuamente só se realizam através da personalidade jurídica"[98] e, simultaneamente, apresentar como impreteríveis e incontornáveis a sociedade burguesa e as suas respectivas formas sociais.

A sua *Filosofia do direito* – diz Kashiura Jr. sobre o pensamento hegeliano – atinge o extremo de reconhecer as inversões mais desconcertantes que se perpetuam à base da personalidade jurídica – a distribuição desigual da pro-

[97] Althusser prossegue analisando os vícios da dialética hegeliana, especificamente a descontinuidade qualitativa da dialética concreta da prática teórica, ao dissecar a relação existente entre as generalidades no processo de transformação. Segundo o francês, "Hegel não cai nessa 'ilusão' a não ser porque ele impõe à realidade da prática teórica uma concepção ideológica do universal, de sua função e de seu sentido. Ora, na dialética da prática, a generalidade abstrata do início (Generalidade I), o seja, a generalidade trabalhada, não é a mesma que a generalidade que trabalha (Generalidade II), e com maiz razão ainda que a generalidade especificada (Generalidade III), produto desse trabalho: um conhecimento (o 'concreto-teórico'). A generalidade II (que trabalha) não é de forma nenhuma o simples desenvolvimento, a passagem (por mais complexa que seja) do em-si ao para-si da Generalidade I (que é trabalhada); pois a Generalidade II é a 'teoria' da ciência considerada e, como tal, o resultado de todo um processo (história da ciência a partir de sua fundação), que é um processo de transformações reais no sentido forte do termo, ou seja, que não tem a forma de um simples desenvolvimento (conforme o modelo hegeliano: o desenvolvimento do em-si em para-si), mas a forma de mutanções e reestruturações provocando descontinuidades qualitativas reais." ALTHUSSER, Louis. Sobre a dialética materialista: da desigualdade das origens. In ALTHUSSER, Louis. **Por Marx.** Campinas: Editora da Unicamp, 2015, p. 152.

[98] KASHIURA JR. Celso Naoto. **Sujeito do Direito e capitalismo.** São Paulo: Outras Expressões; Dobra Universitário, 2014, p. 158.

priedade mediada pela igual capacidade para ser proprietário, a coisificação do trabalhador assalariado mediada por uma liberdade temporalmente excepcional, a possibilidade de realização da dependência através da vontade livre e da personalidade jurídica – apenas para ratificá-las.[99]

De uma outra perspectiva metodológica, que, a par do relativo distanciamento de suas premissas para com o pensamento hegeliano, compartilha das suas conclusões no que tange à essencialidade do direito como forma trans-histórica e, principalmente, apresenta a *norma* como pano de fundo pressuposto em um determinado estágio de maturidade civilizatória da humanidade, tem-se o dogma da normatividade que, encontrando em Hans Kelsen seu principal expoente até os presentes dias, não se furta de representar no direito qualquer aspecto da totalidade social ao apresentar o dever-ser normativo como produto dotado de sentido próprio e autônomo. Segundo Kelsen:

> A Teoria Pura do Direito como específica ciência do Direito, concentra – como já se mostrou – a sua visualização sobre as normas jurídicas e não sobre os fatos da ordem do ser, quer dizer: não a dirige para o querer ou para o representar das normas jurídicas, mas para as normas jurídicas como conteúdo de sentido – querido ou representado. Ela abrange e apreende quaisquer fatos apenas na medida em que são conteúdo de normas jurídicas, quer dizer, na medida em que são determinados por normas jurídicas. O seu problema é a específica legalidade autônoma de uma esfera de sentido.[100]

Assim que a chamada Teoria Pura do Direito surge como autodeclarada[101] manifestação do processo de "eliminação da história do processo

[99] Idem. Ibidem.

[100] KELSEN, Hans. **Teoria pura do direito.** São Paulo: Editora WMF Martins Fontes, 2009, p. 113-114.

[101] Veja-se, a este respeito, o discurso de Kelsen ainda no Prefácio à primeira edição da *Teoria pura do direito*: "Há mais de duas décadas que empreendi desenvolver uma teoria jurídica pura, isto é, purificada de toda a ideologia política e de todos os elementos de ciência natural, uma teoria jurídica consciente da sua especificidade porque consciente da legalidade específica do seu objeto. Logo desde o começo foi meu intento elevar a Jurisprudência, que – aberta ou veladamente – se esgotava quase por completo em raciocínios de política jurídica, à altura de uma genuína ciência, de uma ciência do espírito. Importava explicar, não as suas tendências endereçadas à formação do Direito, mas as suas tendências exclusivamente dirigidas ao conhecimento do Direito, e aproximar tanto quanto possível os seus resultados do ideal de

de totalidade no qual se insere o direito"[102], o que, por sua vez, oferece à abordagem dialética marxiana e marxista do direito uma de suas mais veementes críticas. Kelsen dispara não somente contra a teoria jurídica soviética, mas, aponta sua artilharia fundamentalmente contra a metodologia marxiana e marxista, definindo-a como uma compreensão naturalista e autocontraditória da realidade social.[103] Para Kelsen, o materialismo histórico-dialético marxista (designado pelo juspositivista como "interpretação econômica da realidade social"[104]) frustra suas próprias premissas ao enunciar que "o modo de produção da vida material condiciona o processo de vida social, política e intelectual. Não é a consciência dos homens que determina seu ser; ao contrário, é seu ser social que determina sua consciência". Há aqui, segundo aponta Kelsen, uma ambiguidade metodológica que, no fundo, viciaria a articulação marxiana entre base e superestrutura:

> *Although the second sentence is supposed to express the same idea as the first, the two are not quite the same. In the first sentence only the 'mode od production' is the determining factor, in the second, it is the entire 'social existence'. In the first sentence not only the 'spiritual' but also the social and 'political' process of life is the determined factor; in the second, it is only the 'consciousness' which is identical with the spiritual process of life. By the 'social' and 'political' process of life law and state as social institutions may be understood; and this 'social' and 'political' process of life – as distinguished from the 'spiritual' process of life in the first sentence – may very well be conceived*

toda a ciência: objetividade e exatidão." *In:* KELSEN, Hans. **Teoria pura do direito.** São Paulo: Editora WMF Martins Fontes, 2009.

[102] CORREIA, Marcus Orione Gonçalves. Dogmática jurídica: um olhar marxista. *In:* KASHIURA Jr., Celso Naoto. AKAMINE Jr., Oswaldo. MELO, Tarso de. (Orgs.) **Para a crítica do direito:** reflexões sobre teorias e práticas jurídicas. São Paulo: Outras Expressões: Editorial Dobra, 2015, p. 182.

[103] KELSEN, Hans. ***The communist theory of Law.*** New York: Frederick A. Praeger, 1955, p. 15 e seguintes. Posteriormente, vários dos argumentos kelsenianos foram revisitados por Karl Popper ao lançar sua própria crítica à dialética: ver POPPER, Karl. R. *What is Dialectic?.*

[104] No original, "*economic interpretation of social reality*", op. cit., p. 6. O que, por si só, é uma simplificação extremada da dialética marxiana e marxista. Veja-se, a esse respeito, Anselm Jappe: "[...] o método dialéctico, demonstra a génese dos seus objetos de investigação na medida em que determina o seu 'conceito'. Por outro lado, com o seu método, Marx, fiel à exigência de unidade entre o método e o conteúdo, descreve ao mesmo tempo o traço específico da sociedade mercantil, na qual são categorias abstractas que constituem o *prius*, o momento primeiro, da vida social, enquanto os homens e os respectivos actos conscientes não são senão os executores dessas categorias." In: JAPPE, Anselm. **As aventuras da mercadoria:** por uma nova crítica do valor. Lisboa: Antígona, 2013, p. 89.

of as part of the 'social existence' of men referred to in the second sentence. Hence there is a strange ambiguity as to the meaning of the relationship between reality and ideology, which makes the foundation of Marx's theory of cognition highly problematical. This ambiguity plays a particular part in the theory of state and law when the question arises whether these social phenomena belong to the substructure, i. e., the real basis, or to the ideological superstructure.[105]

O problema das abordagens marxiana e marxista do direito e, em um sentido expansivo, das formas sociais do capital, novamente segundo Kelsen e a dogmática da sua escola, reside exatamente na alegada ambiguidade não-científica da articulação dialética entre a realidade concreta e a ideologia como falsa-consciência. O juspositivista, que parte de concepções bastante específicas – e, de algum modo, reducionistas – acerca da dialética marxiana, denuncia o equívoco da compreensão marxiana sobre o direito enquanto ideologia, apontando, para tanto, incongruências entre a própria noção de ideologia em Marx (a falsa consciência da realidade) e o direito que, em rigor, não estaria em contradição com a realidade objetivamente regulada – "[...] *the law is not – as an ideology by its very nature must be – a false, illusive expression, an expression which is in contradiction to the object that it expresses. The expression of economic reality which is the law, is in harmony with reality, corresponds to reality.*"[106]

Curioso é que o normativismo kelseniano, ao mesmo tempo em que ofusca a sua compreensão da dialética marxiana em toda sua profundidade relacional, aproxima-se, talvez inconscientemente, do próprio Marx pré-marxista e dos seus *debates sobre a lei referente ao furto de madeira*, sobretudo porquanto ambos os pensadores apresentem a eficácia do direito-norma como sanção de um comportamento humano legitimado ou legitimável de acordo com uma determinada manifestação volitiva intencional. Senão veja-se que, segundo o jovem Marx:

[105] Idem, p. 5.

[106] Idem, p. 8. Segue Kelsen: "*[...] If the law is not 'in harmony' with the conditions of production, it ceases to be effective, as e. g., in France, where in spite of the 'legislative attempts to perpetuate the minute subdivision of land' achieved by the revolution, 'land ownership is concentrating again'. In so far as the law – or the fact Marx has in mind when he refers the 'law' – is an effect of economic reality and has itself effects on this reality, that is to say, if the law is within the chain of cause and effect, it is within reality, and hence belongs to the substructure of the ideological superstructure.*" *In:* KELSEN, Hans. ***The communist theory of Law.*** New York: Frederick A. Praeger, 1955, p. 9.

Os direitos consuetudinários da nobreza resistem, por seu *conteúdo*, à forma da lei universal. Eles não podem virar leis, por serem formações resultantes da falta de lei. Ao resistirem por seu conteúdo à forma da lei, da universalidade e da necessidade, esses direitos consuetudinários provam justamente que são *não-direitos consuetudinários* e que não podem valer contra a lei, mas devem ser ab-rogados como oposição à lei e, dependendo das circunstâncias, punidos, pois ninguém para de agir contra o direito porque esse modo de agir é costume seu, assim como não se desculpa o filho do salteador de um pai salteador por suas idiossincrasias familiares. [...] Na era das leis universais, o direito consuetudinário racional nada mais é que o *costume do direito legal*, por o direito não deixou de ser costume por ter se constituído como lei, ainda que tenha deixado de ser *apenas* o costume. Para quem age conforme o direito, este se torna seu próprio costume; para quem age contra o direito, ele é imposto, mesmo que não seja seu costume. O direito não depende mais da contingência de o costume ser razoável, mas o costume se torna razoável porque o direito se tornou legal, porque o costume se tornou costume do Estado.[107]

De outro lado, o Kelsen crítico da teoria de Marx e Engels sobre o direito e o Estado, ao posicionar Marx no campo do naturalismo, encontra-o também no campo do seu liberalismo de juventude:

In so far as the law as a norm or normative order is the specific meaning of acst of human behaviour which take place in time and space, and a legal order is considered to be valid only if the human behaviour regulated by it corresponds by and large to this normative order, we may speak of a legal reality. By this term we mean human beha-

[107] Marx, Karl. **Os despossuídos:** debates sobre a lei referente ao furto de madeira. São Paulo: Boitempo, 2017, p. 85-86. A verve da lei como razão universal também é percebida no Marx dos textos sobre a liberdade de imprensa, do início da década de 1840: "As leis não são medidas repressivas contra a liberdade, mais do que a lei da gravidade é uma medida repressiva contra o movimento, a lei da gravidade impulsa os movimentos eternos dos corpos celestes, mas, como lei de queda, mata-nos se tentamos dançar no ar. As leis são normas positivas, claras e universais, nas quais a liberdade ganhou uma existência impessoal e teórica, independente do capricho de qualquer indivíduo. Um texto legal é a Bíblia da liberdade de um povo. A lei da imprensa é portanto o reconhecimento legal da liberdade. É lei, porque é o ser positivo da liberdade." In: Marx, Karl. **Liberdade de imprensa.** Porto Alegre: L&PM, 2010, p. 56-57. Noutro aspecto relativo a uma aparente aproximação entre Kelsen e o marxismo (mais especificamente na linha althusseriana), tem-se o diálogo sobre o "lado de fora do direito" comentado por Pedro Davoglio em Davoglio, Pedro. **Althusser e o direito.** São Paulo: Ideias & Letras, 2018, p. 172-180.

viour as interpreted according to a normative legal order, in contradistinction to natural reality, that is to say, facts (including human behaviour) interpreted – not according to norms – but according to laws of causality. [...] We consider the real behaviour corresponding to the law as its realization, that is to say, we recognize in the legal reality, like in a mirror, a kind of reproduction, and in this sense the reflection, of an idea, i.e., of the law as norm.[108]

Pois que a verificação das razões de método empregadas Kelsen para emparedar a dialética marxiana revelam, mais que a efetiva contradição intrínseca ao materialismo histórico-dialético, a sua *dogmatização*[109] reducionista exatamente pela compreensão equivocada de Kelsen acerca da dialética marxiana, perceptível nas diversas ocasiões em que o juspositivista, empregando artifícios característicos da lógica formal, suscita "inconsistências" na abordagem de Marx acerca das contradições entre realidade e ideologia:

If the law is part of the ideological superstructure as something different from and opposed to its substructure, the social reality constituted by economic relationships, then the law cannot be the effect of these relationships and, especially, cannot itself have effect on them. When Marx [...] admits an interaction between law and economics, he deals with law as with a social reality. If the law is a social reality in the same sense as economic production, then the scheme of super – and sub-structure is not applicable to the relationship between the two social phenomena. But it is just of the ideological superstructure that Engels maintains that it 'influences' the substructure. [...] Marx tries to

[108] Kelsen, Hans. ***The communist theory of Law.*** New York: Frederick A. Praeger, 1955, p. 15-16.

[109] A dogmatização do pensamento kelseniano é revelada em diversas passagens de *The communist theory of Law*, nas quais o autor tenta, à fórceps, decifrar a lógica dialética segundo a razão da lógica formal ou, tanto menos, da normatização de uma justiça derivada de um suposto *dever-ser comunista*: "*From the point of view of the Marxian critique, bourgeois law only pretends to be a norm – and is therefore na illusive ideology becausa it is not just – and only justice is a true norm, only a just law a true Sollen, a genuine 'norm'. That there will be justice, and hence a true norm, in communist society cannot be denied. The norm of communist justice becomes evident in the principle inscribed on the banner of communist society: 'From each according to his capacities, to each according to his needs', which is nothing else but the principle of communist justice, the principle of true equality, in opposition to capitalist injustice, only pretending to be justice. Bourgeois law, according to Marx, pretends to be an equal law for all, but in truth it is the contraty, a law of inequality; and this applies also to the law in the transition stage [...]*" In: Kelsen, Hans. ***The communist theory of Law.*** New York: Frederick A. Praeger, 1955, p. 34-35.

establish a certain relation between the two contradictions, the contradiction between reality and ideological consciousness or superstructure on the one hand, and the contradiction within reality on the other, by the doctrine that only a social reality which is contradictory in itself produces an ideological consciousness and hence a contradiction between itself and its superstructure. [...] But the self-contradiction of reality, which is the essential condition of the coming into existence of an ideological, that is, illusive consciousness, or an ideological superstructure, is not always presented as the contradiction between the existing reality and its immanent idea, but as the contradiction between the 'forces of production' and the 'relationships of production'.[110]

O que se evidencia da passagem acima é que Kelsen, ao reduzir a dialética marxiana a um sistema erigido a partir de uma contradição simples (que remete ao pensamento hegeliano) – caricaturando-a como a interpretação econômica da realidade social – apresenta como inconsistência lógica o que, já tendo sido referenciado, é o principal mérito do materialismo histórico-dialético: a relação recíproca entre as contradições desenvolvidas em um campo complexo de determinação e sobredeterminação entre base e superestrutura. Escapa à leitura normativista de Kelsen a percepção de que o fenômeno jurídico oculta, em sua própria forma social, um sem-número de relações sociais não intencionais derivadas da contradição instaurada pelos processos de produção do valor e de circulação de mercadorias.[111]

[110] Idem, p. 11 e 23.

[111] "Na verdade, a relação social jurídica é representada pela norma de direito e esta existe em função daquela relação social, existencial e concreta; uma é pela outra, uma não existe sem a outra. A objetividade relacional humana não existe sem a subjetividade. A norma jurídica é a representação da relação social da qual é originária. É inequívoco que o mundo ideal faz parte também do mundo social real. Isso pressupõe que a relação social está também, através das ações que a compõem, prenhe de teleologia, de valor, de linha diretiva para determinados fins. A relação social, qualquer que seja, não é, portanto, uma relação bruta, meramente sensual, externa, sem o destaque subjetivo para o fim a que se destina. A relação de troca mercantil no mundo capitalista, por exemplo, não é pura equalização sem essencial relação com os fatores materiais de exploração, subjacentes à constituição dos valores econômicos no recesso da produção, objetivando a criação da mais-valia e a sua posterior realização no espaço da circulação." In: ALVES, Alaor Caffé. Determinação social e vontade jurídica. In: KASHIURA Jr., Celso Naoto. AKAMINE Jr., Oswaldo. MELO, Tarso de. (Orgs.) **Para a crítica do direito:** reflexões sobre teorias e práticas jurídicas. São Paulo: Outras Expressões: Editorial Dobra, 2015, p. 14. É possível até mesmo transpor contra Kelsen as críticas que Isaak Rubin dirige aos "economistas vulgares", na medida em que, tanto estes quanto aquele, tomam determinadas

> Sob a capa do obrigatório, do permitido ou do proibido – ensina Alaor Caffé Alves –, expressões deônticas da norma, onde se destaca a vontade na criação jurídica pelas autoridades institucionalizadas, nos acordos ou nos contratos, escondem-se relações sociais não intencionais inescapáveis. [...] É fato que, especialmente no positivismo jurídico, a norma encobre, sobretudo em sua expressão técnica, o lado social e estrutural do direito, as relações e contradições sociais das quais origina sua especificidade classista. Isso é decorrente da ilusão de que as normas existem e encerram validade, posta por atos voluntários, de modo apartado de suas bases e determinações socioeconômicas.[112]

No campo da dialética marxista, tal contexto é bem explicado por Mao Tsé-Tung. O revolucionário chinês, afastando qualquer suposição de simplicidade abstrata nas contradições fundamentais do desenvolvimento teórico, situou a dialética marxiana em um campo complexo em que uma contradição principal se desenvolve e subordina todas as demais, em um fenômeno de determinação e sobredeterminação:

> *En el proceso de desarrollo de uma cosa compleja hay muchas contradicciones y, de ellas, una es necesariamente la principal, cuya existencia y desarrollo determina o influye en la existencia y desarrollo de las demás contradicciones. [...] ocurra lo que ocurra, no cabe ninguna duda de que en cada etapa de desarrollo de un proceso hay sólo una contradicción principal, que desempeña el papel dirigente. De este modo, si en un proceso*

categorias materiais como pressupostas, espécie de atributos imanentes a todo e qualquer horizonte relacional, eternizando, na via oblíqua, a produção capitalista, desvinculando tais categorias materiais (ou técnicas) de suas eventuais formas sociais originárias: "*Marx's economic theory deals precisely with the 'differences in form' (social-economic forms, production relations) which actually develop on the basis of certain material-technical conditions, but which must not be confused with them. [...] These forms 'have already acquired the stability of natural, self-understood forms of social life, before man seeks to decipher, not their historical character, for in his eyes they are immutable, but their meaning.' [...] In order to discover the content of these social forms, the Classical Economists reduced complex forms to simple (abstract) forms in their analyses, and in this way they finally arrived at the material-technical bases of the process of production. By means of such analysis they discovered labor in value, means of production in capital, means of workers subsistence in wages, surplus product (which is brought about by increased productivity of labor) in profit. Starting with given social forms and taking them for eternal and natural forms of the process of production, they did not ask themselves how these forms had originated.*" In: RUBIN, Isaak Illich. ***Essays on Marx's theory of value.*** Indo-European Publishing, 2019, p. 30.

112 ALVES, Alaor Caffé. Determinação social e vontade jurídica. In: KASHIURA Jr., Celso Naoto. AKAMINE Jr., Oswaldo. MELO, Tarso de. (Orgs.) **Para a crítica do direito:** reflexões sobre teorias e práticas jurídicas. São Paulo: Outras Expressões: Editorial Dobra, 2015, p. 14-15.

hay varias contradicciones, necesariamente una de ellas es la principal, la que desempeña el papel dirigente y decisivo, mientras las demás ocupan una posición secundaria y subordinada. Por lo tanto, al estudiar cualquier proceso complejo en el que existan dos o más contradicciones, debernos esforzarnos al máximo por descubrir la contradicción principal. Una vez aprehendida la contradicción principal, todos los problemas pueden resolverse con facilidad. Tal es el método que nos enseñó Marx en su estúdio de la sociedad capitalista.[113]

No plano material, fala-se em relações recíprocas determinadas[114] em que uma categoria aparentemente simples, habitualmente integrada ao pano de fundo da obviedade, mostra-se despropositada diante da crítica categórica justamente na medida em que o marxismo, apreendendo as categorias e contradições do capitalismo como produtos de um processo complexo, afasta qualquer hipótese de simplicidade originária pressuposta.[115] Daí que Marx, ao apresentar a sociedade capitalista como uma formação social histórica determinada, em última instância, por relações de produção específicas, admita a materialização da sua formação dialética para vincular o fenômeno jurídico a movimentos tipicamente capitalistas,

[113] TSÉ-TUNG, Mao. ***Sobre la práctica y la contradicción.*** Madrid: Akal, 2013, p. 125-127. De certa forma, o pensamento de Mao foi apropriado por Michel Miaille que, formatando seu próprio conceito de pensamento crítico, qualifica-o como uma espécie de holofote capaz de iluminar o invisível em movimento para, assim, revelar o real: "Assim funciona o que eu chamo o pensamento crítico: ele merece este qualificativo neste sentido em que, suscitando o que não é visível, para explicar o visível, ele se recusa a crer e a dizer que a realidade se limita ao visível. Ele sabe que a realidade está em movimento, quer dizer, que qualquer coisa para ser apreendida e analisada tem de o ser no seu movimento interno: não se pode, pois, abusivamente reduzir o real a uma das suas manifestações, a uma das suas fases." MIAILLE, Michel. **Uma introdução crítica ao direito.** Lisboa: Ed. Moraes, 1979, p. 18.

[114] FERNANDES, Florestan. Introdução In MARX, Karl. **Contribuição à crítica da economia política.** São Paulo: Expressão Popular, 2008.

[115] "A sociedade entendida como modo de produção, unidade complexa de instâncias autônomas, não pode ser compreendida no seu funcionamento e evolução senão por referência às determinações procedentes de todos os níveis, de todas as instâncias. Este conjunto de determinações constitui uma estrutura que pode ser considerada como explicativa do determinismo social. Não é o nível econômico, politico ou ideológico que explica este ou aquele gesto que faço, é a estrutura complexa das causalidades que pertencem a estes diferentes níveis que é a 'causa' deste gesto. Vê-se quão complexa se torna a explicação social relativamente à ideia ou à imagem inocente que veiculamos ainda da causalidade e portanto da explicação científica." MIAILLE, Michel. **Uma introdução crítica ao direito.** Lisboa: Ed. Moraes, 1979, p. 74-75.

tais como a produção do valor e a circulação de mercadorias. Esse movimento, contudo, escapa à Kelsen e aos juristas filiados à tradição burguesa do direito de modo geral.[116]

Para tanto, evidentemente (e até mesmo considerando que o próprio Marx, em sua maturidade, jamais dedicou mais do que algumas linhas esparsas ao direito ou à forma jurídica), a leitura objetiva do sistema marxiano impõe-se enquanto reconstrução teórica do fenômeno jurídico como forma social derivada de uma relação dialética de sobredeterminação a partir das contradições apontadas por Marx no campo da economia política. A abstração marxista do direito apresenta-se, portanto, como um destes produtos das contradições fundamentais da economia política, cuja crítica é, assim, essencial, e é por isso que se afirma que a dialética marxiana muda o terreno da crítica do direito em favor de uma crítica da *forma* jurídica como derivação das contradições intrínsecas ao modo de produção capitalista.

[116] Veja-se, a esse respeito, a crítica que Marcus Orione Gonçalves Correia faz ao caráter dogmático do pós-positivismo jurídico de Robert Alexy, nos seguintes termos: "Trata-se de uma dogmática que, como a produzida no positivismo jurídico, reduz a relação entre o ser e o dever-ser a um exercício prático de simples subsunção, observados critérios de uma simplificada lógica formal. A complexidade histórica do dever-ser já está, com a redução a um exercício prático de lógica formal, inicialmente comprometida. O lugar da história é inexistente, abandonando-se a sua dialética material, e substituindo-a por um artifício de uma lógica aplicada internamente ao direito – na forma de um exercício, como se verá, envolvendo, no conflito de princípio, a ponderação. A ponderação, por seu turno, se baseia em conceito lógico tradicional, partindo de exercícios envolvendo noções como adequação e proporcionalidade. A relação entre ser e dever-ser, para que o direito preserve o seu conteúdo dogmático, não se revista da complexidade das relações materiais e históricas que permeiam o mundo, passa a ser conectada por um elo simplista, forjada a partir de um ato mecânico, de natureza eminentemente procedimental. Estamos diante de um exercício típico da lógica formal, não revestido da riqueza da lógica dialética. [...] A eternidade dos princípios é a própria naturalização do processo de vitória da democracia burguesa, que tem seus postulados fundantes que devem ser preservados (coisas como intimidade, liberdade de imprensa, livre iniciativa etc.). Há uma aparência democrática de que há disputas entre polos conflitantes, mas, na realidade, o que se encontra presente é uma constante conciliação, que faz permanecer, 'de forma eterna, os postulados mais caros à burguesia. Há uma acomodação da luta de classes, em que o conflito real é substituído pelo conflito de princípios, resolvido na forma da ponderação. A ponderação surge, não raras vezes, como a conciliação aceita nos limites da democracia burguesa, para a luta entre as classes. O conflito é novamente pasteurizado e colocado em patamares civilizatórios aceitáveis (por uma das classes, é claro)." In: CORREIA, Marcus Orione Gonçalves. Dogmática jurídica: um olhar marxista. *In*: KASHIURA Jr., Celso Naoto. AKAMINE Jr., Oswaldo. MELO, Tarso de. (Orgs.) **Para a crítica do direito:** reflexões sobre teorias e práticas jurídicas. São Paulo: Outras Expressões: Editorial Dobra, 2015, p. 187 e 190.

A crítica categórica à sociedade burguesa se apercebe da descontinuidade qualitativa entre as formas sociais do capital, extraindo-as, até o limite do possível, da sua subjetivação e das suas camadas ideológicas para investigá-las como totalidade estruturada sobre um complexo de contradições apontado para a possibilidade de sua própria superação histórica. Reduz-se (ou mesmo elimina-se) o campo da especulação, do idealismo e do humanismo em favor de um diálogo de contradições historicamente inseridas no movimento das relações de produção capitalistas apreendidas como um "todo, complexo, com dominante"[117]. Desconstitui-se, assim, o pano de fundo de obviedade[118] até então erguido como instrumental delimitador de complexidade e tradicionalmente invocado como uma espécie de "caráter tático apriorístico das categorias capitalistas"[119]. Não mais se subordina o fenômeno jurídico a uma suposta natureza humana ou a um progresso do espírito, fissurando a blindagem da estrutura do capitalismo enquanto processo complexo de contradições fundamentais[120] para a explicação das suas próprias crises:

Trata-se – diz Kurz –, pois, da tematização aberta de pressupostos até agora tácitos, que não eram questionáveis. Foi o facto de ele ter sido o primeiro e único teórico moderno a 'trazer à discussão o *a priori* tático do sistema produtor de mercadorias que levou à suposta 'dificuldade de enten-

[117] Miaille, Michel. **Uma introdução crítica ao direito.** Lisboa: Ed. Moraes, 1979, p. 78.

[118] Kurz, Robert. ***Marx Lesen!*** Frankfurt: Eichborn, 2006.

[119] Idem, p. 21.

[120] Contradições que se apresentam à crítica como um "conjunto de categorias inter-relacionadas com que se explica o seu [do capitalismo] oculto, que, correndo o risco de repetir o percurso já percorrido por alguns autores de inquestionável envergadura, serão objeto de análise adiante, como medida de rigor científico inadiável: "Em *O capital,* Marx tenta explicar a sociedade capitalista localizando suas formas sociais fundamentais e desenvolvendo cuidadosamente, sobre essa base, um conjunto de categorias inter-relacionadas com que se explica o seu funcionamento oculto. Começando com as categorias que ele acredita apreender as estruturas centrais da formação social – como mercadoria, valor e trabalho abstrato –, Marx as expõe sistematicamente para abranger níveis cada vez mais complexos e concretos da realidade social. Minha intenção aqui é esclarecer as categorias fundamentais com que Marx dá início à sua análise, ou seja, o nível mais abstrato e básico dessa análise. Na minha opinião, muitos intérpretes passaram depressa demais pelo nível analítico da realidade social concreta e imediata e, consequentemente, negligenciaram alguns aspectos cruciais das próprias categorias estruturantes fundamentais." In: Postone, Moishe. **Tempo, trabalho e dominação social:** uma reinterpretação da teoria crítica de Marx. São Paulo: Boitempo, 2014, p. 35.

dimento' e ao pretenso 'carácter filosófico fora da realidade' do Marx esotérico. Por outro lado, as ciências econômicas, e com elas todas as outras ciências sociais plenamente desenvolvidas (que hoje estão definitivamente degradadas a simples ciências auxiliares, para não dizer polícias teóricas auxiliares das ciências económicas), não têm as categorias capitalistas de trabalho, valor, mercadoria, dinheiro, mercado, Estado, política, etc. como objeto, mas sim como pressuposto cego do seu raciocínio 'científico. A forma de sujeito da troca de mercadorias, a transformação de força de trabalho em dinheiro, e de capital-dinheiro em mais-valia (lucro) não é questionada no seu 'quê' e 'porquê', mas apenas no seu 'como' funcional, tal como os cientistas só analisam o 'como' das chamadas leis naturais. A primeira dificuldade na crítica categórica do capitalismo consiste, portanto, em retirar essas categorias do seu estatuto de obviedade tácita, tornando-as explícitas e só assim criticáveis.[121]

[121] Idem, ibidem.

2
A PRODUÇÃO CAPITALISTA E SUAS CONTRADIÇÕES FUNDAMENTAIS

2.1. A mercadoria e a substância do valor

Marx considerava a mercadoria como forma elementar do modo de produção capitalista[122], inclusive representando a riqueza das sociedades capitalistas a partir da sua enorme coleção de mercadorias[123]. É justamente pela análise da mercadoria e da substância do valor que Marx inicia a sua investigação de *O capital*, após concluir, ainda no *Prefácio à contribuição à crítica da economia política* que "a anatomia da sociedade burguesa deve ser procurada na economia política."[124] A mercadoria representa, nessa esteira, a

[122] MARX, Karl. **O capital:** crítica da economia política: livro I: o processo de produção do capital. São Paulo: Boitempo, 2017.

[123] MARX, Karl. **Contribuição à crítica da economia política.** São Paulo: Expressão Popular, 2008.

[124] Idem, p. 49. A *substância* do valor, como empregada por Marx, pode ser compreendida como um "atributo das relações sociais mediadas pelo trabalho, como expressão de um tipo determinado de realidade social" derivada em relações e formas sociais historicamente pertinentes ao capitalismo, em um movimento que, simultaneamente, aproxima e afasta o pensamento marxiano do *Geist* hegeliano. A esse respeito, e novamente recaindo na questão do sujeito histórico, Marx expõe que "O valor passa constantemente de uma forma a outra, sem se perder nesse movimento, e, com isso, transforma-se no sujeito automático do processo. [...] O valor se torna, aqui, o sujeito de um processo em que ele, por debaixo de sua constante variação de forma, aparecendo ora como dinheiro, ora como mercadoria, altera sua própria grandeza, e, como mais-valor, repele [*abstösst*] a si mesmo como valor originário, valoriza a si mesmo. Pois o movimento em que ele adiciona mais-valor é seu próprio movimento; sua valorização é, portanto, autovalorização. [...] Se na circulação simples o valor das mercadorias atinge no máximo uma forma independente em relação a seus valores de uso, aqui [na circulação mercantil] ele se apresenta, de repente, como uma substância em processo, que move a si

forma fundamental das contradições existentes entre as forças produtivas e as relações de produção, cuja observação é capaz de iluminar as contradições da vida material, e, por isso, sua análise interessa, também, a esta investigação.

A investigação sobre a mercadoria, diga-se, remonta à Aristóteles, cuja *Política* apontava na mercadoria um objeto externo que, na medida em que satisfaz necessidades humanas de um tipo qualquer, manifesta-se em seu duplo aspecto de valor de uso e de valor de troca.

> Toda propriedade tem duas funções particulares, diferentes entre si – argumenta Aristóteles –: uma própria e direta, outra que não o é. Exemplo: o calçado pode ser posto nos pés ou ser usado como um meio de troca, eis, pois, duas maneiras de se fazer uso dele. Aquele que troca um calçado por moeda ou por alimento com o que tem precisão de calçados, dele faz justo uso, como calçado, mas não um uso próprio e direto, porque não foi feito para troca. Assim acontece com tudo que se possui, pois nada existe que não possa tornar-se objeto de uma troca; e a permuta tem o seu fundamento na própria natureza, porque os homens possuem em maior ou menos quantidade os objetos indispensáveis à vida.[125]

Em Marx, todavia, a mencionada dupla vocação da mercadoria reconhece no valor de uso o conteúdo material da riqueza. A utilidade concreta do produto independe, portanto, da economia política ou de qualquer determinação econômica formal, de modo que toda mercadoria carrega consigo um valor de uso, mas nem todo valor de uso se converte em mercadoria.[126] Nesse sentido, segundo Marx:

> Ao provar o trigo, não se conhece quem o cultivou: servo russo, modesto aldeão francês ou capitalista inglês. Ainda que o valor de uso seja objeto de necessidades sociais e se articule, por conseguinte, à sociedade, não expressa, todavia, uma relação de produção social. Seja essa mercadoria considerada em seu valor de uso: um diamante, por exemplo. Olhando o diamante, não se percebe que é uma mercadoria. Quando serve como valor de uso, estético

mesma e para a qual mercadorias e dinheiro não mais do que meras formas." In: MARX, Karl. **O capital:** crítica da economia política: livro I: o processo de produção do capital. São Paulo: Boitempo, 2017.

[125] ARISTÓTELES, **A política.** São Paulo: Escala Educacional, 2006, p. 22.

[126] MARX, Karl. **O capital:** crítica da economia política: livro I: o processo de produção do capital. São Paulo: Boitempo, 2017.

ou mecânico, sobre o colo de uma dama ou na mão do lapidário, é diamante e não mercadoria.[127]

Na sociedade capitalista, contudo, os valores de uso aparecem como suportes materiais do valor de troca. O valor de troca se revela, assim, como uma relação mutável no tempo e no espaço, cuja proporção regula a permuta de valores de uso.[128] Um dos méritos do pensamento marxiano está justamente na superação do caráter meramente acidental desta relação, decompondo-a na forma-trabalho, elemento comum presente no corpo material de qualquer mercadoria, seja ela a graxa de sapatos, a seda, os aparelhos computadores, a gasolina, etc. Sob o capitalismo, portanto, abstraem-se as variadas qualidades das mercadorias, pouco importando as formas corpóreas assumidas pelos produtos que, em sua relação de troca, objetivam-se segundo seu elemento comum: o acúmulo de trabalho humano. Eis o caminho que revela o trabalho como substância formadora do valor da mercadoria, como o "elemento comum que se apresenta na relação de troca (ou no valor de troca) das mercadorias".[129]

> O tempo de trabalho realizado nos valores de uso das mercadorias – diz Marx – é não somente a substância que faz delas valores de troca e, por conseguinte, mercadorias, mas é também a medida de seu valor determinado. As quantidades correlativas dos diferentes valores de uso, nos quais se realiza idêntico tempo de trabalho, são equivalentes nas proporções em que contêm o mesmo tempo de trabalho concreto, realizado. Consideradas como valores de troca, as mercadorias não são mais que medidas determinadas de tempo de trabalho cristalizado.[130]

Tal equivalência segundo o volume de trabalho acumulado em uma mercadoria elimina a diferença qualitativa do seu valor de uso, admitindo a formação da relação geral de troca sob uma massa de valor uniforme, o valor-trabalho. Marx se preocupa, nessa toada, com a medida e a aferição

[127] MARX, Karl. **Contribuição à crítica da economia política.** São Paulo: Expressão Popular, 2008, p. 54.

[128] MARX, Karl. **O capital:** crítica da economia política: livro I: o processo de produção do capital. São Paulo: Boitempo, 2017.

[129] Idem, p. 116.

[130] MARX, Karl. **Contribuição à crítica da economia política.** São Paulo: Expressão Popular, 2008, p. 57.

da quantidade dessa substância formadora de valor contida nas mercadorias, sobretudo considerando que os homens, por serem indivíduos, trabalham de formas distintas e em ritmos distintos. Por isso, conclui que, ainda que a quantidade de trabalho seja medida segundo o tempo de trabalho acumulado em uma mercadoria *x*, tem-se que o valor do mundo das mercadorias não se confunde com o trabalho individual, mas com o trabalho-geral abstrato, ou como trabalho socialmente necessário.[131] Hilferding foi quem, interpretando Marx, discorreu sobre a importância e a magnitude objetiva do processo de abstração do trabalho para a formação do valor:

> *El valor de uso es uma relación individual de uma cosa com un hombre. Si hago abstraccíon de su carácter concreto – y debo hacerlo apenas enajeno este objeto y hago que realmente deje de ser para mí un valor de uso – destruyo al mismo tiempo esta relación individual. Pero el valor de uso podia ser medida de mi valoración personal sólo en su individualidade. Si em cambio hago abstracción del modo concreto em que hice empleo de mi trabajo, permanece el hecho de que consumí trabajo em general em su forma humana universal; uma magnitud objetiva, cuya medida se repone em su duración.*[132]

Segue-se, nesse viés, a abstração material[133] empregada pela sociedade capitalista para quantificar o trabalho constante em cada mercadoria, consistente da redução dos diferentes tipos (qualidades) de trabalho a uma massa de trabalho não diferenciado, uniforme[134], simples[135], desigualado

[131] "Tempo de trabalho socialmente necessário é aquele requerido para produzir um valor de uso qualquer sob as condições normais para uma sociedade e com o grau social médio de destreza e intensidade do trabalho." In Marx, Karl. **O capital:** crítica da economia política: livro I: o processo de produção do capital. São Paulo: Boitempo, 2017, p. 117.

[132] Hilferding, Rudolf. *La crítica de Böhm-Bawerk a Marx.* In: Hilferding, Rudolf; Böhm-Bawerk, Eugen von; Bortkiewicz, Ladislau von. ***Economía burguesa y economía marxista.*** Ciudad de México: Pasado y presente, 1978, p. 137.

[133] "Essa redução apresenta a aparência de uma abstração, mas é uma abstração que ocorre todos os dias no processo de produção social." In: Marx, Karl. **Contribuição à crítica da economia política.** São Paulo: Expressão Popular, 2008, p. 57.

[134] "Os trabalhos dos diferentes ofícios, isto é, os trabalhos dos produtores de diferentes valores de uso, só se podem comparar entre si porque têm, do ponto de vista da economia de troca, algo em comum; todas as variedades de trabalho podem reduzir-se a um trabalho geral, a um gasto de energia humana, independentemente da forma que este gasto de energia tome em cada caso." In: Lapidus, I.; Ostrovityanov, K.; **Princípios de Economia Política** (tomo I), São Paulo: Nova Cultura.info, 2020, p. 64.

[135] "Ora, assim como na sociedade burguesa um general ou um banqueiro desempenham um grande papel, ao passo que o homem comum desempenha, ao contrário, um papel muito

tão somente pelo seu tempo (quantidade).[136] Não por acaso a perspectiva do tempo de trabalho uniforme é ainda hoje empregada em diversas ocasiões, o que revela o acuro da análise marxiana quanto a determinação e a sobredeterminação estruturais segundo as contradições fundamentais da mercadoria, seja no âmbito do cálculo de dias-pena, seja na proporção de horas-aula de uma determinada qualificação, na definição de jornada ordinária e extraordinária de trabalho, ou, até mesmo, na limitação do *quantum* atribuível ao dano moral experimentado por um obreiro qualquer em caso de acidente de trabalho. Destarte, aparece representada uma relação social entre a grandeza de valor de uma mercadoria e o tempo de trabalho-geral abstrato necessário para a sua produção, bem como o seu condicionamento pelas mudanças nas forças produtivas do trabalho.[137]

miserável, o mesmo ocorre aqui com o trabalho humano. Ele é dispêndio da força de trabalho simples que, em média, toda pessoa comum, sem qualquer desenvolvimento especial, possui em seu organismo corpóreo. Embora seu caráter varie em diferentes países e épocas culturais, o trabalho simples médio está dado em toda e qualquer sociedade existente. O trabalho mais complexo vale apenas como trabalho simples potenciado ou, antes, multiplicado, de modo que uma quantidade menor de trabalho complexo é igual a uma quantidade maior de trabalho simples. [...] Mesmo que uma mercadoria seja o produto do trabalho mais complexo, seu valor a equipara ao produto do trabalho mais simples e, desse modo, representa ele próprio uma quantidade determinada de trabalho simples." In: MARX, Karl. **O capital:** crítica da economia política: livro I: o processo de produção do capital. São Paulo: Boitempo, 2017, p. 122. A proporção quantitativa segundo a qual o trabalho complexo desdobra-se em trabalho simples é abordada por Hilferding desta forma: "*El simple trabajo médio es gasto de uma fuerza de trabajo simple, el trabajo calificado o complejo es gasto de fuerza de trabajo calificada. Sin embargo, para crear esta fuerza de trabajo compleja fue necessária toda uma serie de trabajos simples. Éstos se concentran en la persona del trabajador calificado; sólo cuando comienza a trabajar, estos produtos de su calificación se vuelven disponibles para la sociedad. Por tanto, el trabajo de los trabajadores calificados no sólo transmite valor (que se manifiesta em el salario más alto) sino también la própia fuerza creadora de valor. Por eso los trabajos de los obreiros calificados están latentes para la sociedad y se hacen visibles para la misma sólo cuando la fuerza de trabajo compleja empieza a trabajar. Por eso su gasto equivale al gasto de todos los diferentes trabajos simples que aparecen, por así decir, condensados em ella. [...] Desde que el trabajo simples se emplea para la producción de trabajo complejo, eso crea pues por un lado nuevo valor y por otro, transmite sobre su producto, su valor de uso, que es el de ser fuente de nuevo valor.*" In: HILFERDING, Rudolf. *La crítica de Böhm-Bawerk a Marx*. In: HILFERDING, Rudolf; BÖHM-BAWERK, Eugen von; BORTKIEWICZ, Ladislau von. **Economía burguesa y economía marxista.** Ciudad de México: Pasado y presente, 1978, p. 146-147.

136 MARX, Karl. **Contribuição à crítica da economia política.** São Paulo: Expressão Popular, 2008.

137 "Essa força produtiva do trabalho é determinada por múltiplas circunstâncias, dentre outras, pelo grau médio de destreza dos trabalhadores, o grau de desenvolvimento da ciência e

Em um sentido relativamente próximo ao de Marx (inclusive diretamente citado por ele n'*O capital*) e que já expunha os rudimentos do valor-trabalho como medida de comensurabilidade entre mercadorias cambiáveis entre si, veja-se a conclusão a que Benjamin Franklin chegou enquanto formulava os fundamentos da Economia Política moderna, ainda no início do século XVIII:

> *By Labour may the Value of Silver be measured as well as other Things. As, Suppose one Man employed to raise Corn, while another is digging and refining Silver; at the Year's End, or at any other Period of Time, the compleat Produce of Corn, and that of Silver, are the natural Price of each other; and if one be twenty Bushels, and the other twenty Ounces, then an Ounce of that Silver is worth the Labour of raising a Bushel of that Corn. Now if by the Discovery of some nearer, more easy or plentiful Mines, a Man may get Forty Ounces of Silver as easily as formerly he did Twenty, and the same Labour is still required to raise Twenty Bushels of Corn, then Two Ounces of Silver will be worth no more than the same Labour of raising One Bushel of Corn, and that Bushel of Corn will be as cheap at two Ounces, as it was before at one; cæteris paribus. Thus the Riches of a Country are to be valued by the Quantity of Labour its Inhabitants are able to purchase, and not by the Quantity of Silver and Gold they possess [...]*[138]

Ao assentar-se o tempo de trabalho como grandeza de valor de uma mercadoria historicamente determinada[139], obtém-se não somente a carac-

de sua aplicabilidade tecnológica, a organização social do processo de produção, o volume e a eficácia dos meios de produção e as condições naturais." In: MARX, Karl. **O capital:** crítica da economia política: livro I: o processo de produção do capital. São Paulo: Boitempo, 2017, p. 118.

[138] FRANKLIN, Benjamin. ***A modest enquiry into the nature and necessity of paper currency.*** Disponível em: <https://founders.archives.gov/documents/Franklin/01-01-02-0041> Acesso em: 16 de fev de 2020.

[139] "O produto do trabalho é, em todas as condições sociais, objeto de uso, mas o produto do trabalho só é transformado em mercadoria numa época historicamente determinada de desenvolvimento: uma época em que o trabalho despendido na produção de uma coisa útil se apresenta como sua qualidade 'objetiva', isto é, como seu valor." In: MARX, Karl. **O capital:** crítica da economia política: livro I: o processo de produção do capital. São Paulo: Boitempo, 2017, p. 137. Há diversos autores que enfrentam a problemática do próprio *tempo* como relação social, isto é, como produto da abstração de uma relação advinda da forma-mercadoria, ver POSTONE, Moishe. **Tempo, trabalho e dominação social:** uma reinterpretação da teoria crítica de Marx. São Paulo: Boitempo, 2014, p. 233-250; GUREVICH, A. J. *Time as a problem of cultural history.* In: Louis Gardet (ed.), ***Cultures and Time***, Unesco Press, 1976, p. 229-245; LUKÁCS, György. **História e consciência de classe:** estudos sobre a dialética marxista. São Paulo: Martins Fontes, 2003, p. 205; GIDDENS, Anthony. ***A contemporary critique of historical***

terização da mercadoria como objeto de uso, mas também como suporte do valor[140] produzido pela integração do trabalho humano a um determinado produto posto em circulação segundo um equivalente também obtido a partir da incorporação de trabalho concreto efetivado no corpo da sua respectiva mercadoria.[141] Daí falar-se em uma "propriedade universal do trabalho humano"[142], capaz tanto de formatar o laço social entre os indivíduos produtores quanto de expressar o fator de comensurabilidade entre mercadorias distintas.[143]

materialism. Stanford: Stanford University Press, 1995, p.131; GROSS, D. *Space, time, and modern culture.* In: ***Télos***, 1981, p. 59-78; dentre outros.

[140] *"Marx hace pues abstracción sólo de la determinada modalidad en que se manifiesta el valor de uso. En efecto, el valor de uso sigue siendo 'portador del valor. Esto al comienzo es sólo algo obvio, porque el 'valor' es únicamente la formulación económica del valor de uso. Sólo la anarquia del actual modo de producción que, em determinadas circunstancias (¡saturación del mercado!) hace del valor de uso un no-valor de uso, em consecuencia carente de valor, convierte em significativa la comprobación de esta obviedad."* In: HILFERDING, Rudolf. *La crítica de Böhm-Bawerk a Marx.* In: HILFERDING, Rudolf; BÖHM-BAWERK, Eugen von; BORTKIEWICZ, Ladislau von. **Economía burguesa y economía marxista.** Ciudad de México: Pasado y presente, 1978, p. 133-134.

[141] MARX, Karl. **O capital:** crítica da economia política: livro I: o processo de produção do capital. São Paulo: Boitempo, 2017.

[142] Idem, p. 134.

[143] Ao investigar a questão da comensurabilidade e da equivalência geral, Marx resolve o enigma da forma-dinheiro, em um processo exploratório simultaneamente riquíssimo e complexo que, por mais que guarde relação com a base empírica desta pesquisa na proporção em que a prática jurídica em geral se veja continuamente reduzida à expressão monetária de direitos, inclusive direitos supostamente indisponíveis e, portanto, obviamente, inalienáveis, não é viável ou recomendável que a digressão marxiana a esse respeito seja reproduzida ou comentada com maior profundidade neste espaço, dada a imensa dificuldade de, caso assim fosse feito, balizar estas páginas em relação ao tema central outrora delimitado. Nesse aspecto, saliente-se, basicamente, o ponto em que Marx encontra em Aristóteles conclusão semelhante a sua, segundo a qual "todas as ilusões do sistema monetário provêm de que não se vê que o dinheiro representa uma relação de produção social e que a realiza sob a forma de um objeto natural de propriedades determinadas" In MARX, Karl. **Contribuição à crítica da economia política.** São Paulo: Expressão Popular, 2008, p. 63. Ainda no mesmo sentido, porém já em *O Capital,* Marx refere que Aristóteles "afirma claramente que a forma-dinheiro da mercadoria é apenas a figura ulteriormente desenvolvida da forma de valor simples, isto é, da expressão do valor de uma mercadoria em outra mercadria qualquer, pois ele diz que '5 divãs = 1 casa' não se diferencia de '5 divãs = certa csoma de dinheiro'. [...] O gênio de Aristóteles brilha precisamente em sua descoberta de uma relação de igualdade na expressão de valor das mercadorias. Foi apenas a limitação histórica da sociedade em que ele vivia que o impediu de descobrir em que na verdade consiste essa relação de igualdade" – In: MARX, Karl. **O capital:** crítica da economia política: livro I: o processo de produção do capital. São Paulo: Boitempo,

Neste contexto, parece evidente que o laço social – "caráter social peculiar do trabalho que produz mercadorias"[144] – surja do contrato celebrado entre produtores na troca concreta do produto do seu trabalho. Há, contudo, uma máscara sobreposta a esse laço, que "reflete aos homens os caracteres sociais de seu próprio trabalho como caracteres objetivos dos próprios produtos do trabalho"[145]. Eis aí o véu místico, fetichista, da forma-mercadoria, que recalca o laço social existente entre os produtores de trabalho útil determinado inseridos no sistema espontâneo da divisão social do trabalho – em favor de uma relação social mantida diretamente entre os objetos *per se*.[146] É a forma-mercadoria que, por ser invólucro do valor, converte o produto do trabalho neste "hieróglifo social"[147], místico, indutor de relações reificadas entre pessoas e relações sociais entre coisas, obscurecendo a determinação da grandeza de valor segundo o tempo de trabalho e fazendo com que os agentes da troca e da circulação representem-se como guardiões de mercadorias colocadas em oposição, no mercado, segundo relações de equivalência absolutamente reificadas.

2.2. A fórmula geral do capital e a compra e venda de força de trabalho

Viu-se que, segundo o sistema marxiano, as mercadorias apresentam-se como invólucros de valor produzido (e valorizado) segundo um determinado processo de produção e postas em circulação segundo uma lógica específica de troca mercantil. Os homens, por sua vez, aparecem na circulação capitalista das mercadorias como seus guardiões, igualados no mercado (na esfera da troca de mercadorias) em uma relação jurídica materializada na forma de um contrato.[148] Havendo contrato na troca entre dois possuidores de mercadoria pressupõe-se, obviamente, a convergência entre duas

2017, p. 135-136. – Vale dizer, tal igualdade era nebulosa a Aristóteles justamente por conta da sociabilidade em que o grego estava inserido, qual seja a sociabilidade do trabalho escravo, que *naturalmente* desiguala os homens, não permitindo a plena compreensão da igualdade dos trabalhos incorporados como medida de valor dos objetos de uso em sua plenitude.

[144] Marx, Karl. **O capital:** crítica da economia política: livro I: o processo de produção do capital. São Paulo: Boitempo, 2017, p. 148.

[145] Idem, p. 147.

[146] Idem.

[147] Marx, Karl. **O capital:** crítica da economia política: livro I: o processo de produção do capital. São Paulo: Boitempo, 2017, p. 149.

[148] "Essa relação jurídica, cuja forma é o contrato, seja ela legalmente desenvolvida ou não, é uma relação volitiva, na qual se reflete a relação econômica. O conteúdo dessa relação jurídica

manifestações de vontade alegadamente (e formalmente) autônomas, da qual emergem diversas formas sociais típicas à sociedade burguesa, como o próprio fenômeno jurídico e a forma sujeito de direitos, conforme se verá adiante. O processo de troca realiza, assim, o valor das mercadorias em um determinado processo de equiparação universal.

> As mercadorias não podem ir por si mesmas ao mercado e trocar-se umas pelas outras. Temos, portanto – segundo afirma Marx –, de nos voltar para seus guardiões, os possuidores de mercadorias. [...] Para relacionar essas coisas umas com as outras, como mercadorias, seus guardiões têm de estabelecer relações uns com os outros como pessoas cuja vontade reside nessas coisas e agir de modo tal que um só pode se apropriar da mercadoria alheia e alienar a sua própria mercadoria em concordância com a vontade do outro, portanto, por meio de um ato de vontade comum a ambos. Têm, portanto, de se reconhecer mutuamente como proprietários privados.[149]

Para Marx, no processo geral de troca a circulação de mercadorias reproduz a forma imediata M-D-M, "conversão de mercadoria em dinheiro e reconversão de dinheiro em mercadoria"[150] – vende-se, portanto, para comprar outro valor de uso indeterminado. Todavia, ao lado da forma M-D-M aparece, simultaneamente, uma segunda, especificamente diferente: a forma D-M-D, segundo a qual compra-se para vender e reconverter a mercadoria em dinheiro.[151] Na sua *Contribuição para a crítica da economia política*, Marx explica as diferenças entre as duas formas acima indicadas justamente a partir da posição relativa do dinheiro em cada modelo de circulação. Em rigor, na forma M-D-M o dinheiro aparece como mediador da troca das mercadorias, ao tempo em que, na forma D-M-D, a mercadoria faz a intermediação da troca de dinheiro por dinheiro.[152] Em *O Capital*, por

ou volitiva é dado pela própria relação econômica." In Marx, Karl. **O capital:** crítica da economia política: livro I: o processo de produção do capital. São Paulo: Boitempo, 2017, p. 159.

[149] Marx, Karl. **O capital:** crítica da economia política: livro I: o processo de produção do capital. São Paulo: Boitempo, 2017, p. 159.

[150] Idem, p. 223.

[151] Idem, Ibidem.

[152] "Na forma M-D-M, os dois extremos são mercadorias de idêntico valor, mas ao mesmo tempo são valores de uso de qualidade diferente. Sua troca M-M é uma permutação real da matéria. Na forma D-M-D, ao contrário, os dois extremos são o ouro, e ouro da mesma magnitude de valor. Trocar ouro por mercadoria para trocar a mercadoria por ouro, ou, se

outro lado, Marx aprofunda a análise da circulação D-M-D, detendo-se em suas fases específicas e contrapostas, inclusive suscitando o problema de conteúdo implícito no referido modelo:

> Analisemos mais de perto a circulação D-M-D. Ela atravessa, como a circulação simples de mercadorias, duas fases contrapostas: na primeira, D-M, a compra, o dinheiro é convertido em mercadoria e, na segunda, M-D, a venda, a mercadoria volta a se converter em dinheiro. Porém, a unidade das duas fases é o movimento inteiro da troca de dinheiro por mercadoria e desta última novamente por dinheiro, o movimento da compra da mercadoria para vende-la, ou, caso se desconsiderem as diferenças formais entre compra e venda, da compra de mercadoria com dinheiro e de dinheiro com mercadoria. O resultado, no qual o processo inteiro se apaga, é a troca de dinheiro por dinheiro, D-D. Se compro 2 mil libras de algodão por £100 e revendo as 2 mil libras de algodão por £110, o que faço no fim das contas é trocar £100 por £110, dinheiro por dinheiro. Ora, é evidente que o processo de circulação D-M-D seria absurdo e vazio se a intenção fosse realizar, percorrendo seu ciclo inteiro, a troca de um mesmo valor em dinheiro pelo mesmo valor em dinheiro, ou seja, £100 por £100. Muito mais simples e seguro seria o método entesourador, que conserva suas £100 em vez de expô-las aos perigos da circulação. Por outro lado, se o mercador revende por £110 o algodão comprou por £100, ou se é forçado a liquidá-lo por £100 ou mesmo por £50, de qualquer modo, seu dinheiro percorreu um movimento peculiar e original, de um tipo totalmente distinto do movimento que percorre na circulação simples de mercadorias, por exemplo, nas mãos do camponês que vende o cereal e, com o dinheiro assim obtido, compra roupas. Temos, portanto, de examinar as características distintivas das formas dos ciclos D-M-D e M-D-M. Com isso, revelar-se-á, ao mesmo tempo, a diferença de conteúdo que se esconde atrás dessas diferenças formais.[153]

considerarmos D-D, trocar ouro por ouro, parece absurdo. Porém, se se traduz D-M-D pela fórmula: comprar para vender, o que significa somente trocar, por um movimento mediato ouro por ouro, reconhece-se logo a forma dominante da produção burguesa. Todavia, na prática não se compra para vender: compra-se barato, para se vender mais caro. Troca-se dinheiro por mercadoria para trocar, em seguida, a mesma mercadoria por maior quantidade de dinheiro, de modo a fazer diferirem os extremos D-D, se não qualitativa, quantitativamente." In: Marx, Karl. **Contribuição à crítica da economia política.** São Paulo: Expressão Popular, 2008, p. 161.

153 Marx, Karl. **O capital:** crítica da economia política: livro I: o processo de produção do capital. São Paulo: Boitempo, 2017, p. 224.

Percebe-se, por tal leitura, que a circulação D-M-D encontra sua força motriz no valor de troca. Os extremos da circulação e o refluxo do dinheiro a seu ponto de partida manifestam-se de forma que o valor, aparentemente, se valoriza na circulação, reproduzindo, em verdade, um processo de valorização contínua que representaria o movimento geral de formação do próprio capital.[154] A percepção de que o incremento do valor ocorre diretamente no processo de circulação forneceu a MacCulloch elementos que lhe permitiram afirmar que "toda transação em que um indivíduo compra produtos para revende-los é, na verdade, uma especulação"[155], além de abrir caminho para que Engels definisse, ainda em seu *Esboço de uma crítica da economia política,* a economia política como uma ciência do enriquecimento baseada em um elaborado sistema de fraudes consentidas.[156]

Ora, por considerar absurdo e vazio percorrer o ciclo D-M-D para que, ao seu final, se obtenha tão somente refluxo da mesma quantidade inicial de dinheiro posta em circulação, Marx identifica na distinção quantitativa entre os extremos D-D o surgimento do capital, retratando a sua forma geral na representação "D-M-D', onde D'= D + ΔD, isto é, a quantia de

[154] "A circulação do dinheiro como capital é, ao contrário, um fim em si mesmo, pois a valorização do valor existe apenas no interior desse movimento sempre renovado. O movimento do capital é, por isso, desmedido." In: MARX, Karl. **O capital:** crítica da economia política: livro I: o processo de produção do capital. São Paulo: Boitempo, 2017, p. 228.

[155] *Apud* MARX, Karl. **O capital:** crítica da economia política: livro I: o processo de produção do capital. São Paulo: Boitempo, 2017, p. 227.

[156] "A economia política surgiu como consequência natural da expansão do comércio e, com ela, um elaborado sistema de fraudes consentidas, uma completa ciência a favor do enriquecimento substituiu a troca simples, não científica. Esta economia política, ou melhor: esta ciência do enriquecimento, nascida do logro mútuo e da ambição dos comerciantes, traz na fronte a marca do egoísmo mais repugnante. [...] Descobriu-se que o capital entesourado permanece morto, enquanto, circulando, aumenta constantemente. Houve, portanto, maior sociabilidade: soltaram-se as moedas como apelo para que a elas se juntassem outras e reconheceu-se que não é de modo álbum prejudicial pagar pela mercadoria um preço demasiado elevado a A quando se pode vende-la a B por um preço mais alto ainda. [...] A ciência deveria chamar-se economia privada, porque suas relações públicas existem exclusivamente por amor à propriedade privada. A consequência mais imediata da propriedade privada é o comércio, a troca de necessidades recíprocas, a compra e a venda. Sob o império da propriedade privada, o comércio, como todas as atividades, deve constituir uma fonte imediata de lucro para quem o exerce; ou seja: cada um deve procurar vender o mais caro possível e comprar ao preço mais baixo." In: ENGELS, Friedrich. Esboço de uma crítica da economia política. **Temas de Ciências Humanas**, São Paulo, Livr. Ed. Ciências Humanas, n. 5, p. 1-29. 1979.

dinheiro inicialmente adiantada mais um incremento"[157]. Tal incremento de valor percebido sobre o valor original é, por Marx, denominado mais-valor – *surplus value* –, e reproduzido em um ciclo que se alimenta continuamente, segundo um único sentido: o aumento incessante do valor e a apropriação crescente de riqueza abstrata.[158]

A valorização do valor, de acordo com a forma geral D-M-D', implica em uma série de fenômenos e relações sociais derivadas de longo alcance, transformando, nesse espectro, não apenas o possuidor do dinheiro em capitalista, mas personificando o próprio capital[159], subjetivando-o[160] ao tempo em que o reifica no compasso dos movimentos de um processo em que o valor, ao transformar-se na circulação, autovaloriza-se sucessivamente[161], condicionando o processo do capital à espiral do fetiche da mercadoria.[162] Tal pensamento já era, de certa forma, apresentado no esboço de Engels:

157 MARX, Karl. **O capital:** crítica da economia política: livro I: o processo de produção do capital. São Paulo: Boitempo, 2017, p. 227.

158 Idem.

159 "Como portador consciente desse movimento, o possuidor de dinheiro se torna capitalista. Sua pessoa, ou melhor, seu bolso, é o ponto de partida e de retorno do dinheiro. O conteúdo objetivo daquela circulação – a valorização do valor – é a sua finalidade subjetiva, e é somente enquanto a apropriação crescente da riqueza abstrata é o único motivo de suas operações que ele funciona como capitalista ou capital personificado, dotado de vontade e consciência." In: MARX, Karl. **O capital:** crítica da economia política: livro I: o processo de produção do capital. São Paulo: Boitempo, 2017, p. 229.

160 "Na verdade, porém, o valor se torna, aqui, o sujeito de um processo em que ele, por debaixo de sua constante variação de forma, aparecendo ora como dinheiro, ora como mercadoria, altera sua própria grandeza e, como mais-valor, repele [*abstösst*] a si mesmo como valor originário, valoriza a si mesmo." MARX, Karl. **O capital:** crítica da economia política: livro I: o processo de produção do capital. São Paulo: Boitempo, 2017, p. 230.

161 Segundo exemplo fornecido por Marx, "É verdade que, por um momento, o valor originalmente adiantado de £100 se diferencia do mais-valor de £10 que lhe é acrescentado, mas essa diferença se esvanece imediatamente. No final do processo, não obtemos, de um lado, o valor original de £100 e, de outro lado, o mais-valor de £10. O que obtemos é um valor de £110, que, exatamente do mesmo modo como as £100 originais, encontra-se na forma adequada a dar início ao processo de valorização. Ao fim do movimento, o dinheiro surge novamente como seu início. Assim, ao fim de cada ciclo individual, em que a compra se realiza para a venda constitui, por si mesmo, o início de um novo ciclo." In: MARX, Karl. **O capital:** crítica da economia política: livro I: o processo de produção do capital. São Paulo: Boitempo, 2017, p. 228.

162 *"Here we see two properties of the commodity economy: 'personification of things and conversion of production relations into entities [relations among things]' [...], 'the materialization of the social features of*

> O desdobramento capital/trabalho, que resulta da propriedade privada, é apenas a divisão do trabalho em si mesmo que corresponde a este estado de cisão que a engendrou. Quando esta separação se efetua, o capital divide-se de novo em capital primitivo e lucro, que é o acréscimo que ele recebe no processo de produção, se bem que a prática assimile imediatamente o lucro ao capital e o coloque em circulação com este.[163]

O capital, então, não escapa de uma dimensão dialética pluridirecional, ao passo em que, simultaneamente, tendo origem na circulação, não tem origem na circulação. Em Marx, a contradição dialética da formação do capital é assim exposta a partir da premissa de Galiani, segundo a qual "onde há igualdade, não há lucro"[164], e cujo desenvolvimento leva Marx à sua conhecida conclusão no sentido de que "o capital não pode ter origem na circulação, tampouco pode não ter origem na circulação. Ele tem de ter origem nela e, ao mesmo tempo, não ter origem nela."[165] Explica-se.

production and the personification of the material foundations of production'. [...] By the 'materialization of production relations' among people, Marx understood the process through which determined production relations among people (for example, between capitalists and workers) assign a determined social form, or social characteristics, to the things by means of which people relate to one another (for instance, the social form of capital). By 'personification of things' Marx understood the process through which the existence of things with a determined social form, for example capital, enables its owner to appear in the form of a capitalist and to enter concrete production relations with other people. [...] The social form of things is at the same tune the result of the previous process of production and of expectations about the future. [...] Of the two sides of the process of reproduction which we have mentioned, only the second side – 'personification of things' – lies on the surface of economic life and can be directly observed. Things appear in a ready-made social form, influencing the motivation and the behavior of individual producers. This side of the process is reflected directly in the psyche of individuals and can be directly observed. It is much more difficult to trace the formation of the social forms of things from the production relations among people. This side of the process, i.e., the 'reification' of production relations among people, is the heterogeneous result of a mass of transactions of human actions which are deposited on top of each other. It is the result of a social process which is carried on 'behind their backs', i.e, a result which was not set in advance as a goal." In: Rubin, Isaak Illich. ***Essays on Marx's theory of value.*** Indo-European Publishing, 2019, p. 14-17.

163 Engels, Friedrich. Esboço de uma crítica da economia política. **Temas de Ciências Humanas**, São Paulo, Livr. Ed. Ciências Humanas, n. 5, p. 1-29. 1979.

164 *Apud* Marx, Karl. **O capital:** crítica da economia política: livro I: o processo de produção do capital. São Paulo: Boitempo, 2017, p. 233.

165 Marx, Karl. **O capital:** crítica da economia política: livro I: o processo de produção do capital. São Paulo: Boitempo, 2017, p. 240.

O fetiche da mercadoria apresenta um modelo de circulação que, opondo as mercadorias entre si, aparenta extrair a alteração da sua grandeza de valor do simples movimento circulacionista. O mais-valor seria, de acordo com a sua aparência imediata, ensejado por um fenômeno oculto no próprio processo de circulação que, por si só, viabilizaria a expansão do valor. Ocorre que a aparição do mais-valor como simples fruto da circulação contraria a lógica do incremento do capital no processo de troca geral de mercadorias, tautologizando-o. Em resumo, no processo de circulação D-M-D' impõe-se a presença de, ao menos, três partes negociantes que fazem comércio umas com as outras, segundo determinados processos antitéticos – venda e compra – em que, necessariamente, uma dessas partes se apresenta distintamente, ora como compradora de mercadorias, ora como vendedora – revendedora – de mercadorias. Assim que a circulação se configura, fundamentalmente, em uma forma de troca de equivalentes na qual se confrontam diferentes possuidores de mercadorias, todos exercendo reciprocamente o poder e a influência proporcionalmente às necessidades despertadas pelas suas mercadorias.[166] A distinção quanto à posição relativa de compradores e vendedores no movimento de circulação é, portanto, em nome da coerência marxiana, invocada como fundamento contrário à tese de que o mais-valor surge da própria circulação de *per se* – um aumento nominal dos preços ou a simples valorização por uma venda mais cara – eis que na variação relativa entre compradores e vendedores, evidentemente, as relações médias de valor permaneceriam socialmente inalteradas.[167] Senão, veja-se o magistério de Mercier de la Rivière:

[166] "A diversidade material [*stoffiche versciedenheit*] das mercadorias – preconiza Marx – é a motivação material [*stoffiche motiv*] para a troca e torna os possuidores de mercadorias dependentes uns dos outros, uma vez que nenhum deles tem em suas mãos o objeto de suas próprias necessidades, e que cada um tem em suas mãos o objeto da necessidade do outro. Além dessa diversidade material de seus valores de uso, existe apenas mais uma diferença entre as mercadorias: a diferença entre sua forma material e sua forma modificada, entre a mercadoria e o dinheiro. Assim, os possuidores de mercadorias se distinguem simplesmente como vendedores, possuidores de mercadoria, e compradores, possuidores de dinheiro." In: MARX, Karl. **O capital:** crítica da economia política: livro I: o processo de produção do capital. São Paulo: Boitempo, 2017, p. 235.

[167] Também aqui, o exemplo empregado por Marx para demonstrar a estabilidade do valor na circulação é bastante ilustrativo: "Suponhamos, então, que por algum privilégio inexplicável seja permitido ao vendedor vender a mercadoria acima de seu valor, por exemplo por £110, quando ela vale £100, portanto, com um acréscimo nominal de 10% em seu preço.

> Por isso, nenhum vendedor pode aumentar os preços de suas mercadorias sem que tenha igualmente de pagar mais caro pelas mercadorias dos outros vendedores; e, pela mesma razão, nenhum consumidor pode habitualmente comprar mais barato sem ter de abaixar o preço das coisas que ele mesmo vende.[168]

Assim que, ante a inexistência de uma classe que apenas compra sem vender[169], não há que se falar em criação de valor imanente ao movimento da circulação de mercadorias por si só. O mais-valor não encontra sua origem exclusivamente no movimento circulacionista, "sendo necessário, portanto, que pelas suas costas ocorra algo que, nele mesmo, é invisível"[170]. A esta altura parece óbvio que este *algo invisível* seja o trabalho vivo, porém, por outro lado, de nada serve à sociedade capitalista incorporar trabalho às mercadorias sem pô-las em circulação, vez que "encontrando-se o produtor de mercadorias fora de esfera da circulação, sem travar contato com outros possuidores de mercadorias, é impossível que ele valorize o valor e, por conseguinte, transforme dinheiro ou mercadoria em capital"[171]. Eis a razão do duplo resultado que impõe a explicação da transformação do

O vendedor embolsa, assim, um mais-valor de £10. Mas, depois de ter sido vendedor, ele se torna comprador. E eis que um terceiro possuidor de mercadorias confronta-se com ele como vendedor e usufrui, por sua vez, do privilégio de vender a mercadoria 10% mais cara do que seu valor. Nosso homem ganhou £10 como vendedor apenas para perder £10 como comprador. Assim, cada um dos possuidores de mercadorias vende seus artigos aos outros possuidores de mercadorias a um preço 10% acima de seu valor, o que, na verdade, produz o mesmo resultado que se obteria se cada um deles vendesse as mercadorias pelos seus valores. [...] Portanto, a criação de mais-valor e, por conseguinte, a transformação de dinheiro em capital não pode ser explicada nem pelo fato de que uns vendem as mercadorias acima de seu valor, nem pelo fato de que outros as compram abaixo de seu valor." In: Marx, Karl. **O capital:** crítica da economia política: livro I: o processo de produção do capital. São Paulo: Boitempo, 2017, p. 235-236.

168 [*Chaque vendeur ne peut donc parvenir à renchérir habituellement ses marchandises, qu'en se soumettant aussi à payer habituellement plus cher les marchandises des autres vendeurs; et par la même raison, chaque consommateur ne peut [...] payer habituellement moins cher ce qu'il achète, qu'en se soumettant aussi à une diminution semblable sur le prix des choses qu'il vend.*] *Apud* Marx, Karl. **O capital:** crítica da economia política: livro I: o processo de produção do capital. São Paulo: Boitempo, 2017, p. 236.

169 Marx, Karl. **O capital:** crítica da economia política: livro I: o processo de produção do capital. São Paulo: Boitempo, 2017.

170 Idem, p. 240.

171 Idem, ibidem.

dinheiro em capital, simultaneamente, dentro e fora da esfera da circulação, valorizando-se o valor na produção capitalista e realizando-se o mesmo valor na circulação capitalista de mercadorias.[172]

A valorização do valor correspondente ao surgimento do capital é, por sua vez, detectável a partir da decomposição do movimento da circulação em seus respectivos atos correspondentes. Assim, ao submeter-se o primeiro destes atos (D-M) à análise microscópica, identifica-se o surgimento do valor no consumo de uma mercadoria cujo valor de uso determinado confunde-se, justamente, com a criação de valor. Segundo Marx,

[172] Esta questão não é pequena ou mesmo passageira. Em verdade, trata-se de um ponto essencial na discussão sobre as formas sociais e suas derivações, sobretudo contra as conclusões de Pachukanis e Rubin, apontando-as como "circulacionistas", isto é, limitadas à crítica da esfera da circulação enquanto fase particular e específica do processo de reprodução do capital. A este respeito, o próprio Isaac Rubin manifesta-se, exaustivamente, acerca da relação entre as esferas da produção e da circulação em uma relação de sobredeterminação inserida em um mesmo movimento de abstração e equalização do trabalho no plano do "trabalho abstrato", veja-se: "*The concept of abstract labor presupposes a determined social form of organization of labor in a commodity economy: the individual commodity producers are not directly connected in the production process itself to the extent that this process representes the totality of concrete working activities; this connection is realized through the process of Exchange, i.e., through abstraction from those concrete properties. [...] At first glance it seems that exchange is a separate phase of the process of reproduction. We can see that the process of direct production comes first, and the phase of exchange comes next. Here exchange is separate from production and stands opposite from it. But exchange is not only a separate phase of the process of reproduction. It is a particular social form of the social process of production. [...] When Marx constantly repeats that abstract labor is only the result of exchange, this means that it is the result of a given social form of the production process. Only to the extent that the process of production acquires the form of commodity production, i. e., production based on exchange, labor acquires the form of abstract labor and products of labor acquire the form of value. Thus exchange is above all a form of production process, or a form of social labor. Since exchange is actually the dominant form of the process of production, it leaves its imprint on the phase of direct production. In other words, since a person produces after he has entered the act of exchange, and before he enters the next act of exchange, the process of direct production acquires determined social properties which correspond to the organization of the commodity economy based on exchange. Even though the commodity producer is still in his workshop and in a given moment does not enter into exchange with other members of society, he already feels the pressure of all those persons who enter the market as his buyers, competitors, people who buy from his competitors, etc., in the last analysis, the pressure of all members of society. This economic relation and these production relations, which are directly realized in exchange, extend their influence even after the given concrete acts of exchange have ended. [...] Already in the very process of direct production, the producer appears as a commodity producer, his labor has the character of abstract labor, and his product has the character of value.*" In: Rubin, Isaak Illich. ***Essays on Marx's theory of value.*** Indo-European Publishing, 2019, p. 106-111. Sobre a relação entre as formas sociais e o "circulacionismo" em Pachukanis, ver Nota n. 335.

portanto, a extração de valor no interior do movimento de circulação do capital pressupõe a existência de uma mercadoria cujo valor de uso – seu próprio consumo – represente a objetivação de trabalho e, portanto, a criação de valor. Tal mercadoria é, segundo o sistema marxiano, a força de trabalho[173], assim compreendida como "o conjunto das capacidades físicas e mentais que existem na corporeidade [*leiblichkeit*], na personalidade viva de um homem, e que ele põe em movimento sempre que produz valores de uso de qualquer tipo"[174]. Sweezy resume a teoria do valor marxiana, na forma exposta no Livro I de *O capital*[175], *da seguinte forma:*

> *Según la teoria expuesta en el Libro I, las mercancías se cambian en proporción a la cantidad de trabajo (acumulado y vivo) incorporado a las mismas. Sin embargo la plusvalía (o ganancia) es una función sólo de la cantidad de trabajo vivo. Por tanto, entre dos mercancías de igual valor, una con trabajo vivo en cantidad relativamente superior contendrá más plusvalía que una con trabajo acumulado relativamente mayor; y eso implica que iguales inversiones de capital producirán diferentes tasas de benefício según que una cantidad mayor o menor sea invertida em salários (trabajo vivo) por una parte, o en materiales suplementarios (trabajo acumulado) por el otro.*[176]

[173] Interessante é a consideração de Hilferding em relação ao trabalho como criador de valor na, condicionando-o a um determinado modo de organização social do processo produtivo, notadamente a sociabilidade capitalista, o que, em termos, aproxima o economista austríaco do pensamento de Robert Kurz no sentido da eventual superação da sociedade do trabalho – pensamento este que, evidentemente, não será objeto desta abordagem: "*El trabajo crea valor sólo em determinado modo de organización social del proceso productivo. Por eso, si se considera el trabajo singular em su aspecto concreto, jamás se podrá llegar al concepto de trabajo creador de valor. El trabajo complejo sólo puede ser considerado creador de valor, si se lo concibe como parte del trabajo social.*" In: HILFERDING, Rudolf. *La crítica de Böhm-Bawerk a Marx.* In: HILFERDING, Rudolf; BÖHM-BAWERK, Eugen von; BORTKIEWICZ, Ladislau von. **Economía burguesa y economía marxista.** Ciudad de México: Pasado y presente, 1978, p. 144.

[174] MARX, Karl. **O capital:** crítica da economia política: livro I: o processo de produção do capital. São Paulo: Boitempo, 2017, p. 242.

[175] Vale destacar que este ponto é um dos mais férteis na disputa entre a escola econômica marxista e a economia ortodoxa, particularmente a escola austríaca e os defensores da teoria subjetiva do valor, que veem contradições entre o Livro I e o Livro III de *O Capital.* Todavia, tal disputa não será aprofundada nesta pesquisa, pelo que este autor se limita a recomendar, sobre tal questão, a leitura de *Economía burguesa y economia marxista,* obra cujo principal mérito está em opor as críticas de Böhm-Bawerk à revisão de Hilferding e ao crivo de Bortkiewicz.

[176] SWEEZY, Paul M. *Introducción.* In: HILFERDING, Rudolf; BÖHM-BAWERK, Eugen von; BORTKIEWICZ, Ladislau von. ***Economía burguesa y economía marxista.*** Ciudad de México: Pasado y presente, 1978, p. 21.

Evidencia-se, nesta linha, que a criação do valor depende da aquisição e do consumo, pelo possuidor de dinheiro, de força de trabalho disponível como mercadoria *sui generis*. Porém, é certo que a disponibilização de força de trabalho no mercado também pressupõe o preenchimento de algumas condições, notadamente: i) a livre disposição do proprietário da força de trabalho para vendê-la como mercadoria por um período determinado[177]; ii) a igualdade jurídica entre o possuidor de dinheiro e o possuidor de mercadorias, mutuamente relacionados entre si[178]; e iii) a impossibilidade de o vendedor da força de trabalho objetiva-la em suas próprias mercadorias, restando-lhe apenas a possibilidade de oferecer, no mercado, sua corporeidade viva[179]. Marx resume sua própria conclusão:

> Para transformar dinheiro em capital, o possuidor de dinheiro tem, portanto, de encontrar no mercado de mercadorias o trabalhador livre, e livre em dois sentidos: de ser uma pessoa livre, que dispõe de sua força de trabalho como sua mercadoria, e de, por outro lado, ser alguém que não tem outra mercadoria para vender, estando livre e solto e carecendo absolutamente de todas as coisas necessárias à realização de sua força de trabalho.[180]

[177] "A força de trabalho só pode aparecer como mercadoria no mercado na medida em que é colocada à venda ou é vendida pelo seu próprio possuidor, pela pessoa da qual ela é a força de trabalho. Para vende-la como mercadoria, seu possuidor tem de poder dispor dela, portanto, ser o livre proprietário de sua capacidade de trabalho, de sua pessoa. [...] A continuidade dessa relação requer que o proprietário da força de trabalho a venda apenas por um determinado período, pois, se ele a vende inteiramente, de uma vez por todas, vende a si mesmo, transforma-se de homem livre num escravo, de um possuidor de mercadoria numa mercadoria." In: MARX, Karl. **O capital:** crítica da economia política: livro I: o processo de produção do capital. São Paulo: Boitempo, 2017, p. 242.

[178] "Ele [o vendedor de força de trabalho] e o possuidor de dinheiro se encontram no mercado e estabelecem uma relação mútua como iguais possuidores de mercadorias, com a única diferença de que um é comprador e o outro, vendedor, sendo, ambos, portanto, pessoas juridicamente iguais". In MARX, Karl. **O capital:** crítica da economia política: livro I: o processo de produção do capital. São Paulo: Boitempo, 2017, p. 242. Aqui surge a categoria do *sujeito de direitos*, a ser analisada detidamente no Capítulo 3.

[179] "Para que alguém possa vender mercadorias diferentes de sua força de trabalho, ele tem de possuir, evidentemente, meios de produção, por exemplo, matérias-primas, instrumentos de trabalho etc. Ele [o vendedor de força de trabalho] não pode fabricar botas sem couro." In: MARX, Karl. **O capital:** crítica da economia política: livro I: o processo de produção do capital. São Paulo: Boitempo, 2017, p. 243. Sobre este aspecto, recomenda-se a leitura detida do Capítulo 24 de *O Capital*, que disseca o processo da assim chamada acumulação primitiva.

[180] MARX, Karl. **O capital:** crítica da economia política: livro I: o processo de produção do capital. São Paulo: Boitempo, 2017, p. 244.

Assim que, definidos histórica e materialmente os sujeitos da sociabilidade capitalista – o possuidor de dinheiro passando a apresentar-se como o capitalista, comprador de força de trabalho, e o possuidor de força de trabalho passando a apresentar-se como proletário, vendedor de força de trabalho, que leva ao mercado sua própria pele como mercadoria – tem-se por concretizado o processo de consumo da força de trabalho como processo de produção da mercadoria e do mais-valor.[181] O segredo da criação do mais-valor é, finalmente, forçado para fora da natureza humana.

> A esfera da circulação ou da troca de mercadorias, em cujos limites se move a compra e a venda da força de trabalho – afirma Marx –, é, de fato um verdadeiro Éden dos direitos inatos do homem. Ela é o reino exclusivo da liberdade, da igualdade, da propriedade e de Bentham. Liberdade, pois os compradores e vendedores de uma mercadoria, por exemplo, da força de trabalho, são movidos apenas por seu livre-arbítrio. Eles contratam como pessoas livres, dotadas dos mesmos direitos. O contrato é o resultado, em que suas vontades recebem uma expressão legal comum a ambas as partes. Igualdade, pois eles se relacionam um com o outro apenas como possuidores de mercadorias e trocam equivalente por equivalente. Propriedade, pois cada um dois põe apenas do que é seu. Bentham, pois cada um olha somente para si mesmo. A única força que os une e os põe em relação mútua é a de sua utilidade própria, de sua vantagem pessoal, de seus interesses privados.[182]

2.3. O mais-valor

A progressão da crítica marxiana em relação ao processo de valorização do valor, conforme aprofunda-se a compreensão de *O capital*, desemboca em um de seus pontos fundamentais: a dissimulação das relações de produção capitalistas por detrás do mais-valor. É nesta etapa, ao estabelecer a relação entre o processo de trabalho e o processo de valorização, que Marx aponta com precisão o conjunto de fatores inerentes ao mecanismo da exploração capitalista. Para Marx, o processo de trabalho pode ser definido como a atividade humana capaz de transformar um determinado objeto de trabalho segundo uma finalidade preconcebida[183] a fim de gerar um determinado produto (um

[181] Idem.

[182] MARX, Karl. **O capital:** crítica da economia política: livro I: o processo de produção do capital. São Paulo: Boitempo, 2017, p. 250-251.

[183] "Uma aranha executa operações semelhantes às do tecelão, e uma abelha envergonha muitos arquitetos com a estrutura de sua colmeia. Porém, o que desde o início distingue o

valor de uso), pelo que o "trabalho vivo tem de apoderar-se dessas coisas e despertá-las do mundo dos mortos, convertê-las de valores de uso apenas possíveis em valores de uso reais e efetivos"[184]. Os valores de uso, vale dizer, apresentam-se no processo de trabalho ora como resultado, ora como meio de produção, incorporando-se em processos de trabalho ulteriores como condição de um "meio acabado de trabalho"[185], de modo que o processo de trabalho, em sua forma pura, expressa-se segundo uma determinada atividade humana orientada à produção de valores de uso determinados, sejam estes direcionados ao consumo produtivo ou ao consumo individual.[186]

De acordo com o sistema marxiano, "o trabalho digere produtos a fim de criar produtos, ou consome produtos como meios de produção de outros produtos"[187], pouco importando à natureza universal do processo de trabalho o destinatário do produto, se o próprio trabalhador ou o capitalista. Aliás, pode-se mesmo afirmar que a sociabilidade capitalista exige, justamente, que o destinatário do processo de trabalho seja exatamente o capitalista, assujeitando o processo de trabalho à forma e ao conteúdo do consumo produtivo de força de trabalho. Este modelo de organização do processo de trabalho revela, nesta medida, dois fenômenos: i) o trabalhador trabalha sob o controle do capitalista, a quem pertence o seu trabalho; e ii) o produto do trabalho é propriedade do capitalista, não do seu produtor direto, o trabalhador.[188]

pior arquiteto da melhor abelha é o fato de que o primeiro tem a colmeia em sua mente antes de construí-la com a cera. No final do processo de trabalho chega-se a um resultado que já estava presente na representação do trabalhador no início do processo, ou seja, um resultado que já existia idealmente." In: Marx, Karl. **O capital:** crítica da economia política: livro I: o processo de produção do capital. São Paulo: Boitempo, 2017, p. 255-256.

184 Marx, Karl. **O capital:** crítica da economia política: livro I: o processo de produção do capital. São Paulo: Boitempo, 2017, p. 260.

185 Idem.

186 "O trabalho consome seus elementos materiais [*stoffichen*], seu objeto e seu meio; ele os devora e é assim, processo de consumo. Esse consumo produtivo se diferencia do consumo individual pelo fato de que este último consome os produtos como meios de subsistência do trabalho, da força ativa de trabalho do indivíduo. O produto do consumo individual é, por isso, o próprio consumidor, mas o resultado do consumo produtivo é um produto distinto do consumidor." In: Marx, Karl. **O capital:** crítica da economia política: livro I: o processo de produção do capital. São Paulo: Boitempo, 2017, p. 261.

187 Marx, Karl. **O capital:** crítica da economia política: livro I: o processo de produção do capital. São Paulo: Boitempo, 2017, p. 261.

188 Idem, ibidem.

A intervenção do capitalista no processo de trabalho corresponde, nesta ordem, à aquisição e à disponibilização dos meios de produção adequados ao consumo produtivo da força de trabalho, também por ele adquirida. Ele, possuidor de dinheiro, compra a força de trabalho como uma mercadoria dotada da condição especial de incorporar trabalho vivo aos elementos mortos que constituem os meios de produção de um determinado valor de uso a ser produzido pelo seu processo de trabalho. Por outro lado, ao vendedor de trabalho cumpre ceder o seu corpo na forma do valor de uso *força de trabalho* por um período determinado, o que significa, em outras palavras, que "a partir do momento em que ele [o trabalhador] entra na oficina do capitalista, o valor de uso de sua força de trabalho, portanto, seu uso, o trabalho, pertence ao capitalista".[189] A apropriação pelo capitalista do produto do processo de trabalho parece natural à sociabilidade do capital, dado que o processo de trabalho aparece, em rigor, como dádiva oferecida e promovida pelo capitalista para o próprio capitalista.

> Do seu ponto de vista [do capitalista], o processo de trabalho não é mais do que o consumo da mercadoria por ele comprada – relata Marx –, a força de trabalho, que, no entanto, ele só pode consumir desde que lhe acrescente os meios de produção. O processo de trabalho se realiza entre coisas que o capitalista comprou, entre coisas que lhe pertencem. Assim, o produto deste processo lhe pertence tanto quanto o produto do processo de fermentação em sua adega.[190]

[189] Idem, p. 262.

[190] MARX, Karl. **O capital:** crítica da economia política: livro I: o processo de produção do capital. São Paulo: Boitempo, 2017, p. 261. No mesmo sentido, Cherbuliez: "O proletário, ao vender seu trabalho por uma determinada quantidade de meios de subsistência (*approvisionement*), renuncia completamente a qualquer participação no produto. A apropriação do produto permanece a mesma que antes: ela não se altera em nada pela convenção mencionada. O produto pertence exclusivamente ao capitalista, que fornece a matéria-prima e o *approvisionement*. Essa é uma rigorosa consequência da lei da apropriação, cujo princípio fundamental era, ao contrário, o que de todo trabalhador tem o exclusivo direito de propriedade sobre seu produto." *Apud* MARX, Karl. **O capital:** crítica da economia política: livro I: o processo de produção do capital. São Paulo: Boitempo, 2017, p. 263. Também no mesmo sentido, James Mill: "Quando os trabalhadores trabalham em troca de salários, o capitalista é proprietário não só do capital, mas também do trabalho (*of the labour also*). Se o que é pago como salário está incluído – como costuma ser o caso – no conceito de capital, então é absurdo falar de trabalho separado do capital. A palavra capital inclui, nesse sentido, tanto o capital quanto o trabalho." *Apud* MARX, Karl. **O capital:** crítica da economia política: livro I: o processo de produção do capital. São Paulo: Boitempo, 2017, p. 263.

As marcas desta perspectiva são contemporaneamente verificadas em toda a extensão da sociabilidade burguesa, a exemplo do que se depreende da redação atribuída ao art. 88 da Lei de Propriedade Industrial – Lei n. 9.279/1996:

> Art. 88. A invenção e o modelo de utilidade pertencem exclusivamente ao empregador quanto decorrem de contrato de trabalho cuja execução ocorra no Brasil e que tenha por objeto a pesquisa ou a atividade inventiva, ou resulte esta da natureza dos serviços para os quais o empregado foi contratado.
>
> §1º Salvo expressa disposição contratual em contrário, a retribuição pelo trabalho a que se refere este artigo limita-se ao salário ajustado.
>
> §2º Salvo prova em contrário, consideram-se desenvolvidos na vigência do contrato a invenção ou o modelo de utilidade cuja patente seja requerida pelo empregado até 1 (um) ano após a extinção do vínculo empregatício.[191]

Destarte, tendo-se visto que os valores de uso no movimento de circulação de mercadorias (D-M-D') funcionam como suportes do valor de troca, evidencia-se como resultado típico do processo de produção capitalista um artigo destinado à venda que, sendo mercadoria, representa um valor maior do que a "soma do valor das mercadorias requeridas para a sua

[191] BRASIL, Lei n. 9.279, de 14 de maio de 1996. **Regula direitos e obrigações relativos à propriedade industrial.** Brasília, DF, mai 1996. Não é diferente, em forma e conteúdo, o art. 4º da Lei de Software – Lei n. 9.609/1998: "Art. 4º. Salvo estipulação em contrário, pertencerão exclusivamente ao empregador, contratante de serviços ou órgão público, os direitos relativos ao programa de computador, desenvolvido e elaborado durante a vigência de contrato ou de vínculo estatutário, expressamente destinado à pesquisa e desenvolvimento, ou em que a atividade do empregado, contratado de serviço ou servidor seja prevista, ou ainda, que decorra da própria natureza dos encargos concernentes a esses vínculos. §1º Ressalvado ajuste em contrário, a compensação do trabalho ou serviço prestado limitar-se-á à remuneração ou ao salário convencionado. §2º Pertencerão, com exclusividade, ao empregado, contratado de serviço ou servidor os direitos concernentes a programa de computador gerado sem relação com o contrato de trabalho, prestação de serviços ou vínculo estatutário, e sem a utilização de recursos, informações tecnológicas, segredos industriais e de negócios, materiais, instalações ou equipamentos do empregador, da empresa ou entidade com a qual o empregador mantenha contrato de prestação de serviços ou assemelhados, do contratante de serviços ou órgão público. §3º O tratamento previsto neste artigo será aplicado nos casos em que o programa de computador for desenvolvido por bolsistas, estagiários e assemelhados." In: BRASIL, Lei n. 9.609, de 19 de fevereiro de 1998. **Dispõe sobre a proteção da propriedade intelectual de programa de computador, sua comercialização no País e dá outras providências.** Brasília, DF, fev 1998.

produção, os meios de produção e a força de trabalho"[192]. O objetivo do capitalista obviamente não se limita à obtenção de um valor de uso, mas extravasa seu potencial na produção de um valor excedente (D'), um *mais--valor*. Aí reside a unidade entre o processo de trabalho e o processo de valorização.[193] Marx é rigoroso ao tentar demonstrar tal unidade a partir do cálculo do trabalho objetivado em um determinado produto, tomando como exemplo o processo de produção do fio:

> Para a produção do fio foi necessária, primeiramente, sua matéria-prima, por exemplo, 10 libras de algodão. Nesse caso, não precisamos investigar o valor do algodão, pois supomos que o capitalista o tenha comprado no mercado pelo valor de, digamos, 10 xelins. No preço do algodão, o trabalho requerido para sua produção já está incorporado como trabalho socialmente necessário. Suponhamos, além disso, que a quantidade de fusos consumida no processamento do algodão, que representa, para nós, todos os outros meios de trabalhos empregados nessa produção, tenha um valor de 2 xelins. Se uma quantidade de ouro de 12 xelins é o produto de 24 horas de trabalho, ou de 2 jornadas de trabalho, conclui-se, então, que no fio estão objetivadas duas jornadas de trabalho. [...] De acordo com a lei geral do valor, se o valor de 40 libras de fio = ao valor de 40 libras de algodão + o valor de um fuso inteiro, isto é, se o mesmo tempo de trabalho é necessário para produzir os dois lados dessa equação, então 10 libras de fio equivalem a 10 libras de algodão e ¼ de fuso.[194]

Todo o conjunto até então apresentado pelo sistema marxiano converge em um ponto comum, caracterizando o processo de trabalho como um movimento de absorção de trabalho abstrato pela matéria e reduzindo os produtos a uma escala de comensurabilidade cuja cifra comum é justa-

192 MARX, Karl. **O capital:** crítica da economia política: livro I: o processo de produção do capital. São Paulo: Boitempo, 2017, p. 263.

193 Sobre a diferença terminológica entre *processo de formação de valor* e *processo de valorização*, veja-se em Marx: "Ora, se compararmos o processo de formação do valor com o processo de valorização, veremos que este último não é mais do que um processo de formação de valor que se estende para além de certo ponto. Se não ultrapassa o ponto em que o valor da força de trabalho pago pelo capital é substituído por um novo equivalente, ele é simplesmente um processo de formação de valor. Se ultrapassa esse ponto, ele se torna processo de valorização." In: MARX, Karl. **O capital:** crítica da economia política: livro I: o processo de produção do capital. São Paulo: Boitempo, 2017, p. 271.

194 MARX, Karl. **O capital:** crítica da economia política: livro I: o processo de produção do capital. São Paulo: Boitempo, 2017, p. 264.

mente a quantidade de trabalho abstrato absorvido pelo produto proporcionalmente à força de trabalho despendida pelo seu vendedor em relação à força de trabalho efetivamente paga pelo capitalista. A força de trabalho aparece, aqui, como a peculiar mercadoria dotada da fantástica capacidade de criar de valor, mas que, como toda mercadoria, também ela mesma é composta de valor de troca e de valor de uso. Assim, "o vendedor de força de trabalho, como o vendedor de qualquer outra mercadoria, realiza seu valor de troca e aliena seu valor de uso. Ele não pode obter um sem abrir mão do outro."[195]

As grandezas distintas entre valor de uso e valor de troca da mercadoria força de trabalho se revelam, assim, em uma medida relativamente simples: o valor de uso aparece como o trabalho vivo prestado diariamente na produção de produtos em favor do capitalista, enquanto o valor de troca, por sua vez, aparece como o custo diário da manutenção da força de trabalho e da sua própria reprodução.[196] A composição do valor da força de trabalho amolda-se, desta forma, a uma circunstância em tudo mais afeita à sociabilidade capitalista, segundo a qual o trabalho vivo cria mais valor ao capitalista do que o despendido pelos custos de sua própria manutenção e reprodução. Há um evidente excedente quantitativo de trabalho não pago que é justamente o mais-valor, fonte do gozo do capitalista.

[195] Idem, p. 270.

[196] "Quando trabalha, quando atua sobre a natureza exterior, o operário gasta certa quantidade de força muscular nervosa (incluindo a força cerebral), certa quantidade de energia, etc. Para conservar a sua força de trabalho tem de reconstituir, cada dia, a energia despendida. Para isso precisa de consumir certa quantidade de meios de subsistência, precisa de uma habitação com alguns móveis, precisa de vestuário, alimentos, etc. Além disso, é necessário que a força de trabalho aflua constantemente. Este fluxo está mais ou menos assegurado pela multiplicação natural dos operários. Portanto, o operário deve ter os recursos necessários para manter a sua família. Se o mínimo de meios de subsistência que recebe não lhe assegura a manutenção da família, pode acontecer não só que o capital se veja privado do fluxo de força de trabalho complementar, mas, ainda mais, que o operário não possa reconstituir a energia despendida na medida suficiente para continuar a trabalhar para o capitalista. Se o operário tem mulher e filhos e se os meios de subsistência que recebe só dão para reconstituir sua força de trabalho pessoal, é evidente que compartilhará seus meios de subsistência com toda a sua família, e não poderá, portanto, recuperar a energia despendida. Por isso é obrigatório incluir no valor da força de trabalho o sustento médio duma família." In: Lapidus, I.; Ostrovityanov, K.; **Princípios de Economia Política** (tomo I), São Paulo: Nova Cultura.info, 2020, p. 107-108.

> O trabalhador encontra na oficina os meios de produção necessários não para um processo de trabalho de 6 [jornada equivalente aos custos de manutenção e reprodução da força de trabalho], mas de 12 horas – aponta Marx. Assim como 10 libras de algodão absorveram 6 horas de trabalho e se transformaram em 10 libras de fio, 20 libras de algodão absorverão 12 horas de trabalho e se transformarão em 20 libras de fio. [...] Nas 20 libras de fio estão objetivadas, agora, 5 jornadas de trabalho, das quais 4 foram empregadas na produção do algodão e dos fusos e 1 foi absorvida durante o processo de fiação. A expressão em ouro das 4 jornadas de trabalho é 30 xelins ou £1 e 10 xelins. Esse é, portanto, o preço das 20 libras de fio. A libra de fio continua a custar 1 xelim e 6 pence, mas a quantidade de valor das mercadorias lançadas no processo soma 27 xelins. O valor do fio é de 30 xelins. O valor do produto aumentou $^1/_9$ sobre o valor adiantado em sua produção. Desse modo, 27 xelins transformaram-se em 30 xelins, criando um mais-valor de 3 xelins. No final das contas, o truque deu certo. O dinheiro converteu-se em capital.[197]

As jornadas de trabalho, como visto, sobrepõem-se em cada etapa no próprio processo de trabalho, conservando o valor dos meios de produção (no exemplo acima, o algodão e os fusos) por meio da sua transferência ao produto final. Tal sobreposição de jornadas participa de forma crucial na formação do valor dos produtos, na medida em que os trabalhos correspondentes às respectivas jornadas se integram a diferentes fatores do processo de trabalho. Ocorre, todavia, que a integração dos tais fatores do processo de trabalho acontece em um único ato de trabalho, "a adição de novo valor ao objeto de trabalho e a conservação dos valores anteriores incorporados ao produto são dois resultados completamente distintos que o trabalhador atinge ao mesmo tempo".[198] Ou seja, evidencia-se uma duplicidade[199] do próprio trabalho em si, na forma de trabalho abstrato,

[197] MARX, Karl. **O capital:** crítica da economia política: livro I: o processo de produção do capital. São Paulo: Boitempo, 2017, p. 270-271.

[198] Idem, p. 277.

[199] "[...] Por meio da adição meramente quantitativa de trabalho, um valor novo é adicionado; por meio da qualidade do trabalho adicionado, os valores antigos dos meios de produção são conservados no produto." In: MARX, Karl. **O capital:** crítica da economia política: livro I: o processo de produção do capital. São Paulo: Boitempo, 2017, p. 278. Tal duplicidade, vale dizer, é elemento fundamental de extensa obra dedicada a interpretar Marx a partir de uma análise do caráter historicamente específico do trabalho no capitalismo, a exemplo do já citado grupo *Krisis* e de Moishe Postone. Em rigor, o próprio Marx, em uma de suas cartas

medido em um tempo determinado de dispêndio de força de trabalho habilitado a criar novo valor diretamente no produto[200], e também na forma de trabalho concreto em que o trabalhador mobiliza os meios de produção, transferindo seu valor ao produto[201], "na medida em que, durante o processo de trabalho [os meios de produção] perdem valor na figura de seus antigos valores de uso".[202]

É importante perceber que, nesta duplicidade dos fatores do processo de trabalho[203], somente o trabalho abstrato efetivamente cria um novo

à Engels, identifica a duplicidade do trabalho como fundamento estruturante de *O capital:* "O melhor com relação ao meu livro é 1. (o entendimento *total* dos fatos depende disso) o *duplo caráter do trabalho* dependendo de ele se expressar como valor de uso ou valor de troca – como já enfatizado no *primeiro* capítulo; 2. O tratamento da mais valia *independentemente das suas formas particulares,* como lucros, juros, renda etc." In: Marx para Engels, 24 de agosto de 1867, *apud* Postone, Moishe. **Tempo, trabalho e dominação social:** uma reinterpretação da teoria crítica de Marx. São Paulo: Boitempo, 2014, p. 75.

200 "Ele [o trabalhador] adiciona valor ao material por meio de seu trabalho, não como trabalho de fiação ou carpintaria, mas como trabalho abstrato, trabalho social em geral, e adiciona uma grandeza determinada de valor não porque seu trabalho tenha um conteúdo útil particular, mas porque dura um tempo determinado." In: Marx, Karl. **O capital:** crítica da economia política: livro I: o processo de produção do capital. São Paulo: Boitempo, 2017, p. 278.

201 "Quando o trabalho produtivo transforma os meios de produção em elementos constituintes de um novo produto, o valor desses meios de produção sofre uma metempsicose [*Seelenwanderlung*]. Ele transmigra do corpo consumido ao novo corpo criado. Mas essa metempsicose se dá como que pelas costas do trabalho efetivo. O trabalhador não pode adicionar novo trabalho, criar novo valor, sem conservar valores antigos, pois ele tem sempre de adicionar trabalho numa forma útil determinada, e não tem como adicioná-lo numa forma útil sem transformar os produtos em meios de produção de um novo produto e, desse modo, transferir ao novo produto o valor desses meios de produção." In: Marx, Karl. **O capital:** crítica da economia política: livro I: o processo de produção do capital. São Paulo: Boitempo, 2017, p. 284.

202 Idem, p. 281.

203 "O trabalho considerado na economia de troca, sob o ponto de vista do gasto de energia humana, chama-se abstrato, o trabalho considerado sob o ponto de vista da forma como se gasta a energia chama-se concreto. O trabalho abstrato cria o valor, o trabalho concreto cria valor de uso." In: Lapidus, I.; Ostrovityanov, K.; **Princípios de Economia Política** (tomo I), São Paulo: Nova Cultura.info, 2020, p. 65. John Holloway vai mais além ao abordar a abstração do trabalho: "A abstração é o tecer peculiarmente capitalista das relações sociais, o tecer peculiarmente capitalista do particular na totalidade. É um processo que ninguém controla. E o fato de que ninguém o controla é o que faz com que seja absolutamente essencial rompê-lo: ele não é apenas a negação da autodeterminação humana, a sua dinâmica também está nos levando para o autoaniquilamento." In: Holloway, John. **Fissurar o capitalismo.** São Paulo: Publisher Brasil, 2013, p. 95.

valor. O trabalho concreto meramente transpõe um determinado valor de uso de sua figura originária em favor de um novo valor de uso.[204] O exemplo apresentado por Marx é suficientemente ilustrativo para demonstrar tal ponto:

> Suponha que uma máquina tenha, por exemplo, o valor de £1.000 e se consuma em 1.000 dias. Nesse caso, $^{1}/_{1.000}$ do valor da máquina é transferido diariamente a seu produto. Ao mesmo tempo, a máquina inteira continua a atuar, embora com vitalidade decrescente, no processo de trabalho. Evidencia-se, assim, que um fator do processo de trabalho, um meio de produção, entra inteiramente no processo de trabalho, mas apenas parcialmente no processo de valorização.[205]

Percebe-se, portanto, que o valor não surge como um milagre, como muitas vezes quer fazer crer o pensamento econômico vulgar, disposto a dedicar longas homílias em favor do lucro como dádiva da circulação.[206] Ao contrário, o valor (e o mais-valor) aparece como fruto de um intrincado processo de trabalho dotado da capacidade de conservar valor ao mesmo tempo em que adiciona *novo* valor a um determinado produto. Por assim

[204] A bem da verdade, sequer poderia afirmar-se que tal movimento representaria uma *transposição* do valor, sob pena de o leitor interpretar tal movimento como *reprodução* do valor. Em rigor, não há qualquer forma de reprodução, mas o desaparecimento do valor de uso – ainda que em caráter parcial – no meio de produção e o seu reaparecimento no valor do produto.

[205] Marx, Karl. **O capital:** crítica da economia política: livro I: o processo de produção do capital. São Paulo: Boitempo, 2017, p. 281.

[206] A leitura do Livro III de *O capital* permite a extração de interessantes passagens a respeito da *naturalidade a-histórica* da composição do capital e seus respectivos fatores no processo de produção e de valorização, especialmente em suas seções iniciais, nas quais Marx dedica-se a analisar a formação dos preços – que, evidentemente, não será objeto desta pesquisa. Sobre esse aspecto, destaque-se o ponto em que se observa a *desaparição*, para o capitalista, de qualquer diferença entre os fatores produtivos, veja-se: "[...] os preços de custo são os mesmos para produtos de distintas esferas da produção, nas quais se investem partes iguais de capital, por mais que possa diferir a composição orgânica desses capitais. No preço de custo desaparece para o capitalista a distinção entre capital variável e capital constante. O custo de uma mercadoria em cuja produção ele investe £100 é, para ele, sempre o mesmo, não importando se nela foi desembolsado 90c +10v ou 10c+90v. Em todos os casos, ela lhe custa £100, em mais nem menos. Os preços de custo são iguais para desembolsos iguais de capital em diferentes esferas, por distintos que possam ser os valores e os mais-valores produzidos." Marx, Karl. **O capital**: crítica da economia política: livro III: o processo global da produção capitalista. São Paulo: Boitempo, 2017, p. 188.

dizer, o mais-valor traduz-se como o excedente do valor do produto, gerado pelo trabalho abstrato vivo, sobre o valor dos elementos formadores do produto em sua respectiva produção. Em Marx, "é o excedente do capital valorizado sobre o valor do capital originalmente desembolsado"[207], cuja taxa de valorização – a taxa de mais-valor –, diretamente proporcional ao grau de exploração da força de trabalho criadora de valor, é verificável de plano a partir da decomposição do capital no processo de valorização.

Ora que, caracterizada a duplicidade do trabalho no processo de valorização, importa analisar de que forma esse trabalho decomposto se relaciona com cada porção (forma) do capital originariamente lançado no movimento D-M-D, seja enquanto fator *meio de produção* (trabalho concreto), seja enquanto fator *força de trabalho* (trabalho abstrato). Daí a relevância da classificação marxiana segundo a qual o *capital constante* abrange a parte do capital que, inserido no processo de produção, se converte em meios de produção, enquanto o *capital variável* abrange a parte do capital que, composta de trabalho, transforma-se continuamente, modificando seu valor e produzindo o excedente *mais-valor* como fruto do trabalho abstrato.[208] Explica-se tal abordagem por meio da formidável (e espantosamente didática) representação de Lapidus e Ostrovityanov:

> Sem capital constante a criação da mais-valia [que nesta pesquisa é apresentada como *mais-valor*] é impossível, porque a força de trabalho só pode pôr-se em atividade conjuntamente com os meios de produção. Mas ainda que o capital constante seja condição necessária para a criação de mais-valia, não pode cria-la por si só. Só o trabalho pode criar mais-valia. Assim, um volume de capital constante, seja qual for, não pode alterar em nada a soma da mais-valia, não pode aumentá-la nem diminui-la. De modo que, se queremos determinar o grau de exploração do operário pelo capitalista, podemos deixar de lado os gastos do capitalista na criação do capital constante, e pre-

[207] MARX, Karl. **O capital:** crítica da economia política: livro I: o processo de produção do capital. São Paulo: Boitempo, 2017, p. 286.

[208] "No interior do adiantamento de capital [D-M] a força de trabalho conta como valor, mas no processo de produção ela funciona como criadora de valor. Em vez do valor da força de trabalho, que figura no interior do adiantamento de capital, surge, no capital produtivo realmente em funcionamento [M-D'], a própria força de trabalho viva, criadora de valor." In: MARX, Karl. **O capital**: crítica da economia política: livro III: o processo global da produção capitalista. São Paulo: Boitempo, 2017, p. 56.

cisamos apenas conhecer o valor da força de trabalho ou, o que é o mesmo, o valor do capital variável.[209]

Tem-se, portanto, o capital C decomposto em dois fatores, sendo *c* o capital constante e *v* o capital variável, de modo que, adiantando-se no movimento D-M um C equivalente a R$ 500,00 em que *c* = R$400,00 e *v* = R$100,00, e obtendo-se, ao final do processo de produção, uma mercadoria cujo valor posto no movimento M-D' equivale a R$600,00, aí está o valor de C', obtido segundo a fórmula $C' = (c + v) + m$, em que *m* representa o mais-valor. C transforma-se em C' na proporção de R$500,00 – R$600,00, porém, o produto de valor criado no referido processo de produção não está em C' (R$ 600,00), mas em $v + m$, ou em R$100,00 (capital variável) + R$100,00 (mais-valor).[210] Evidencia-se, nesse exemplo, que "a proporção em que se valorizou o capital variável é obviamente determinada pela relação entre o mais-valor e o capital variável, sendo expressa em m/v"[211], de modo que, sendo a proporção 100:100 = 100%, assim representa-se a taxa de mais-valor e, via de consequência, o grau de exploração da força de trabalho em um determinado processo de valorização.[212]

A identificação, por Marx, dos mecanismos internos do processo de valorização representa, em verdade, a desmistificação do encantamento da criação de valor para o capitalista *a partir do nada*. Não é pouco. Trata-se de um movimento analítico essencial para a definição da proporção da determinação exercida pelo valor e seus desdobramentos na movimentação social em geral. Saliente-se, é deste núcleo fundamental que, em última análise, emana o feixe de relações sociais formadoras da superestrutura

[209] LAPIDUS, I.; OSTROVITYANOV, K.; **Princípios de Economia Política** (tomo I), São Paulo: Nova Cultura.info, 2020, p. 117.

[210] "A taxa de mais-valor é, assim, a expressão exata do grau de exploração da força de trabalho pelo capital ou do trabalhador pelo capitalista." In: MARX, Karl. **O capital:** crítica da economia política: livro I: o processo de produção do capital. São Paulo: Boitempo, 2017, p. 294.

[211] MARX, Karl. **O capital:** crítica da economia política: livro I: o processo de produção do capital. São Paulo: Boitempo, 2017, p. 292.

[212] "[...] o valor é uma mera consequência de uma mudança de valor de *v*, a parte do capital transformada em força de trabalho, e que, portanto, $v + m = \Delta v$ (*v* mais um incremento de *v*). Mas a verdadeira mudança de valor, bem como as condições dessa mudança, é obscurecida pelo fato de que, em consequência do crescimento de seu componente variável, tem-se também um crescimento do capital total adiantado." In: MARX, Karl. **O capital:** crítica da economia política: livro I: o processo de produção do capital. São Paulo: Boitempo, 2017, p. 290.

marxista. Não por acaso, Marx identifica na forma pela qual o mais-trabalho[213] é extraído do trabalhador (produtor imediato) o elemento que "diferencia as várias formações econômicas da sociedade, por exemplo, a sociedade da escravatura daquela do trabalho assalariado."[214]

> As coisas – segundo a leitura de Lapidus e Ostrovityanov – transformam-se em capital, não pelas suas propriedades naturais, mas sim devido a relações determinadas, mais precisamente quando servem para a exploração da força de trabalho assalariada pelo capitalista. Portanto, o capital é uma característica 'histórica' transitória, própria da sociedade capitalista. Sob tal ponto de vista, qualquer tentativa que pretenda aplicar a todos os modos de produção a noção de capital é inconsistente e injustificada do ponto de vista do estudo científico das relações sociais.[215]

A sociedade capitalista e o capital pressupõem o comando sobre uma porção de trabalho não pago, suplementar ao trabalho necessário à subsistência e à reprodução do trabalhador, que é apropriada pelo capitalista possuidor dos meios de produção sob a forma de mais-valor. Tal mais-valor, extraído do mais-trabalho, tem sua destinação afetada à satisfação das necessidades e caprichos do próprio capitalista, assim confirmando-se que "o segredo da autovalorização do capital se resolve no fato de que

[213] "[...] como na parte de sua jornada de trabalho em que produz o valor diário da força de trabalho, digamos 3 xelins, o trabalhador produz apenas um equivalente do valor já pago pelo capitalista – e, desse modo, apenas repõe por meio do novo valor criado, o valor do capital variável adiantado –, essa produção de valor aparece como mera reprodução. Por isso, denomino *tempo de trabalho necessário* a parte da jornada de trabalho em que se dá essa reprodução, e *trabalho necessário* o trabalho despendido durante esse tempo. Ele é necessário ao trabalhador, porquanto é independente da forma social de seu trabalho, e é necessário ao capital e seu mundo, porquanto a existência contínua do trabalhador forma sua base. O segundo período do processo de trabalho, em que o trabalhador trabalha além dos limites do trabalho necessário, custa-lhe, de certo, trabalho, dispêndio de força de trabalho, poré, não cria valor algum para o próprio trabalhador. Ele gera mais-valor, que, para o capitalista, tem todo o charme de uma criação a partir do nada. A essa parte da jornada de trabalho denomino *tempo de trabalho excedente* [*surplus arbeitzeit*], e ao trabalho nela despendido denomino *mais-trabalho* [*mehrarbeit*] (*surplus labour*)." In: MARX, Karl. **O capital:** crítica da economia política: livro I: o processo de produção do capital. São Paulo: Boitempo, 2017, p. 293.

[214] MARX, Karl. **O capital:** crítica da economia política: livro I: o processo de produção do capital. São Paulo: Boitempo, 2017, p. 293.

[215] LAPIDUS, I.; OSTROVITYANOV, K.; **Princípios de Economia Política** (tomo I), São Paulo: Nova Cultura.info, 2020, p. 113.

este pode dispor de uma determinada quantidade de trabalho alheio não pago"[216].

> O capitalista – explica Marx – paga o valor da força de trabalho – ou seu preço, divergente de seu valor – e recebe em troca o direito de dispor da força viva de trabalho. Seu usufruto dessa força de trabalho é decomposto em dois períodos. Durante um deles o trabalhador não produz mais que um valor, que é igual ao valor de sua força de trabalho, portanto, apenas um equivalente. Em troca do preço adiantado da força de trabalho, o capitalista recebe, pois, um produto de mesmo preço. É como se ele tivesse adquirido o produto já pronto no mercado. No período do mais-trabalho, ao contrário, o usufruto da força de trabalho gera valor para o capitalista, sem que esse valor lhe custe um substituto de valor. Ele obtém gratuitamente essa realização da força de trabalho. Nesse sentido, o mais-trabalho pode ser chamado de trabalho não pago.[217]

2.4. O salário

Apresentadas as relações sociais dissimuladas por detrás do mais-valor, percebe-se o estreito vínculo deste com a compra, pelo capitalista, da mercadoria força de trabalho mediante pagamento, ao seu respectivo vendedor, de um montante em dinheiro equivalente ao valor de troca desta força em si, desconsiderada qualquer eventual vinculação ou relação com o valor criado por meio do trabalho empregado, pelo operário, no processo de produção. Vale dizer que sem este conhecimento prévio acerca dos fatores incidentes no mecanismo de exploração capitalista é verdadeiramente impossível ao leitor compreender a crítica marxista à forma-salário e ao trabalho assalariado. Isso porque a forma-salário tem a capacidade de obscurecer as relações entre operários e capitalistas, fazendo com que o salário do trabalhador apareça, nos debates superficiais típicos da sociedade burguesa, como uma contraprestação em dinheiro equivalente ao valor do trabalho vendido pelo operário ao capitalista.

> Isso ocorre – ensina Alaôr Caffé Alves – precisamente porque a dimensão aparente é material e sensorialmente constitutiva da própria realidade e em função da qual o sistema mantém sua operacionalidade e relativa consistência. O exemplo mais emblemático a respeito, no sistema capitalista, é

[216] MARX, Karl. **O capital:** crítica da economia política: livro I: o processo de produção do capital. São Paulo: Boitempo, 2017, p. 602.

[217] Idem, Ibidem.

> o recebimento do salário pelo trabalhador, que aparece para este como algo representativo do valor que efetivamente ele produz para o capitalista. Parece uma relação justa, equalizada pela relação de troca no contrato de trabalho, entre sujeitos iguais e livres. O capitalista fica com o lucro e o trabalhador com o salário. Por isso, existe a explicação ideológica burguesa da remuneração dos fatores de produção. Ao trabalhador, o salário, ao capitalista, o lucro. "Dai a Cesar o que é de Cesar"![218]

Ora, ao submeter-se a forma-trabalho ao rigoroso crivo metodológico do sistema marxiano, revela-se a sua incapacidade intrínseca para possuir valor por si, haja vista sua condição de *medida* referencial de valor das mercadorias postas em circulação. Evidencia-se, desta forma, a tautologia com que a economia política vicia todo o raciocínio acerca do salário.[219] "O trabalho", esclarece Marx, "é a substância e a medida imanente dos valores, mas ele mesmo não tem valor nenhum"[220]. É Marx quem demonstra que ao capitalista, possuidor de dinheiro, não se contrapõe o trabalho, mas o trabalhador que lhe vende no mercado uma mercadoria como qualquer outra: a *força de trabalho*[221] *posta a disposição do seu comprador por um determinado período de tempo. É este o movimento que, condicionando a forma-salário, movimenta também toda a sociabilidade capitalista. O exercício dialético proposto por Marx (e abaixo citado) afasta, de uma vez por todas, a forma-trabalho como possuidora de valor em si*, abrindo-se a possibilidade, assim, para uma adequada análise da forma-salário, dada a incompatibilidade da noção de "valor do trabalho" com a própria lei do valor ou mesmo com a produção capitalista:

218 Alves, Alaor Caffé. Determinação social e vontade jurídica. In: Kashiura Jr., Celso Naoto. Akamine Jr., Oswaldo. Melo, Tarso de. (Orgs.) **Para a crítica do direito:** reflexões sobre teorias e práticas jurídicas. São Paulo: Outras Expressões: Editorial Dobra, 2015, p. 26.

219 "Mas o que é o valor de uma mercadoria? A forma objetiva do trabalho social gasto na sua produção. E como medimos a grandeza de seu valor? Pela grandeza do trabalho nela contido. Como podemos determinar o valor, por exemplo, de uma jornada de trabalho de 12 horas? Pelas 12 horas de trabalho contidas numa jornada de trabalho de 12 horas, o que é uma absurda tautologia." In: Marx, Karl. **O capital:** crítica da economia política: livro I: o processo de produção do capital. São Paulo: Boitempo, 2017, p. 605.

220 Marx, Karl. **O capital:** crítica da economia política: livro I: o processo de produção do capital. São Paulo: Boitempo, 2017, p. 607.

221 "A força de trabalho é, portanto, uma mercadoria, exatamente como o açúcar. A primeira mede-se com o relógio, a segunda com a balança." In: Marx, Karl. **Trabalho assalariado e capital & salário, preço e lucro.** São Paulo: Expressão Popular, 2010, p. 34.

> Suponha, por exemplo, que a jornada de trabalho se represente num valor monetário de 6 xelins. Havendo troca de equivalentes, o trabalhador receberá 6 xelins pelo trabalho de 12 horas. O preço de seu trabalho será igual ao preço de seu produto. Nesse caso, ele não produzirá nenhum mais-valor para o comprador de seu trabalho, os 6 xelins não se transformarão em capital e o fundamento da produção capitalista se desvanecerá; mas é precisamente sobre esse fundamento que o trabalhador vende seu trabalho e que este é trabalho assalariado.[222]

Em bases concretas, o operário vende ao capitalista sua *força de trabalho*, uma mercadoria que efetivamente possui valor mensurável e "determinado pela quantidade de trabalho necessário para produzi-la."[223] Ora, se até agora viu-se que o valor das mercadorias é determinado pelos seus custos de produção, bem como viu-se que o valor de troca da força de trabalho de um homem corresponde a "uma certa massa de meios de subsistência [que] tem de ser consumida por um homem para crescer e manter a vida"[224] e para a perpetuação da sua própria classe[225], parece razoável que o valor de troca da mercadoria força de trabalho, quando expresso em dinheiro, assuma um nome especial: salário. Nestes termos, os custos da produção da força de trabalho são aferidos a partir "dos custos de existência e de reprodução do operário"[226] e, assim, nivelando-se de acordo com um patamar mínimo garantidor da existência e da reprodução da classe operária como um todo, constitui-se enquanto salário o preço diário da força de trabalho pago pelo capitalista segundo as mesmas leis gerais que determinam o preço de qualquer mercadoria.

[222] MARX, Karl. **O capital:** crítica da economia política: livro I: o processo de produção do capital. São Paulo: Boitempo, 2017, p. 606.

[223] MARX, Karl. **Salário, preço e lucro.** São Paulo: Centauro, 2002, p. 55.

[224] Idem, ibidem.

[225] "[...] o homem, tal como a máquina, se desgasta e terá que ser substituído por outro homem. Para além da massa de meios de subsistência requeridos para a sua própria manutenção, ele necessita de outro montante de meios de subsistência para criar uma certa cota de filhos que o substituirão no mercado de trabalho e perpetuarão a raça dos trabalhadores." In: MARX, Karl. **Salário, preço e lucro.** São Paulo: Centauro, 2002, p. 55.

[226] MARX, Karl. **Trabalho assalariado e capital & salário, preço e lucro.** São Paulo: Expressão Popular, 2010, p. 44.

> A determinação do preço pelos custos de produção é igual à determinação do preço pelo tempo de trabalho necessário para a produção de uma mercadoria – conclui Marx –, pois os custos de produção se compõem de: 1. Matérias-primas e desgaste de instrumentos, isto é, de produtos industriais cuja produção custou uma certa quantidade de dias de trabalho, que representam, portanto, uma certa quantidade de tempo de trabalho. 2. Trabalho direto, cuja medida é justamente o tempo. [...] O salário do trabalho subirá ou cairá conforme a relação de oferta e procura, de acordo com a forma que assumir a concorrência entre os compradores da força de trabalho, os capitalistas, e os vendedores da força de trabalho, os operários. As oscilações dos preços das mercadorias em geral correspondem às oscilações do salário. Mas, dentro dessas oscilações, o preço do trabalho será determinado pelos custos de produção, pelo tempo de trabalho necessário para produzir esta mercadoria: a força de trabalho.[227]

Comprovando diretamente tal ótica, veja-se a tônica adotada, no Brasil, pela Lei n. 13.152, de 29 de julho de 2015, ao dispor sobre a política de valorização do salário mínimo e dos benefícios pagos pelo Regime Geral de Previdência Social – RGPS para o período de 2016 a 2019:

> Art. 1º São estabelecidas as diretrizes a vigorar entre 2016 e 2019, inclusive, a serem aplicadas em 1º de janeiro do respectivo ano, para:
> I – A política de valorização do salário mínimo; e
> II – VETADO.
> §1º Os reajustes para a preservação do poder aquisitivo do salário-mínimo corresponderão à variação do Índice Nacional de Preços ao Consumidor (INPC), calculado e divulgado pela Fundação Instituto Brasileiro de Geo-

[227] Idem, p. 43. Como de costume, Marx oferece um exemplo prático que não deixa margem para dúvida ou controvérsia entre valor do trabalho e valor da força de trabalho: "Suponha que a jornada de trabalho habitual seja de 12 horas e o valor diário da força de trabalho seja de 3 xelins, expressão monetária de um valor em que se representem 6 horas de trabalho. Se o trabalhador recebe 3 xelins, ele recebe o valor de sua força de trabalho mantida em funcionamento durante 12 horas. Ora, se esse valor diário da força de trabalho for expresso como valor do trabalho realizado durante uma jornada, teremos a fórmula: o trabalho de 12 horas tem um valor de 3 xelins. O valor da força de trabalho determina, assim, o valor do trabalho, ou, expresso em dinheiro, o preço necessário do trabalho. Se, ao contrário, o preço da força de trabalho diferir de seu valor, o mesmo ocorrerá com o preço do trabalho em relação ao seu assim chamado valor." In: MARX, Karl. **O capital:** crítica da economia política: livro I: o processo de produção do capital. São Paulo: Boitempo, 2017, p. 609.

grafia e Estatística (IBGE), acumulada nos 12 (doze) meses anteriores ao mês do reajuste.

§2º Na hipótese de não divulgação do INPC referente a um ou mais meses compreendidos no período do cálculo até o último dia útil imediatamente anterior à vigência do reajuste, o Poder Executivo estimará os índices dos meses não disponíveis.

§3º Verificada a hipótese de que trata o §2º, os índices estimados permanecerão válidos para os fins desta Lei, sem qualquer revisão, sendo os eventuais resíduos compensados no resgate subsequente, sem retroatividade.[228]

A diferença entre *valor do trabalho* e *valor da força de trabalho* é fundamental à compreensão da realidade aprisionadora da forma-salário. A esse respeito, ao menos desde 1846[229], percebe-se o emprego equivocado da expressão *valor do trabalho* na discussão acerca da natureza da relação mantida entre operário e capitalista, o que em nada contribui para a definição do conceito de *valor* em si e em tudo contribui para o obscurecimento da já mencionada razão burguesa do trabalho assalariado.[230] Exemplo desse "equívoco" terminológico é verificável pela leitura da Constituição da Organização Internacional do Trabalho, que, desde 1944[231], apresenta em seu anexo, como princípio fundamental, a consigna de que *o trabalho não é uma mercadoria*, ao mesmo tempo em que, em seu preâmbulo e mesmo no próprio anexo, contempla a forma-salário e o trabalho assalariado como instrumentos de justiça social. A esse contexto opõe-se

228 BRASIL, Lei n. 13.152, de 29 de julho de 2015. **Dispõe sobre a política de valorização do salário-mínimo e dos benefícios pagos pelo Regime Geral de Previdência Social (RGPS) para o período de 2016 a 2019.** Brasília, DF, jul 2015.

229 Ano de publicação de *Filosofia da miséria*, de Pierre-Joseph Proudhon, obra em que o autor francês se refere ao valor do trabalho como mera "elipse gramatical".

230 "Na circulação – discorre Marx – o capitalista e o operário defrontam-se tão-só como *vendedores de mercadorias*; porém, em virtude da natureza especificamente polar das mercadorias que entre si se vendem, o operário entra forçosamente no processo de produção na qualidade de componente do *valor de uso*, da *existência real* e da *existência como valor* do capital, por mais que esta relação só se efetue *dentro* do processo de produção, e o capitalista, existente só potencialmente como comprador de trabalho, só se converta em *capitalista real* quando, pela venda da sua capacidade de trabalho, o trabalhador, transformado eventualmente em operário assalariado, entre realmente naquele processo sob a direção do capital". In: MARX, Karl. **Capítulo VI inédito de O capital**: resultados do processo de produção imediata. São Paulo: Centauro, 2004, p. 55.

231 Ano em que a OIT realizou a Convenção de Filadélfia.

o magistério exposto por Marx em *A miséria da filosofia* e posteriormente referendado em *O capital* no ponto em que o autor afirma que "se o trabalhador pudesse dar ao trabalho uma existência independente, o que ele venderia seria uma mercadoria"[232]:

> No trabalho-mercadoria, que é de uma realidade espantosa, ele [Proudhon] vê apenas uma elipse gramatical. Logo, toda a sociedade atual, fundada no trabalho-mercadoria, passa a se embasar numa licença poética, numa expressão figurada. A sociedade pretende 'eliminar todos os inconvenientes' que a atormentam? Muito bem: basta-lhe eliminar os termos inconvenientes, alterar a linguagem e dirigir-se à Academia encomendando-lhe uma nova edição do seu dicionário![233]

O assim chamado *valor do trabalho* não passa, portanto, de "uma expressão irracional para o valor da força de trabalho"[234], "calculado sobre a base de certa duração da vida do trabalhador"[235] e "sempre menor que seu produto de valor, pois o capitalista sempre faz a força de trabalho funcionar por mais tempo do que o necessário para a reprodução do valor desta última"[236]. A força de trabalho, por mais que a institucionalidade burguesa o negue, como visto, nada mais é que aquela estranha e peculiar mercadoria capaz de criar valor para o capitalista ao mesmo tempo em que é indivisível da pessoa do trabalhador. O operário vincula-se à mercadoria por ele vendida, que "só existe na carne e no sangue do homem"[237] e que nenhum Shylock ou Pórcia[238] são capazes de separar.

[232] MARX, Karl. **O capital:** crítica da economia política: livro I: o processo de produção do capital. São Paulo: Boitempo, 2017, p. 606.

[233] MARX, Karl. **Miséria da filosofia**: resposta à Filosofia da miséria, do Sr. Proudhon. São Paulo: Expressão Popular, 2009, p. 71.

[234] MARX, Karl. **O capital:** crítica da economia política: livro I: o processo de produção do capital. São Paulo: Boitempo, 2017, p. 609.

[235] Idem, ibidem.

[236] Idem, ibidem.

[237] MARX, Karl. **Trabalho assalariado e capital & salário, preço e lucro.** São Paulo: Expressão Popular, 2010, p. 34.

[238] Na obra shakesperiana *O mercador de Veneza*, Shylock é um agiota judeu que empresta dinheiro a seu rival veneziano, Antônio, estabelecendo como fiança uma libra da carne de Antônio. Quando este, falido, não consegue quitar sua dívida, Shylock exige a libra de carne como vingança, porém é surpreendido pela engenhosidade de uma rica herdeira chamada Pórcia, que, por sua vez, ressaltou que a libra de carne deveria ser extraída de Antônio sem

Ao vender sua força de trabalho, o operário adjudica sua atividade vital a um terceiro em troca de um preço equivalente aos meios de vida necessários à sua subsistência, preço este que em nada faz referência ao valor efetivamente criado e apropriado pelo capitalista. Neste aspecto, Lapidus e Ostrovityanov não poderiam ser mais assertivos quanto à íntima conexão entre a exploração capitalista e o trabalho assalariado:

> O segredo da produção de mais-valia está no fato de que, quando o capitalista compra a força de trabalho, só paga ao operário o valor desta força, e não o valor que o trabalho cria. Deste modo, a força de trabalho transforma-se, no regime capitalista, em uma mercadoria que tem um determinado valor. Mas tal valor – como o de qualquer mercadoria – tem de encontrar a sua expressão em um equivalente determinado, e o faz frequentemente em uma soma de dinheiro que é o preço da força de trabalho e se chama salário.[239]

Nota-se, nesta linha, que o capital e o trabalho assalariado determinam-se e engendram-se reciprocamente: o capital só pode multiplicar-se sendo trocado por força de trabalho, enquanto a força de trabalho só pode subsistir e reproduzir-se, na sociabilidade capitalista, na medida em que é vendida ao capital em troca de salário.[240] A troca da força de trabalho por capital fortalece este e multiplica aquela, e assim, reciprocamente e dialeticamente, se estabelece uma relação segundo a qual a força de trabalho alimenta e é alimentada pelo poder que a escraviza. "A multiplicação do capital, é, por isso, multiplicação do proletariado, isto é, da classe

verter nem uma gota do sangue do devedor, uma vez que, por força de lei, era vedado aos estrangeiros derramar sangue de um cidadão veneziano.

[239] LAPIDUS, I.; OSTROVITYANOV, K.; **Princípios de Economia Política** (tomo I), São Paulo: Nova Cultura.info, 2020, p. 143..

[240] "Sob o capitalismo, o trabalhador é livre, livre em dois sentidos: pode vender livremente a sua força de trabalho, sua capacidade de trabalho, ao capitalista x, y ou z, e também porque, não possuindo meios de produção para produzir seus meios de subsistência, está disponível para ser submetido ao trabalho assalariado. Por outro lado, é necessário considerarmos que, na realidade, o trabalhador assalariado, por ter de vender sua força de trabalho à classe capitalista, vive subjugado a esta, e, conforme afirmativa marxiana de 1867, 'a ilusão de sua independência se mantém pela mudança contínua dos seus patrões e com a ficção jurídica do contrato'" In: SOARES, Alcides Ribeiro. Relações entre direito, sociedade e economia. In: ALVES, Alaor Caffé... [et al.]. **Direito, Sociedade e Economia:** leituras marxistas. Barueri: Manole, 2005, p. 8-9.

operária"[241]. Esta relação de dependência mútua, aliada à capitalização de uma relação monetária sustentada segundo um etéreo *valor do trabalho* capaz de, como visto, ocultar o mais-trabalho e, por conseguinte, a gratuidade do trabalho do assalariado[242], forma os grilhões místicos com que a forma-salário aprisiona trabalhadores e, até mesmo, capitalistas.[243]

> Compreende-se, assim – discorre Marx –, a importância decisiva da transformação do valor e do preço da força de trabalho na forma-salário. Ou em valor e preço do próprio trabalho. Sobre essa forma de manifestação, que torna invisível a relação efetiva e mostra precisamente o oposto dessa relação repousam todas as noções jurídicas, tanto do trabalhador como do capitalista, todas as mistificações do modo de produção capitalista, todas as suas ilusões de liberdade, todas as tolices apologéticas da economia vulgar.[244]

[241] MARX, Karl. **Trabalho assalariado e capital & salário, preço e lucro.** São Paulo: Expressão Popular, 2010, p. 49.

[242] "A forma-salário extingue, portanto, todo vestígio da divisão da jornada de trabalho, em trabalho necessário e mais-trabalho, em trabalho pago e trabalho não pago. Todo trabalho aparece como trabalho pago. Na corveia, o trabalho do servo para si mesmo e seu trabalho forçado para o senhor da terra se distinguem, de modo palpavelmente sensível, tanto no espaço como no tempo. No trabalho escravo, mesmo a parte da jornada de trabalho em que o escravo apenas repõe o valor de seus próprios meios de subsistência, em que, portanto, ele trabalha, de fato, para si mesmo, aparece como trabalho para seu senhor. Todo seu trabalho aparece como trabalho não pago. No trabalho assalariado, ao contrário, mesmo o mais-trabalho ou trabalho não pago aparece como trabalho pago. No primeiro caso, a relação de propriedade oculta o trabalho do escravo para si mesmo, no segundo, a relação monetária oculta o trabalho gratuito do assalariado." In: MARX, Karl. **O capital:** crítica da economia política: livro I: o processo de produção do capital. São Paulo: Boitempo, 2017, p. 610.

[243] "[...] no cérebro dos capitalistas se reflete apenas a aparência das relações de produção. O capitalista não sabe que também o preço normal do trabalho encerra determinada quantidade de trabalho não pago e que precisamente esse trabalho não pago é a fonte normal de seu lucro. A categoria de tempo de mais-trabalho não existe de modo algum para ele, pois esse tempo está incluído na jornada normal de trabalho que ele acredita pagar quando paga o salário diário. Mas o que existe bem para ele é, sim, o tempo extraordinário, o prolongamento da jornada de trabalho. [...] Ele não sabe, uma vez mais, que nesse pagamento extra também está incluído o trabalho não pago, assim como o preço da hora usual de trabalho." In: MARX, Karl. **O capital:** crítica da economia política: livro I: o processo de produção do capital. São Paulo: Boitempo, 2017, p. 620.

[244] MARX, Karl. **O capital:** crítica da economia política: livro I: o processo de produção do capital. São Paulo: Boitempo, 2017, p. 610.

A respeito da predominância e da essencialidade do segredo da forma-salário apontados por Marx, anote-se que, mesmo sem maior aprofundamento na moderna teoria do salário e suas relações com o que contemporaneamente se denomina como *questão social*, um breve panorama sobre a atual realidade concreta das relações de trabalho é suficiente para se comprovar a lógica do mais-trabalho e das duas formas fundamentais do salário capitalista: o salário por tempo e o salário por peça. Exemplos dessa predominância poderiam ser apresentados na positivação do art. 76 da Consolidação das Leis do Trabalho[245] e do art. 7º, IV, da Constituição da República[246], que disciplinam o salário mínimo segundo o patamar de atendimento das necessidades vitais básicas do trabalhador e da sua família, ademais do extenso referencial normativo pertinente ao patamar remuneratório proporcional à jornada de trabalho. Pois que desta relação de predominância não escapam nem mesmo as tão festejadas "formas de trabalho emergentes, pautadas em critérios menos rígidos e que permitem maior autonomia na sua consecução, mediante livre disposição das partes"[247], que, reconhecidas sob o a alcunha da *uberização* ou reunidas nos chamados *contratos de parceria*, não passam das mesmas relações de trabalho remuneradas segundo os mesmos modelos de assalariamento, ainda que intermediado por plataformas digitais ou por modernas plataformas de intermediação de mão-de-obra. Destarte, mostra-se mesmo hilariante a afirmação de que "as relações de trabalho têm sofrido intensas modifi-

[245] "Art. 76 – Salário mínimo é a contraprestação minima devida e paga diretamente pelo empregador a todo trabalhador, inclusive ao trabalhador rural, sem distinção de sexo, por dia normal de serviço, e capaz de satisfazer, em determinada época e região do País, as suas necessidades normais de alimentação, habitação, vestuário, higiene e transporte." BRASIL, Decreto-Lei n. 5.452, de 1º de maio de 1943. **Aprova a Consolidação das Leis do Trabalho.** Rio de Janeiro, RJ, mai 1943.

[246] "Art. 7º São direitos dos trabalhadores urbanos e rurais, além de outros que visem à melhoria de sua condição social: [...] IV – salário mínimo, fixado em lei, nacionalmente unificado, capaz de atender a suas necessidades vitais básicas e às de sua família com moradia, alimentação, educação, saúde, lazer, vestuário, higiene, transporte e previdência social, com reajustes periódicos que lhe preservem o poder aquisitivo, sendo vedada sua vinculação para qualquer fim." In: BRASIL, **Constituição da República Federativa do Brasil de 1988.** Brasília, DF, out 1988.

[247] TST. RECURSO DE REVISTA: RR-1000123-89.2017.5.02.0038, Relator: Ministro Breno Medeiros. DJ: 06/02/2020. TST, 2020. Disponível em: <https://tst.jusbrasil.com.br/jurisprudencia/807016681/recurso-de-revista-rr-10001238920175020038/inteiro-teor-807016787?ref=serp>. Acesso em: 07 abr. 2020.

cações com a revolução tecnológica"[248], na medida em que, se percebe, a chamada revolução tecnológica em nada alterou a objetividade do processo de trabalho e de produção.

Ora que, desde a consolidação da sociedade burguesa e do modelo de apropriação capitalista de trabalho não pago, as relações de trabalho caracterizam-se, sem exceção, pelo fato de os capitalistas permanecerem donos dos meios de produção e compradores da força de trabalho dos operários que, por sua vez, são os donos da força de trabalho posta a venda no mercado. Nestes mais de dois séculos de dominação do metabolismo social do capital em nada alterou-se a natureza do salário (no caso típico da uberização, do salário por peça) segundo a qual o capitalista paga ao trabalhador o valor de troca da sua força de trabalho, apropriando-se do período de mais-trabalho, ainda que maquiando tal relação sob a perspectiva de um pagamento conforme a sua produção. A única modificação real introduzida pela uberização foi, portanto, lateral, técnica, meramente instrumental, advinda da introdução de um aparato tecnológico capaz de incrementar a produtividade do processo de trabalho, o que, nem de longe, afasta a apropriação do trabalho pelo capital como movimento inerente à extração do mais-valor pelo capitalista. Em rigor, o que se observa ao longo de todo o período de vigência da sociedade capitalista (e que se mantém incólume recentemente, mesmo com o advento da revolução digital) é a *massificação* da maquinaria no processo de produção, concretizando aquilo que Marx afirmava ser uma tendência necessária do capital: "o aumento da força produtiva do capital e a máxima negação do trabalho necessário."[249] Veja-se, por amoldar-se perfeitamente ao contexto do trabalho na era da revolução tecnológica, passagem marxiana extraída de seus manuscritos econômicos de 1857-1858:

[248] Idem.

[249] MARX, Karl. ***Grundrisse:*** manuscritos econômicos de 1857-1858: esboços da crítica da economia política. São Paulo: Boitempo, 2011, p. 581. Interessante, a este respeito, é o argumento de Moishe Postone acerca da maquinaria no contexto da clivagem entre valor e riqueza material (ver POSTONE, Moishe. **Tempo, trabalho e dominação social:** uma reinterpretação da teoria crítica de Marx. São Paulo: Boitempo, 2014, p. 224-232), especialmente contraposto à visão de Claus Offe, segundo a qual as duas dimensões do trabalho no capitalismo divergiriam quanto à sua mercantilização tendo exatamente o setor de *serviços* como ponto de inflexão (ver *Tauschverhältnis und politische Steuerung: Zur Aktualität des Legitimationsproblems* In: OFFE, Claus. *Strukturprobleme des kapitalistischen Staates*, Frankfurt: Suhrkamp, 1972, p. 29-31).

> [...] o trabalho aparece unicamente como órgão consciente, disperso em muitos pontos do sistema mecânico em forma de trabalhadores vivos individuais, subsumido ao processo total da própria maquinaria, ele próprio só um membro do sistema, cuja unidade não existe nos trabalhadores vivos, mas na maquinaria viva (ativa), que, diante da atividade isolada, insignificante, de cada trabalhador, aparece como organismo poderoso. Na maquinaria, o trabalho objetivado se contrapõe ao trabalho vivo no próprio processo do trabalho como o poder que o governa, poder que, de acordo com sua forma, o capital é como apropriação do trabalho vivo. A assimilação do processo do trabalho como simples momento do processo de valorização também é posta quanto ao aspecto material pela transformação do meio de trabalho em maquinaria e do trabalho vivo em mero assessório dessa maquinaria.[250]

Assim que o trabalho assalariado, seja qual for a forma por ele assumida, representa não mais que um meio para o processo de valorização e de produção do mais-valor, extraindo trabalho não pago dos trabalhadores e fixando-o em mercadorias que, mais tarde, exercerão seu papel reprodutivo na totalidade da produção social, conforme se verá adiante no processo de acumulação e de reprodução do capital.

2.5. A reprodução do capital

O processo de produção, seja qual for a forma ou o modo por ele assumido, tem de ser contínuo, percorrendo incessantemente os mesmos estágios e reproduzindo as suas próprias condições de produção ao mesmo tempo em que as produz. Sendo assim, o processo de produção capitalista, obviamente, engendra sua reprodução segundo a forma do capital.[251] Isto é, "na medida em que se realiza a acumulação, o capitalista consegue vender a mercadoria produzida e reconverter em capital o dinheiro com ela obtido"[252]. Nesse sentido, incide a conhecida a premissa althusseriana

[250] Idem, ibidem.

[251] "As condições da produção são, ao mesmo tempo, as condições de reprodução. Nenhuma sociedade pode produzir continuamente, isto é, reproduzir, sem reconverter continuamente uma parte de seus produtos em meios de produção ou elementos da nova produção." In: MARX, Karl. **O capital:** crítica da economia política: livro I: o processo de produção do capital. São Paulo: Boitempo, 2017, p. 641.

[252] MARX, Karl. **O capital:** crítica da economia política: livro I: o processo de produção do capital. São Paulo: Boitempo, 2017, p. 640.

segundo a qual "para existir, toda formação social, ao mesmo tempo que produz, e para poder produzir, tem que reproduzir as condições de sua produção. Portanto, tem que reproduzir: 1) as forças produtivas; 2) as relações de produção existentes."[253]

Quanto à reprodução das condições materiais da produção, isto é, a reprodução dos meios de produção, esta pesquisa limitar-se-á a remeter o leitor aos volumes II e III de *O capital*, na medida em que é naqueles volumes de sua obra que Marx apresenta, em caráter de definitividade, a cadeia global e a dinâmica das relações sociais decorrentes da circulação de capital entre o setor I (produção de meios de produção), o setor II (produção de bens de consumo) e a realização do mais-valor. O aprofundamento da pesquisa nesse ponto implicaria em um desvio sem retorno da questão central ora discutida (e em um calhamaço extraordinário sem maior serventia à reflexão proposta). Por ora, fique o leitor com a conclusão no sentido de que "a produção só se torna possível se for assegurada a reprodução das condições materiais da produção."[254]

A questão sob foco, entretanto, impõe a discussão e a observação mais cuidadosa sobre a reprodução das forças produtivas, isto é, no que compõe o objeto ora sob análise, a reprodução, na sociedade capitalista, da força de trabalho e do valor. Aliás, mais do que a mera reprodução da força de trabalho, importa investigar exatamente a perpetuação do trabalhador assalariado em sua condição de trabalhador assalariado, mero vendedor de força de trabalho, como pressuposto fundamental da produção capitalista.

Viu-se, nessa toada, que é o trabalho assalariado a forma produtiva capaz de realizar o mais-valor enquanto converte uma parte do produto produzido em dinheiro destinado a atender às necessidades mínimas, histórica e biologicamente afetadas à autoconservação e à reprodução da classe trabalhadora.[255] É nesse aspecto que o trabalho assalariado revela todo o seu

[253] ALTHUSSER, Louis. Ideologia e aparelhos ideológicos de Estado: notas para uma investigação. In: ŽIŽEK, Slavoj (Org.). **Um mapa da ideologia.** Rio de Janeiro: Contraponto, 1996, p. 105.

[254] Idem, p. 106.

[255] "Lembremos que essa quantidade de valor (o salário) necessária à reprodução da força de trabalho não é determinada apenas pelas necessidades de um 'biológico' salário mínimo garantido [*salaire minimum interprofessionel garanti*], mas pelas necessidades de um mínimo histórico (Marx observou que os trabalhadores ingleses precisam de cerveja, enquanto os proletários franceses precisam de vinho) – isto é, historicamente variável." In: ALTHUSSER,

caráter aprisionador, na medida em que, assegurando um relativo bem-estar do operário, produtor de mercadorias, assegura também a reprodução da força de trabalho sob a forma capitalista. A esse respeito, desde o início desta pesquisa destacou-se que a sociabilidade capitalista pressupõe, objetivamente, a transformação contínua da riqueza material em capital, no compasso de um processo de valorização que opõe o possuidor de meios de produção e dinheiro ao possuidor da força de trabalho, substância criadora de valor. Como qualquer metabolismo, a sociedade capitalista repete incessantemente sua atividade produtiva, reproduzindo-se e perpetuando-se por autorreferência, alienando o operário da riqueza por ele criada em favor da apropriação do valor produzido pelo capitalista, para sua própria fruição.[256]

Vale dizer, é essa perspectiva de incessante reprodução pela própria produção que confere à forma-salário *status* de fortaleza intransponível, intocável e inabalável: o valor criado pelo obreiro se objetiva em uma mercadoria que não lhe pertence, resultado de um processo de produção em que o trabalhador toma parte tendo por contrapartida um valor de troca recebido pelo consumo de outra mercadoria por ele fornecida e consumida pelo capitalista, a força de trabalho. Assim que, no circuito interminável da acumulação capitalista, o processo de produção é, simultaneamente, o processo de consumo da força de trabalho "existente na mera corporeidade do trabalhador"[257], cujo resultado produz uma determinada mercadoria e, no mesmo ato, produz o trabalhador como assalariado, prendendo-o, pelos fios invisíveis do contrato[258], a um perverso mecanismo reprodutivo da exploração. Althusser resumiu o papel da forma-salário na reprodução capitalista nos seguintes termos:

Louis. Ideologia e aparelhos ideológicos de Estado: notas para uma investigação. In: ŽIŽEK, Slavoj (Org.). **Um mapa da ideologia.** Rio de Janeiro: Contraponto, 1996, p. 107.

[256] Obviamente que esta apropriação contempla a perspectiva da acumulação ampliada, da divisão entre capital e renda e dos juros do dinheiro, que não serão aprofundados por razões evidentes

[257] MARX, Karl. **O capital:** crítica da economia política: livro I: o processo de produção do capital. São Paulo: Boitempo, 2017, p. 646.

[258] "O escravo romano estava preso por grilhões a seu proprietário; o assalariado o está por fios invisíveis. Sua aparência de independência é mantida pela mudança constante de patrões individuais e pela '*fictio juris*' do contrato." In: MARX, Karl. **O capital:** crítica da economia política: livro I: o processo de produção do capital. São Paulo: Boitempo, 2017, p. 648.

> Como se assegura a reprodução da força de trabalho? Ela é assegurada em se fornecendo à força de trabalho os meios materiais para sua reprodução: através dos salários. Os salários aparecem na contabilidade de cada empresa, mas como 'capital aplicado em mão-de-obra", e não como uma condição da reprodução material da força de trabalho. Entretanto, é exatamente assim que ele 'funciona', pois os salários representam apenas a parcela do valor produzido pelo dispêndio da força de trabalho, indispensável à sua reprodução: ou seja, indispensável à recomposição da força de trabalho do assalariado (os meios para pagar a moradia, a alimentação e o vestuário, em suma, para permitir que o assalariado torne a se apresentar no portão da fábrica no dia seguinte – e em todos os outros dias que Deus lhe conceder); convém acrescentar: indispensável para criar e educar os filhos em quem o proletário se reproduz (em x exemplares em que $x = 0, 1, 2$, etc.) como força de trabalho.[259]

Toda a questão se torna ainda mais interessante com a retirada das máscaras que ocultam as transações reprodutivas da força de trabalho – normalmente classificadas, inclusive por Marx, como *consumo individual* do operário.[260] Viu-se, nesse sentido, que a compra da força de trabalho inicia uma relação de oposição entre capitalista e operário, vigente por um prazo determinado, ao fim do qual o trabalhador é pago. O pagamento em favor do operário ocorre após, portanto, "sua força de trabalho ter atuado e realizado tanto seu próprio valor como o mais-valor em mercadorias."[261] Evidencia-se, segundo tal análise, que o operário é responsável pela produção do seu próprio pagamento posterior, reconvertido em dinheiro. O operário, vendedor de força de trabalho, aparece como o produtor do

[259] ALTHUSSER, Louis. Ideologia e aparelhos ideológicos de Estado: notas para uma investigação. In: ŽIŽEK, Slavoj (Org.). **Um mapa da ideologia.** Rio de Janeiro: Contraponto, 1996, p. 107.

[260] "O consumo do trabalhador tem uma dupla natureza. Na própria produção, ele consome, por meio de seu trabalho, meios de produção, transformando-os em produtos de valor maior que o do capital adiantado. Esse é seu consumo produtivo. Ao mesmo tempo ele é consumo de sua força de trabalho pelo capitalista que a comprou. Por outro lado, o trabalhador gasta em meios de subsistência o dinheiro pago na compra da força de trabalho: esse é seu consumo individual. O consumo produtivo e o consumo individual do trabalhador diferem, portanto, inteiramente." In: MARX, Karl. **O capital:** crítica da economia política: livro I: o processo de produção do capital. São Paulo: Boitempo, 2017, p. 646.

[261] MARX, Karl. **O capital:** crítica da economia política: livro I: o processo de produção do capital. São Paulo: Boitempo, 2017, p. 642.

capital variável sob a forma de mercadorias que, trocadas por dinheiro, retornam, parcialmente, às mãos do operário sob a forma de salário, de modo que "o que reflui continuamente para o trabalhador na forma-salário é uma parte do produto continuamente reproduzido por ele mesmo."[262] O salário materializa-se, assim, como um título monetário equivalente a parte da mercadoria produzida pela própria classe trabalhadora, cuja totalidade é gerida, administrada e apropriada pela classe capitalista. O capitalista cede estes títulos monetários ao operário, sob a forma de dinheiro, tão somente para que o operário vá ao mercado transacionar estes mesmos títulos, devolvendo-os à classe capitalista, em troca de mercadorias que viabilizem sua autoconservação e sua reprodução.[263]

> Assim – explica Bruno Maffi – se desvanece a última aparência de uma troca na esfera da circulação entre possuidores de mercadorias livres e iguais: na relação capitalista, no mercado, o operário adquire, para viver, meios de subsistência que, contudo, são produtos *seus*; no processo de trabalho exerce a sua atividade para fins que não são seus, sobre condições objetivas de trabalho que são por sua vez seus produtos; no final do ciclo, será obrigado a readquirir os primeiros e a reutilizar os segundos; criador de tudo, não possui nada; é possuído, pelo contrário, pela obra das suas próprias mãos.[264]

Observe-se que os mecanismos acionados pela acumulação capitalista reproduzem continuamente a relação de exploração capitalista, aumentando, junto com o incremento do capital, a massa de trabalhadores assalariados "que convertem sua força de trabalho em crescente força de valorização do capital crescente e, justamente por isso, tem de perpetuar sua relação de dependência para com seu próprio produto, personificado no capitalista."[265] O fato é que as condições reais da acumulação capitalista

[262] Idem, ibidem.

[263] "O capital que foi alienado em troca da força de trabalho é convertido em meios de subsistência, cujo consumo serve para reproduzir os músculos, os nervos, os ossos, o cérebro dos trabalhadores existentes e para produzir novos trabalhadores. [...] O consumo individual do trabalhador continua a ser, assim, um momento da produção e reprodução do capital." In: MARX, Karl. **O capital:** crítica da economia política: livro I: o processo de produção do capital. São Paulo: Boitempo, 2017, p. 647.

[264] MAFFI, Bruno. **Prefácio à edição brasileira.** In: MARX, Karl. **Capítulo VI inédito de O capital**: resultados do processo de produção imediata. São Paulo: Centauro, 2004, p. 31.

[265] MARX, Karl. **O capital:** crítica da economia política: livro I: o processo de produção do capital. São Paulo: Boitempo, 2017, p. 692.

variam em escala global, ora mais, ora menos favoráveis aos trabalhadores por diversos fatores políticos e econômicos, contudo, o que se percebe é que, a despeito de as lutas operárias imporem determinados limites à relação de subordinação dos trabalhadores aos capitalistas, essa relação de dependência reproduz-se continuamente, não tendo se esgotado, tanto menos, tendo apenas se tornado, em algum grau, mais tolerável.

> [...] assim como a melhoria de vestuário, alimentação, tratamento e um pecúlio maior não suprimem a relação de dependência e a exploração do escravo – diz Marx –, tampouco suprimem as do assalariado. O aumento do preço do trabalho, que decorre da acumulação do capital, significa apenas que, na realidade, o tamanho e o peso dos grilhões de ouro que o trabalhador forjou para si mesmo permitem torna-los menos constringentes.[266]

Grilhões de ouro ainda são grilhões. E, independentemente do preço atribuído à força de trabalho no processo de produção capitalista e percebido pelo trabalhador na forma de salário, a objetividade da sociabilidade capitalista continua, rigorosamente, adstrita ao processo de valorização, incrementando o capital pela apropriação de mais-trabalho em favor do possuidor de dinheiro, de forma que a força de trabalho, sob o jugo do capital, só se faz vendável enquanto for portadora de capital adicional não pago apropriado pelo capitalista. "A produção de mais-valor, ou criação de excedente", diz Marx, "é a lei absoluta desse modo de produção"[267], e tal lei não é alterada pelo incremento do salário, senão que é perpetuada por ele.

> O salário, como vimos, condiciona sempre, por sua natureza, o fornecimento de determinada quantidade de trabalho não pago por parte do trabalhador – conclui Marx. Abstraindo totalmente da elevação do salário, acompanhada de uma baixa do preço do trabalho, etc. o aumento dos salários denota, no melhor dos casos, apenas a diminuição quantitativa do trabalho não pago que o trabalhador tem de executar. Tal diminuição jamais pode alcançar o ponto em que ameace o próprio sistema.[268]

[266] MARX, Karl. **O capital:** crítica da economia política: livro I: o processo de produção do capital. São Paulo: Boitempo, 2017, p. 695.

[267] Idem, ibidem.

[268] Idem, p. 696. No âmbito da *teoria da crise*, Marx aprofunda a digressão sobre o trabalho assalariado enquanto cerne da reprodução do capital ao descartar a crise como reflexo do subconsumo proletário, veja-se: "É pura tautologia dizer que as crises surgem da falta de um

Desta forma, pesa sobre a classe operária a expressão da relação entre capital, acumulação e forma-salário, isto é, "a relação entre o trabalho não pago, transformado em capital, e o trabalho adicional, requerido para pôr em movimento o capital adicional."[269] Nada obstante a obviedade desta afirmação, o que se verifica na luta cotidiana da classe operária é uma fixação fetichista à forma-salário, a despeito do conhecimento de que o "aumento do preço do trabalho é confinado, portanto, dentro dos limites que não só deixam intactos os fundamentos do sistema capitalista, mas asseguram sua reprodução em escala cada vez maior."[270] Vale dizer, tal percepção já rondava o pensamento marxiano ainda em 1865 e, ao menos no ocidente, em (quase) nada foi alterada até a data em que se desenvolve esta pesquisa, o que inclusive admitiria a reprodução, na íntegra, do relatório lido por Marx nas reuniões de junho daquele ano no Conselho Geral da Primeira Internacional[271], do qual destaca-se o seguinte trecho:

> [...] completamente à parte da servidão geral envolvida no sistema de salários, a classe operária não deverá exagerar para si própria a eficácia última (*the ultimate working*) destas lutas de todos os dias. Não deverá esquecer que luta com efeitos, mas não com as causas desses efeitos; que retarda o movimento descendente, mas não muda a sua direção, que aplica paliativos, mas não cura a doença. Por conseguinte, não deverá estar exclusivamente absorvida nestas

consumo solvente, ou da carência de consumidores solventes. [...] Que as mercadorias sejam invendáveis significa apenas que não foram encontrados compradores solventes para elas e, portanto, consumidores (já que, em última instância, as mercadorias são compradas para o consumo produtivo ou individual). Mas caso se queira dar a essa tautologia a aparência de uma fundamentação profunda, dizendo que a classe trabalhadora recebe uma parte demasiadamente pequena de seu próprio produto, de modo que o mal seria remediado tão logo ela recebesse uma fração maior de tal produto e, por conseguinte, seu salário aumentasse nessa proporção, bastará observar que as crises são sempre preparadas num período em que o salário sobe de maneira geral e a classe trabalhadora obtém *realiter* [realmente] uma participação maior na parcela do produto anual destinada ao consumo. [...] Parece, pois, que a produção capitalista implica condições independentes da boa ou má vontade, condições que somente de forma momentânea permitem essa prosperidade relativa da classe trabalhadora e, mesmo assim, somente como prenúncio de uma crise. In: MARX, Karl. **O capital:** crítica da economia política: livro II: o processo de circulação do capital. São Paulo: Boitempo, 2014, p. 514-515.

[269] Idem, p. 697.

[270] Idem, ibidem.

[271] Publicado posteriormente sob o título *Salário, preço e lucro* e já referenciado outras vezes nestas páginas.

inevitáveis lutas de guerrilha que incessantemente derivam das investidas sem fim do capital ou das mudanças do mercado. Deverá compreender que, juntamente com todas as misérias que lhe impõe, o sistema presente produz simultaneamente as condições materiais e as formas sociais necessárias para uma reconstrução econômica da sociedade. Em vez do *motto* conservador 'Um salário diário justo para um trabalho diário justo'! deverá inscrever na sua bandeira a palavra de ordem revolucionária 'Abolição do sistema de salários'![272]

Por que, então, a classe operária submete-se à lei geral da acumulação, restringindo sua luta às balizas da forma-salário? A resposta a esta questão está exatamente na *forma* como a sociedade capitalista oculta suas contradições, apresentando-as mistificadas em uma suposta lei natural, bloqueando, assim, qualquer ameaça à reprodução, sempre ampliada, das relações de produção capitalistas. É assim que a sociedade capitalista concebe a si própria como um todo social[273], uma totalidade articulada em níveis determinantes entre si.[274] Nesse compasso, a edificação da sociedade burguesa reproduz-se segundo a determinação de uma infraestrutura predominante, habitualmente representada por uma base econômica cujo cerne é exatamente a lei do valor, capaz de influenciar, e mesmo condicionar, todos os níveis e instâncias da superestrutura. Mais ainda, ao inscrever em todos os níveis dessa estrutura os conceitos essenciais da lei do valor como

272 MARX, Karl. **Salário, preço e lucro.** São Paulo: Centauro, 2002, p. 55.

273 ALTHUSSER, Louis. Ideologia e aparelhos ideológicos de Estado: notas para uma investigação. In: ŽIŽEK, Slavoj (Org.). **Um mapa da ideologia.** Rio de Janeiro: Contraponto, 1996.

274 "A referida reprodução ampliada do sistema mercantil, base da acumulação da riqueza, só pode ser explicada se se atentar para o nível da produção em conjugação com o processo da circulação financeira. No plano subjacente da produção das mercadorias, mascarado pelas normas de igualdade formal, ocorre a verdadeira operação material e desigualada do sistema que consiste na exploração da força de trabalho, extração e acumulação da mais-valia pelo capital. Não se pode realizar a mais-valia no âmbito da circulação das mercadorias, sem antes extraí-la no âmbito de sua produção. A desigualdade na produção é essencialmente complementada pela igualdade na circulação, não podendo essas formas existir isoladamente e, sim, dentro de uma reciprocidade dialética e orgânica. O direito expressa ambas as formas: a da igualdade (formal) e a da desigualdade (material), numa relação dialética de unidade na diversidade; de norma e estrutura; dever-ser e ser." In: ALVES, Alaor Caffé. Determinação social e vontade jurídica. In: KASHIURA Jr., Celso Naoto. AKAMINE Jr., Oswaldo. MELO, Tarso de. (Orgs.) **Para a crítica do direito:** reflexões sobre teorias e práticas jurídicas. São Paulo: Outras Expressões: Editorial Dobra, 2015, p. 19.

imutáveis e naturais, o metabolismo social burguês garante não apenas a reprodução física das forças produtivas do capital, mas também a submissão destas forças produtivas às regras da Ordem estabelecida.

> Capitalismo e Estado – segundo Alysson Leandro Mascaro – se relacionam no nível das formas e estruturas, não no nível da eventual contingência da captura do poder pela classe burguesa. O Estado é capitalista não por causa das variadas classes que disputam ou possuem diretamente seu domínio. Também os Estados cujos governos são dominados por membros ou movimentos das classes trabalhadoras são necessariamente capitalistas. Havendo a necessidade de intermediar continuamente a relação de exploração da força de trabalho, por modo assalariado, regulando-a, bem como aos processos contínuos de valorização do capital, o Estado mantém a dinâmica capitalista ainda quando seus dirigentes declaram oposição às classes burguesas. A forma estatal faz com que as ações políticas sejam necessariamente configuradas com base na fôrma da reprodução contínua do valor. As experiências de muitos países socialistas, no século XX, reputando-se socialistas porque simplesmente tiveram o poder estatal nas mãos de grupos de trabalhadores, ao se movimentarem politicamente por uma forma estatal, mantendo a dinâmica de reprodução do capital, foram, então, não socialistas, mas sim espécies de capitalismo de Estado.[275]

[275] MASCARO, Alysson Leandro. **Estado e forma política.** São Paulo: Boitempo, 2013, p. 46. A obra de Alysson Mascaro é amplamente atravessada por enunciados semelhantes, veja-se: "O capitalismo não tem um núcleo de inteligibilidade funcional ou lógico que possa presumir um sujeito coletivo dirigente talhando a ereção das formas sociais. Tanto entre si as formas sociais não têm uma intersecção perfeita e estável quanto também não são elementos controláveis e visíveis aos olhos das classes, grupos e indivíduos. As formas sociais se dão às costas dos indivíduos. A coerção que elas exercem nas relações sociais não se dá por conta de sua anunciação, de sua declaração ou de sua aceitação, mas sim mediante mecanismos fetichizados que são basilares e configuram as próprias interações. O valor, o capital, a mercadoria, o poder político e a subjetividade jurídica se apresentam como mundo já dado aos indivíduos, grupos e classes, e suas formas não são dependentes da vontade ou da total consciência dos indivíduos." MASCARO, Alysson Leandro. **Estado e forma política.** São Paulo: Boitempo, 2013, p. 24. Em um mesmo sentido, Mário Duayer e Paulo Henrique F. de Araujo: "A produção social que subsume os indivíduos existe fora deles como destino. [...] Essa forma de dominação social no capitalismo, ou seja, que os indivíduos estão subordinados à produção ou, o que dá na mesma, são dominados pelo trabalho social, permite concluir que não há como compreender a dominação social no capitalismo como dominação e controle dos muitos e do seu trabalho por poucos. Vale dizer, não é possível explicar a dominação social no capitalismo com base na categoria exploração." In: DUAYER, Mário. ARAUJO, Paulo Henrique

A relação social que impulsiona a acumulação capitalista e a reprodução das relações de produção, ao que parece, não ocorre diretamente entre os sujeitos das lutas de classes, mas tem sua fundamentalidade na mediação que a já citada estrutura objetiva do metabolismo social capitalista promove entre tais sujeitos. A relação real ocorre entre sujeito e estrutura, cumprindo aos indivíduos a mera condição de suportes a funções determinadas, tal e qual as mercadorias desempenham a condição de suportes do seu próprio valor de troca[276], e, desta forma, com a estrutura agindo como Ordem simbólica de interpelação, dominação e controle, nubla-se o esclarecimento da Ordem capitalista enquanto produto das relações materiais de produção.

F. **Desventuras do marxismo tradicional.** *In:* Outubro: revista de estudos socialistas, n. 34, 2020, p. 80.

[276] "Por isso, Marx se preocupa numerosas vezes, n'*O Capital*, em precisar a ideia de que se deve considerar os indivíduos como *suportes* (*Träger*) de *funções*, funções que estão, por sua vez, determinadas e fixadas pelas relações de luta de classes (econômicas, políticas e ideológicas) que movem toda a estrutura social, inclusive quando esta nada mais faz senão reproduzir-se." In: Althusser, Louis. **Freud e Lacan. Marx e Freud:** introdução crítica-histórica. Rio de Janeiro: Edições Graal, 1985, p. 87.

3
O MARXISMO E A IDEOLOGIA JURÍDICA

Era uma vez um homem e o seu tempo
Botas de sangue nas roupas de Lorca
Olho de frente a cara do presente e sei
Que vou ouvir a mesma história porca
Não há motivo para festa: Ora esta!
Eu não sei rir à toa!
BELCHIOR

3.1. A forma jurídica da mercadoria

A crítica marxista do direito, em especial aquela promovida por Evguiéni Pachukanis, caracteriza-se por sua capacidade de conferir à forma jurídica uma perspectiva objetiva e umbilicalmente ligada à relação emergente entre o jurídico como forma e o modo de produção capitalista como relação social, para além da simples contradição decorrente dos interesses das classes em luta. Em perfeita sintonia com o método adotado por Marx em *O capital*, Pachukanis investigou as "razões por que uma certa relação social adquire, sob determinadas condições – e não outras –, precisamente uma *forma* jurídica"[277]. Em alguma medida, o jurista soviético afastou-se da análise simplista do conteúdo material do direito de cada época histórica em nome de uma investigação materialista do próprio ordenamento

[277] NAVES, Márcio Bilharinho. **Marxismo e direito:** um estudo sobre Pachukanis. São Paulo: Boitempo, 2008, p. 20.

jurídico como expressão histórica determinada.[278] Assim que Pachukanis, estabelecendo o ponto nevrálgico da sua crítica na relação existente entre o fenômeno jurídico e a circulação de mercadorias como realização do processo de valorização do valor, encontra na dialética da sobredeterminação a condição da própria existência da forma jurídica enquanto "princípio da troca de equivalentes, especificamente no caso do trabalho humano"[279].

Para Pachukanis, enquanto a totalidade demandar a relação de compra e venda de força de trabalho segundo o princípio que rege a troca entre mercadorias equivalentes, conservar-se-á a forma jurídica.[280] É a leitura pachukaniana que desvenda as formas sociais existentes por trás de abstrações comuns à teoria jurídica burguesa (notadamente a *relação jurídica* e o *sujeito de direitos*), descobrindo as circunstâncias concretas e históricas que condicionam o direito a uma determinada forma a ele intrínseca e insuperável enquanto a humanidade ainda for governada pela lei do valor. A mudança de terreno promovida por Pachukanis é, aqui, diretamente relacionada à ruptura proposta por Marx em sua obra de maturidade.

> A crítica à jurisprudência burguesa, do ponto de vista do socialismo científico – ensina Pachukanis –, deve tomar como modelo a crítica à economia política burguesa, como fez Marx. Para isso, ela deve, antes de tudo, adentrar no território do inimigo, ou seja, não deve deixar de lado as generalizações e as abstrações que foram trabalhadas pelos juristas burgueses e que se originam de uma necessidade de sua própria época e de sua própria classe, mas, ao expor a análise dessas categorias abstratas, revelar seu verdadeiro significado – em outras palavras, demonstrar as condições históricas da forma jurídica.[281]

[278] "[...] não resta dúvida de que a teoria marxista deve não apenas examinar o conteúdo material da regulamentação jurídica nas diferentes épocas, mas também oferecer uma interpretação materialista da própria regulamentação jurídica como uma forma histórica determinada." In: Pachukanis, Evguiéni B. **Teoria geral do direito e marxismo.** São Paulo: Boitempo, 2017, p. 72.

[279] Assis Ferreira, Adriano de. **Questão de classes:** Direito, Estado e capitalismo em Menger, Stutchka e Pachukanis. São Paulo: Alfa-Omega, 2009, p. 26.

[280] "Uma sociedade que, devido às condições de suas forças produtivas, é *forçada* a conservar a relação de equivalência entre o trabalho gasto e a remuneração, que ainda remotamente lembra a troca entre valores e mercadorisa, *será forçada* a conservar também a forma do direito." In: Pachukanis, Evguiéni B. **Teoria geral do direito e marxismo.** São Paulo: Boitempo, 2017, p. 80.

[281] Pachukanis, Evguiéni B. **Teoria geral do direito e marxismo.** São Paulo: Boitempo, 2017, p. 80.

Pachukanis, assim como Marx, levanta-se contra uma suposta "imortalidade sacra" da forma jurídica, uma "natureza humana" vocacionada para a liberdade e a igualdade do homem em um vórtice que o coisifica sob a determinação da venda (ainda que parcial) do seu próprio corpo no mercado de trabalho. É a crítica marxista da abstração *forma jurídica* que aponta no modo de produção capitalista a "determinação real do portador abstrato de direitos e deveres."[282] Assim, ao afirmar que o desenvolvimento dialético dos conceitos jurídicos fundamentais reflete o processo de desenvolvimento histórico real da sociedade burguesa,[283] Pachukanis, remetendo a um processo de derivação entre as formas sociais e a historicidade da totalidade social do capital, aponta para um horizonte em que o direito não mais subsistirá como forma vigente, refutando, inclusive, qualquer possibilidade de uma linguagem jurídica operária que carregue consigo uma via expressa para a emancipação da classe trabalhadora.[284] Para o marxismo pachukaniano não há como a forma jurídica, representação formal do processo de realização do valor, sobreviver fora das contradições fundamentais à produção capitalista. Em rigor, no sistema pachukaniano um hipotético "sujeito operário de direito" é tão tautológico quanto um "mais-valor operário".

> A extinção das categorias (precisamente das categorias, não de uma ou outra prescrição) do direito burguês de modo nenhum significa a substituição por novas categorias do direito proletário, assim como a extinção das categorias de valor, capital, lucro etc., na passagem para o socialismo desenvolvido – raciocina Pachukanis –, não vai significar o surgimento de novas categorias proletárias de valor, capital, renda etc. A extinção das categorias do direito burguês nessas condições significará a extinção do direito em geral, ou seja, o desaparecimento gradual do momento jurídico nas relações humanas.[285]

[282] KASHIURA JR. Celso Naoto. **Sujeito do Direito e capitalismo.** São Paulo: Outras Expressões; Dobra Universitário, 2014, p. 159.

[283] Idem.

[284] Ver STUCKA, Petr. Ivanonich. **Direito e luta de classes:** teoria geral do direito. São Paulo: Ed. Acadêmica, 1988. A extensão da cisão entre Pachukanis e Stuctchka é perceptível e apreensível principalmente a partir do prefácio à segunda edição de *Teoria geral do direito e marxismo*, escrito por Pachukanis em meados da década de 1920.

[285] KASHIURA JR. Celso Naoto. **Sujeito do Direito e capitalismo.** São Paulo: Outras Expressões; Dobra Universitário, 2014, p. 77-78.

O período de transição em que o direito, tal qual o Estado, mesmo que gradualmente definhando até sua completa extinção, ainda carrega "as marcas econômicas, morais e espirituais herdadas da velha sociedade de cujo ventre ela saiu"[286], é adequadamente descrito por Marx nas suas glosas marginais ao Programa de Gotha. Em seus comentários ao citado programa partidário Marx acentua que, mesmo na sociedade comunista (no primeiro estágio da sociedade comunista, popularmente denominado como *socialismo*) o produtor individual ainda receberá de volta da sociedade um equivalente da quantidade individual de trabalho oferecido por ele, menos um montante apropriado em favor da própria sociedade. O trabalhador poderá, assim, retirar dos estoques sociais de meios de consumo uma quantidade equivalente à jornada social de trabalho que ele fornece. Imperará, naquele estágio, pois, o mesmo princípio que regula a troca de mercadorias sob a forma da troca de equivalentes, mesmo que sob novas condições de apropriação.[287] Naturalmente, na estrutura lógico-formal do direito exposta pelo sistema pachukaniano, remanescendo a forma-mercadoria e, em alguma medida, a lei do valor, remanesce também a forma jurídica e seu discurso tipicamente burguês, já que "o direito nunca pode ultrapassar a forma econômica e o desenvolvimento cultural, por ela condicionado, da sociedade."[288] Em Marx, vale salientar, a superação da forma

[286] MARX, Karl. **Crítica do Programa de Gotha.** São Paulo: Boitempo, 2012, p. 29.

[287] "[...] o produtor individual – feitas as devidas deduções – recebe de volta da sociedade exatamente aquilo que lhe deu. O que ele lhe deu foi sua quantidade individual de trabalho. Por exemplo, a jornada social de trabalho consiste na soma das horas individuais de trabalho. O tempo individual de trabalho do produtor individual é a parte da jornada social de trabalho que ele fornece, é sua participação nessa jornada. Ele recebe da sociedade um ccertificado de que forneceu um tanto de trabalho (depois da dedução de seu trabalho para os fundos coletivos) e, com esse certificado, pode retirar dos estoques sociais de meios de consumo uma quantidade equivalente a seu trabalho. A mesma quantidade de trabalho que ele deu à sociedade em uma forma, agora ele a obtém de volta em outra forma. Aqui impera, é evidente, o mesmo princípio que regula a troca de mercadorias, na medida em que esta é troca de equivalentes. Conteúdo e forma são alterados, porque, sob as novas condições, ninguém pode dar nada além de seu trabalho e, por outro lado, nada pode ser apropriado pelos indivíduos fora dos meios individuais de consumo. No entanto, no que diz respeito à distribuição desses meios entre os produtores individuais, vale o mesmo princípio que rege a troca entre mercadorias equivalentes, segundo o qual uma quantidade igual de trabalho em uma forma é trocada por uma quantidade igual de trabalho em outra forma." In: MARX, Karl. **Crítica do Programa de Gotha.** São Paulo: Boitempo, 2012, p. 29-30.

[288] MARX, Karl. **Crítica do Programa de Gotha.** São Paulo: Boitempo, 2012, p. 31.

jurídica somente ocorrerá na etapa superior da sociedade comunista, após a extinção do trabalho abstrato, da lei do valor, do Estado, da divisão do trabalho e da oposição entre trabalho intelectual e manual, e, enfim, da própria circulação mercantil burguesa.

> Segundo contextualiza Marx – Quando tiver sido eliminada a subordinação escravizadora dos indivíduos à divisão do trabalho e, com ela, a oposição entre trabalho intelectual e manual; quando o trabalhador tiver deixado de ser mero meio de vida e tiver se tornado a primeira necessidade vital; quando, juntamente com o desenvolvimento multifacetado dos indivíduos, suas forças produtivas também tiverem crescido e todas as fontes da riqueza coletiva jorrarem em abundância, apenas então o estreito horizonte jurídico burguês poderá ser plenamente superado e a sociedade poderá escrever em sua bandeira: 'De cada um segundo suas capacidades, a cada um segundo suas necessidades!"[289]

Por sua vez, Lenin aponta para semelhante conclusão ao versar sobre a subsistência do direito em um Estado burguês, mesmo que tal Estado não conte com a própria burguesia. A base fundamental do Estado burguês sem burguesia (o semi-Estado leninista) e da sua regulação por princípios do discurso jurídico burguês está, justamente, na existência de vestígios do antigo modo de produção em uma sociedade recém-saída do capitalismo e, portanto, ainda marcada por algumas de suas contradições fundamentais.

> Em sua primeira fase, em seu primeiro estágio, o comunismo não pode estar ainda em plena maturação econômica, completamente libertado das tradições ou dos vestígios do capitalismo – diz Lenin. Daí, esse fato interessante de se continuar prisioneiro do 'estreito horizonte jurídico burguês' – sob o comunismo em sua primeira fase. O direito burguês, no que concerne à repartição dos bens de *consumo*, pressupõe, evidentemente, um *Estado burguês*, pois o direito não é nada sem um aparelho capaz de *impor* a observação de suas normas. Acontece que não só o direito burguês subsiste no comunismo durante certo tempo, mas também o Estado burguês – sem a burguesia! Isso pode parecer um paradoxo ou um simples quebra-cabeça dialético, e essa censura é frequentemente feita ao marxismo por pessoas que nunca se deram ao trabalho de estudar, por pouco que fosse, sua substância extra-

[289] Idem, p. 31-32.

ordinariamente profunda. [...] Não foi arbitrariamente que Marx introduziu um pouco de direito 'burguês' no comunismo, ele não fez mais que constatar o que, econômica e politicamente, é inevitável em uma sociedade saída *do ventre* do capitalismo.[290]

Nessa perspectiva é que o paralelo entre a crítica à economia política promovida por Marx e a descoberta do lugar do momento jurídico no conjunto teórico pachukaniano não se apresenta como mero recurso retórico, ou, como preconizou Lenin, como uma introdução arbitrária. Pelo contrário, trata-se de uma apropriação metodológica em profundidade, utilizada por Pachukanis como chave de leitura para uma compreensão marxista do discurso jurídico burguês justamente reconstruindo-o sobre as mesmas bases empregadas por Marx para a sua investigação no campo da economia política. O discurso jurídico abstrai-se, nessa toada, como o resultado de uma relação volitiva na qual se reflete o conteúdo de uma determinada relação econômica. O discurso jurídico burguês surge, portanto, como uma forma social *derivada,* relacionada à circulação de mercadorias no mercado capitalista e sobredeterminada pelo curtume da produção. Melhor dizendo, o discurso jurídico surge como instrumento seguro de uma ordem da representação contratual de uma relação volitiva em que as pessoas se apresentam, no mercado, como representantes (possuidores) de uma determinada mercadoria posta em circulação (mesmo que tal mercadoria seja a própria pessoa e sua força de trabalho).

Pachukanis, portanto, situa o direito como necessidade econômica do capitalismo. Assim, a forma jurídica (e o discurso jurídico) surge como

[290] LÊNIN, Vladimir Ilitch. **O Estado e a revolução:** a doutrina do marxismo sobre o Estado e as tarefas do proletariado na revolução. São Paulo: Boitempo, 2017, p. 124. Contra Lenin, Kelsen aponta a existência dos mesmos "vícios" verificáveis na teoria marxiana do Estado e do direito, isto é, o emprego de conceitos autocontraditórios de natureza moral (o que, novamente, reela a inadequação da aplicação da lógica formal e dogmática de Kelsen, que repetidamente parece desconsiderar os aspectos estruturais da sociabilidade burguesa, em especial a dimensão objetiva do valor, à matriz dialética do materialismo marxista com que, evidentemente, Lenin fundamentou seu pensamento): *"A 'bourgeois state' and a 'bourgeois law; without bourgeoisie is a self-contradictory concept, for the bourgeois state is a coercive machinery, and the bourgeois law a coercive order, both for the purpose of maintaining the exploitation of the proletariat by the bourgeoisie. If there is no bourgeoisie, that is to say, no class exploiting another class, how could there be a coercive machinery or a coercive order for the purpose of maintaining exploitation?"* In: KELSEN, Hans. ***The communist theory of Law.*** New York: Frederick A. Praeger, 1955, p. 59-60.

reflexo intrinsecamente ligado "ao próprio desenvolvimento das relações econômicas que a suscita."[291] Em rigor, tal é a razão segundo a qual a forma jurídica, tal qual a economia mercantil, aparece vulgarmente como forma geral essencial à regulação das vontades humanas autônomas e assujeitadas entre si na sociedade civil atomizada dos interesses privados, sempre "conforme" uma aura natural, atemporal, insubstituível, segura e previsível.[292]

[291] ASSIS FERREIRA, Adriano de. **Questão de classes:** Direito, Estado e capitalismo em Menger, Stutchka e Pachukanis. São Paulo: Alfa-Omega, 2009, p. 104.

[292] Sobre a relevância da segurança e da previsibilidade do discurso jurídico e a sua relevância para o dualismo subjetivação-coisificação da sociedade civil hegeliana, destaque-se, em Weber, a relação entre o desenvolvimento do fenômeno jurídico e a racionalidade do Estado burguês: "O Estado moderno, de um ponto de vista sociológico, é uma 'empresa' tal como uma fábrica; é justamente o que tem de específico no âmbito histórico. E as relações de dominação na empresa também estão, nos dois casos, submetidas a condições da mesma espécie. Do mesmo modo como a relativa autonomia do artesão ou industrial domiciliar, do camponês proprietário, do comendatário, do cavaleiro e do vassalo baseava-se no fato de que eram proprietários dos instrumentos das reservas, dos meios financeiros, das armas, com o auxílio dos quais realizavam sua função econômica, política e militar, e da qual viviam enquanto a cumpriam, a dependência hierárquica do operário, do balconista, do empregado técnico, do assistente, de um instituto universitário e do funcionário do Estado e de um soldado tem o mesmo fundamento, a saber: os instrumentos, as reservas e os meios financeiros, indispensáveis tanto a empresa quanto à vida econômica, estão nas mãos do empresário, num caso, e do chefe político, no outro. [...] A empresa capitalista moderna baseia-se internamente sobretudo no cálculo. Para existir, ela precisa de uma justiça e de uma administração, cujo funcionamento também possa ser, pelo menos em princípio, calculado racionalmente segundo as regras gerais sólidas, tal como se calcula o trabalho previsível efetuado por uma máquina. Sua capacidade de tolerar [...] um julgamento ministrado pelo juiz conforme seu senso de justiça nos casos particulares ou conforme outros meios e princípios irracionais de criação jurídica [...] é tão fraca quanto a de suportar uma administração patriarcal que procede a seu bel-prazer e por misericórdia e, quanto ao resto, conforme uma tradição inviolavelmente sagrada mas irracional [...]. Pois essas formas modernas de empresa, com seu capital fixo e seus cálculos exatos, são muito sensíveis às irracionalidades do direito e da administração para que se tornem possíveis. Só poderiam surgir onde o juiz, [...] como no Estado burocrático, com suas leis racionais, fosse mais ou menos distribuidor automático de parágrafos, nos quais os documentos com os custos e os honorários fossem inseridos por cima, para que ele vomite por baixo a sentença com considerações mais ou menos sólidas, e cujo funcionamento, portanto, fosse em geral calculável." WEBER, Max. **Escritos políticos.** São Paulo: Martins Fontes, 2014, p. 140-143. Também nesse sentido, Alysson Leandro Mascaro: "O direito moderno é técnico porque se quer impessoal e sempre previsível; no fundo, o capitalismo se quer como lógica da reprodução econômica impessoal e previsível. O domínio, a exploração e a reprodução da natureza, que são a técnica moderna, são a fortuna dos nossos tempos enquanto o acaso parecia ser a fortuna dos antigos. Lá, direito era dádiva, aqui é técnica." MASCARO, Alysson Leandro. **Crítica da legalidade e do direito brasileiro.** São Paulo: Quartier Latin, 2019, p.

> A análise habitual, que consta em qualquer filosofia do direito, constrói a relação jurídica como a relação por excelência, como a relação das vontades das pessoas em geral. A reflexão parte aqui – no contexto do pensamento pachukaniano – dos 'resultados acabados do processo de desenvolvimento, das 'formas naturais da vida social', sem levar em conta suas origens históricas. Enquanto, na realidade, as premissas naturais do ato de troca, por meio do desenvolvimento da economia mercantil, tornam-se as premissas naturais, as formas naturais de qualquer relação humana, e imprimem nelas sua marca, na mente dos filósofos, ao contrário, os atos comerciais representam apenas casos particulares de uma forma geral, a qual adquiriu para eles caráter de eternidade.[293]

Assim que à forma jurídica cumpre, também, a missão de "manter as santas tradições como imperiosa necessidade que se impõe à burguesia"[294], supondo-se o caráter difuso do seu discurso como forma geral de regulação das relações sociais. Assim que, ignorando o caráter histórico das contradições do capitalismo, "é perfeitamente natural para os juristas burgueses que tal universalidade da forma jurídica derive tanto de propriedades

49. Ainda em uma mesma linha, Lukács: "[...] podemos ver claramente que a oposição entre o artesanato tradicionalmente empírico e a fábrica cientificamente racional se repete em outro domínio: a técnica de produção moderna em transformação ininterrupta confronta-se, em cada etapa particular de seu funcionamento, como sistema fixo e acabado, com cada produtor, enquanto a produção artesanal tradicional, relativamente estável de um ponto de vista objetivo, preserva na consciência de cada indivíduo que o exerce um caráter fluido, continuamente renovador e produzido pelos produtores. Isso nos permite constatar com evidência o caráter *contemplativo* da atitude capitalista do sujeito. Pois a essência do cálculo racional se baseia, em última análise, no reconhecimento e na previsão do curso inevitável a ser tomado por determinados fenômenos de acordo com as leis e independentemente do 'arbítrio individual'. O comportamento do homem esgota-se, portanto, no cálculo correto das oportunidades desse curso (cujas 'leis' ele já encontra 'prontas'), na habilidade de evitar os 'acasos' perturbadores por meio da aplicação de dispositivos de proteção e medidas defensivas (que se baseiam igualmente na consciência e na aplicação de 'leis' semelhantes); muitas vezes, chega até mesmo a se deter no cálculo das probabilidades dos possíveis efeitos de tais 'leis', sem sequer tentar intervir no próprio processo pela aplicação de outras 'leis'. [...] claramente aparece, em tal comportamento, a analogia estrutural com o comportamento do operário em relação à máquina que ele serve e observa, e cujo funcionamento ele controla enquanto a contempla." LUKÁCS, Georg. **História e consciência de classe:** estudos sobre a dialética marxista. São Paulo: Martins Fontes, 2003, p. 218-219.

293 PACHUKANIS, Evguiéni B. **Teoria geral do direito e marxismo.** São Paulo: Boitempo, 2017, p. 95-96.

294 BUKHARIN, N. **Tratado de Materialismo Histórico.** Rio de Janeiro: Laemmert, 1970, p. 75.

eternas e absolutas da natureza humana como de seu isolamento."[295] Marx, por sua vez e em um contexto muito próximo ao aqui exposto, aborda a pressuposição da universalidade da linguagem e das leis do capital, em passagem que pode resumir a base de toda a crítica marxista à igualdade, à liberdade e à democracia da república mercantil burguesa:

> Partimos dos pressupostos da economia nacional. Aceitamos sua linguagem e suas leis. Supusemos a propriedade privada, a separação de trabalho, capital e terra, igualmente do salário, lucro de capital e renda da terra, da mesma forma que a divisão do trabalho, a concorrência, o conceito de valor de troca etc. [...] A economia nacional parte do fato dado e acabado da propriedade privada. Não nos explica o mesmo. Ela percebe o processo material da propriedade privada, o qual passa, na realidade, por fórmulas gerais, abstratas, que passam a valer como leis para ela. Não concebe estas leis, isto é, não mostra como têm origem na essência da propriedade privada. A economia nacional não nos dá esclarecimento algum a respeito do fundamento da divisão entre trabalho e capital, entre capital e terra. Quando ela, por exemplo, determina a relação do salário com o lucro de capital, o que lhe vale como razão última é o interesse do capitalista; ou seja, ela supõe o que deve desenvolver.[296]

Estas alegadas formas apriorísticas, sagradas e eternas, habitualmente representadas pelo pensamento jusfilosófico burguês como fundamentalmente inerentes ora à natureza humana, ora ao espírito do homem, são frontalmente contrapostas pelo sistema pachukaniano (e pela obra marxiana de modo geral). Vale dizer, Pachukanis identifica o germe da forma jurídica na forma-mercadoria e revela a natureza indissociável das suas respectivas materialidades na medida em que o esquema burguês da vontade autônoma do sujeito-indivíduo (ou mesmo do sujeito-coletivo) encontra sua finalidade exatamente no ponto em que tal autonomia implica na liberdade para contratar e dispor de si mesmo. A autonomia da vontade burguesa, protegida que é pelo discurso jurídico da subjetivação de direitos, apresenta-se como fundamento da socialização do trabalho individual por intermédio de um equivalente universal.[297]

[295] Pachukanis, Evguiéni B. **Teoria geral do direito e marxismo.** São Paulo: Boitempo, 2017, p. 95.

[296] Marx, Karl. **Manuscritos econômico-filosóficos.** São Paulo: Boitempo, 2010, p. 79.

[297] "[...] o princípio da subjetividade jurídica e os alicerces de sua esquemática, que para a jurisprudência burguesa representa o esquema da vontade humana *a priori*, decorre com

Tal qual a mercadoria circula no mercado capitalista segundo um equivalente-geral fantasmagoricamente objetivo (para empregar o jargão marxiano, uma "massa amorfa de trabalho humano indiferenciado"[298]) capaz de mensurar quantitativamente os produtos postos em circulação entre si próprios, alçando os valores de uso a meros suportes do valor de troca corporificados em cristais de trabalho abstrato, a forma jurídica, expressa no discurso jurídico, é a linguagem que habilita o reconhecimento recíproco entre os guardiões das referidas mercadorias como portadores abstratos de um estatuto jurídico comum, igual e equivalente, capaz de objetivar a forma – o contrato – em que se executa a troca, na circulação mercantil, dos valores produzidos no processo de produção capitalista.[299] Destarte, a liberdade para contratar só existiria na esfera de influência dos funda-

absoluta inevitabilidade das condições da economia mercantil-monetária. A compreensão estritamente empírica e técnica da ligação entre esses dois momentos é expressa na reflexão de que o desenvolvimento da mercadoria demanda a garantia de propriedade, de bons tribunais, de boa polícia etc. Contudo, quanto mais profundamente se examina a coisa, mais fica claro que não apenas este ou aquele dispositivo técnico do aparato estatal cresce no terreno do mercado, mas que entre as próprias categorias da economia mercantil-monetária e a forma jurídica existe uma ligação interna indissociável. Em uma sociedade em que existe o dinheiro, em que, portanto, o trabalho privado isolado torna-se social apenas por intermédio de um equivalente universal, já se colocam todas as condições para a forma jurídica e suas contradições: entre o subjetivo e o objetivo, o privado e o público." PACHUKANIS, Evguiéni B. **Teoria geral do direito e marxismo.** São Paulo: Boitempo, 2017, p. 63.

298 "Consideremos agora o resíduo dos produtos do trabalho. Deles não restou mais do que uma mesma objetividade fantasmagórica, uma simples massa amorfa [*Gallerte*] de trabalho humano indiferenciado, *i.e.*, de dispêndio de força de trabalho humana, que não leva em conta a forma desse dispêndio. Essas coisas representam apenas o fato de que em sua produção foi despendida força de trabalho humana, foi acumulado trabalho humano, Como cristais dessa substância que lhes é comum, elas são valores – valores de mercadorias." MARX, Karl. **O capital:** crítica da economia política: livro I: o processo de produção do capital. São Paulo: Boitempo, 2017, p. 116.

299 "Os 'guardiões' das mercadorias devem, portanto, na troca, colocar-se um perante o outro sob uma mesma forma social. A relação qualitativamente idêntica das mercadorias demanda uma relação qualitativamente idêntica entre seus portadores. A qualidade idêntica com a qual tais portadores se defrontam é exatamente a de 'representantes de mercadorias', seres dotados de braços e pernas que podem levar as mercadorias para a troca, portadores de uma vontade que investe as coisas." KASHIURA JR. Celso Naoto. **Sujeito do Direito e capitalismo.** São Paulo: Outras Expressões; Dobra Universitário, 2014, p. 165. Em uma perspectiva crítica da luta por reconhecimento em uma sociedade civil atomizada de viés hegeliano, permeada por interesses privados em que o sujeito de direito realiza sua liberdade e autonomia na medida em que se coisifica no mercado das relações econômicas burguesas, sugere-se a leitura de

mentos abstratos da ordem jurídica, pelo que a defesa de tais fundamentos é, consequentemente, "o modo mais geral de defesa dos interesses de classe da burguesia."[300]

Esta subjetividade, convertida em princípio jurídico, como se verá a seguir, não é mero traço de uma alegada hipocrisia burguesa contra a emancipação da classe operária, tanto menos é um "efeito evidente do viver melhor ou de uma melhor consciência, exprime apenas um outro estágio das transformações sociais".[301] Ao contrário, tal subjetividade incorpora-se à sociedade burguesa como um processo estrutural, real e afirmativo, nascido da luta revolucionária da burguesia contra o sistema feudal-patriarcal[302] e desenvolvido *pari passu* ao desenvolvimento da economia capitalista e da subsunção real do trabalho ao capital, hipertrofiando a lei do valor.

> [Nesse processo de desenvolvimento] se coloca – segundo Pachukanis –: o surgimento e a consolidação da propriedade privada, sua universalização nas relações tanto dos sujeitos quanto de todos os objetos possíveis, a libertação da terra das relações de domínio e servidão, a conversão de qualquer propriedade em propriedade mobiliária, o desenvolvimento e a supremacia das relações obrigacionais e, finalmente, dos poderes políticos distintos como forças especiais, ao lado do que aparece o dinheiro como poder puramente

HONNETH, Axel. **Luta por reconhecimento:** a gramática moral dos conflitos sociais. São Paulo: Editora 34, 2009.

300 PACHUKANIS, Evguiéni B. **Teoria geral do direito e marxismo.** São Paulo: Boitempo, 2017, p. 61.

301 MIAILLE, Michel. **Uma introdução crítica ao direito.** Lisboa: Ed. Moraes, 1979, p. 110. O posicionamento que admite a subjetividade jurídica como uma manifestação da consciência humana vai ao encontro da concepção humanista do marxismo e, em última instância, abre as portas desta reflexão ao socialismo jurídico e ao reformismo social-democrata.

302 Observe-se que a escola do direito natural surge, no século XVIII, como uma posição jurídica revolucionária. Segundo Pachukanis, "na época de Voltaire e Beccaria, todo juiz esclarecido considerava seu ofício pôr em prática, sob o pretexto de aplicar a lei, a visão dos filósofos, que não era outra senão a negação revolucionária do regime feudal.", enquanto que, em Bergbohm, "o direito natural sacudiu as bases do direito camponês e das relações feudais de dependência, abriu caminho para a emancipação da propriedade fundiária, quebrou os grilhões das oficinas e das restrições mercantis, efetivou a liberdade de pensamento..., assegurou a proteção do direito privado para as pessoas independentemente de sua religião ou nacionalidade, eliminou a tortura e regulamentou o processo penal". Ambas as citações constantes de PACHUKANIS, Evguiéni B. **Teoria geral do direito e marxismo.** São Paulo: Boitempo, 2017, p. 84.

econômico e resulta mais ou menos nitidamente a separação entre as esferas públicas e privadas, o direito público e o privado.[303]

O direito, por refletir a relação social existente na circulação de mercadorias enquanto esfera de realização do valor produzido no processo de produção capitalista, não paira acima da história. Em verdade, o movimento real da forma jurídica está absolutamente restrito a esta referida determinação da circulação mercantil derivada do processo de valorização do valor. Isto é, a forma jurídica reproduz, como reflexo, a forma social assumida pelo produto para a realização do seu caráter social: a mercadoria,[304] enquanto, como o outro lado da necessidade material da forma jurídica, a mercadoria inserida no circuito de trocas mercantis que realiza seu valor de troca pressupõe a existência de um acordo de vontades juridicamente equivalentes expresso em um contrato.

A forma jurídica – assinala Naves – nasce somente em uma sociedade na qual impera o princípio da divisão do trabalho, ou seja, em uma sociedade na qual os trabalhos privados só se tornam trabalho social mediante a intervenção de um equivalente geral. Em tal sociedade mercantil, o circuito das

[303] PACHUKANIS, Evguiéni B. **Teoria geral do direito e marxismo.** São Paulo: Boitempo, 2017, p. 62. Destaque-se a ilustração apresentada por John Holloway acerca do entranhamento da lógica do valor na sociabilidade capitalista: "Quando vendo minha força de trabalho ao capitalista, minha força de trabalho se torna uma mercadoria. Mas isto traz em sua esteira uma mercantilização radical de todos os aspectos das relações sociais. Não tenho mais o tempo (ou os meios) de produzir a minha própria comida ou fazer as minhas próprias roupas, então a única maneira pela qual posso adquiri-las é comprando com dinheiro de alguém que se especializa em produzir e vender comida. É quando a força de trabalho se torna uma mercadoria e quando nasce a produção capitalista que há uma mercantilização geral das relações sociais. Tudo na sociedade tende a ser transformado em mercadoria, e a conexão entre os diferentes processos de trabalho é uma conexão puramente quantitativa, medida em dinheiro. A conexão se estabelece através da abstração das particularidades de cada atividade. A transformação de nosso fazer em trabalho está no centro de um novo complexo de socialização." In: HOLLOWAY, John. **Fissurar o capitalismo.** São Paulo: Publisher Brasil, 2013, p. 104.

[304] "[...] Pachukanis procura identificar a relação social específica que se exprime na forma jurídica. Como já observamos, essa relação social deve ser encontrada na esfera da circulação mercantil, ali onde os sujeitos-proprietários estabelecem relações mútuas de troca de equivalentes. A relação social da qual a forma jurídica é o 'reflexo' é, assim, a relação dos proprietários de mercadorias entre si." In: NAVES, Márcio Bilharinho. **Marx:** ciência e revolução. São Paulo: Moderna, 2000, p. 56-57.

trocas exige a mediação jurídica, pois o valor de troca das mercadorias só se realiza se uma operação jurídica – o acordo de vontades equivalentes – for introduzida.[305]

Pachukanis, por sua vez, disseca a relação de equivalência geral entre forma-mercadoria e forma jurídica implicando-as em uma sociabilidade histórica de proprietários de mercadorias cujas relações sociais coisificam-se nos produtos do trabalho opostos entre si como invólucros de trabalho abstrato – valor:

> A sociedade capitalista é antes de tudo uma sociedade de proprietários de mercadorias. Isso significa que as relações sociais entre as pessoas no processo de produção adquirem aqui a forma reificada dos produtos do trabalho, que se relacionam uns com os outros pelo valor. A mercadoria é um objeto por meio do qual a diversidade concreta de propriedades úteis se torna um simples invólucro reificado da propriedade abstrata do valor, que se manifesta como a capacidade de ser trocada por outras mercadorias a uma proporção determinada. Essa propriedade manifesta-se como uma qualidade intrínseca às próprias coisas graças a uma espécie de lei natural, que age sobre as pessoas de modo completamente independente de sua vontade.[306]

A lógica dialética do pensamento pachukaniano salta aos olhos no ponto em que o jurista soviético relaciona os elementos da sociabilidade histórico-burguesa do capitalismo industrial, da declaração dos direitos do homem e do cidadão, da economia política ricardiana e do sistema de prisão com prazo de encarceramento.[307] Nesse ponto, a pena proporcional à culpa aparece como modelo de equivalência agressão-reparação-prejuízo

[305] NAVES, Márcio Bilharinho. **Marx:** ciência e revolução. São Paulo: Moderna, 2000, p. 57.

[306] PACHUKANIS, Evguiéni B. **Teoria geral do direito e marxismo.** São Paulo: Boitempo, 2017, p. 119.

[307] "Para que surgisse a ideia da possibilidade de pagar pelo delito com a privação de uma quantidade predeterminada de liberdade abstrata, foi preciso que todas as formas concretas de riqueza social estivessem reduzidas à forma simples e abstrata – trabalho humano medido pelo tempo. Observamos aqui, sem dúvida, mais um caso que confirma o entrecruzamento de diferentes aspectos da cultura. O capitalismo industrial, a Declaração dos Direitos do Homem e do Cidadão, a economia política ricardiana e o sistema de prisão com prazo de encarceramento são fenômenos de uma única e mesma época histórica." In: PACHUKANIS, Evguiéni B. **Teoria geral do direito e marxismo.** São Paulo: Boitempo, 2017, p. 177.

determinado segundo uma soma de dinheiro, dias, meses ou anos de privação de liberdade. A proporção entre a quantidade de liberdade mensurável pelo tempo e posta à disposição do sistema punitivo para reparação de um determinado prejuízo é, nesse aspecto, a expressão de vinculação do denominado direito público à abstração do trabalho humano mensurável pelo tempo.[308] Assim, reitera-se, não é casual ou arbitrária a afirmação marxiana de que "o conteúdo dessa relação jurídica ou volitiva é dado pela própria relação econômica."[309] Caracterizada, na sociedade burguesa, a universalização da mercadoria e o predomínio do valor de troca (e das contradições dele advindas) e sedimentados os fundamentos da reprodução do modo de produção capitalista em suas próprias estruturas, de acordo com o processo de valorização do valor em que o homem é inserido como mero fornecedor de trabalho vivo e indiferenciado, trocador de força de trabalho por salário segundo um equivalente geral, emerge, também, a forma jurídica como mediadora por excelência desta relação estabelecida entre sujeitos alegadamente livres, iguais e autodeterminados.

3.2. Sujeito de direito, circulação de mercadorias e produção capitalista

Como visto, a reflexão acerca das contradições fundamentais da sociabilidade burguesa demonstra que a criação do valor pressupõe o processo de exploração do mais-trabalho fornecido por um trabalhador juridicamente

[308] "A pena proporcional à culpa representa, fundamentalmente, a mesma forma que a reparação proporcional ao prejuízo. É, antes de mais nada, a expressão aritmética que caracteriza a 'severidade' da sentença: a quantidade de dias, meses etc. de privação da liberdade, esta ou aquela soma de dinheiro de multa, a provação de tais e quais direitos. A privação da liberdade por um prazo determinado de antemão e especificado por uma sentença do tribunal é aquela forma específica por meio da qual o direito penal moderno, ou seja, burguês-capitalista, realiza o princípio da reparação equivalente. Esse modelo é inconsciente, mas está profundamente ligado ao homem abstrato e à abstração do trabalho humano mensurável pelo tempo. [...] O infrator deve saber de antemão *por que* deve e o que deve: *nullum crime, nulla poena, sine lege.* O que isso significa? Que seria necessário que todo infrator em potencial fosse informado precisamente sobre os métodos de correção que lhe serão aplicados? Não, o caso aqui é bem mais simples e rude: ele deve conhecer com qual quantidade de sua liberdade pagará como resultado da transação judicial. Ele deve conhecer antecipadamente as condições nas quais o pagamento lhe será exigido. É esse o sentido dos códigos penais e processuais penais." In: Pachukanis, Evguiéni B. **Teoria geral do direito e marxismo.** São Paulo: Boitempo, 2017, p. 177-179.

[309] Marx, Karl. **O capital:** crítica da economia política: livro I: o processo de produção do capital. São Paulo: Boitempo, 2017, p. 159.

constituído como homem livre.[310] As categorias jurídicas *liberdade* e *igualdade* aparecem aqui como elementos constitutivos da sociedade burguesa, viabilizando materialmente o surgimento da relação capitalista por meio de atos de vontade contratados diretamente no mercado, dispensados o emprego da violência direta ou a intervenção de meios de coerção extraeconômicos. "No capitalismo, a exploração se dá no interior do próprio processo de produção, com o sobretrabalho tomando a forma de mais-valia, que não pode ser 'vista', isto é, identificada enquanto tal pelo trabalhador direto."[311]

Fundamental a esta concepção é compreender o papel da noção jurídico-ideológica de sujeito (desenvolvida como *sujeito de direito*) e apresentada, pela crítica marxista ao discurso jurídico, como o "outro lado da mercadoria". Ao determinar-se a fórmula geral do capital e sua relação com a compra e venda da força de trabalho, verificou-se a necessidade de que os produtos do trabalho se confrontem como valores de troca, influenciando a relação de troca como necessidades estranhas aos seus próprios possuidores imediatos.[312] Ocorre que essa troca efetiva, a circulação mercantil em que se consolida a mudança de mãos propriamente dita dos corpos concretos das mercadorias, ao efetivar-se, demanda o reconhecimento mútuo entre ambos os "possuidores de mercadorias" como portadores abstratos de direitos iguais. A *igualdade* entre os sujeitos confrontando-se na qualidade de simples trocadores de mercadorias aparece, aqui, como elemento fundamental circulação mercantil cuja determinação econômica opõe tais sujeitos em uma mesma (e igualitária) relação de intercâmbio não antagônica.

> De fato, como a mercadoria ou o trabalho estão determinados tão somente como valor de troca – apresenta Marx nos seus *Grundrisse* – e a relação pela

[310] A constituição da liberdade do homem trabalhador, na forma aqui exposta, possui um duplo sentido já examinado no Capítulo 2, consistente de um homem "por um lado, livre das condições da produção, especialmente dos instrumentos do trabalho e, por outro lado, livre no sentido de que ele possa dispor de si mesmo, possa vender a sua força de trabalho." In: NAVES, Márcio Bilharinho, Direito, Circulação Mercantil e Luta Social. In: ALVES, Alaor Caffé... [et al.]. **Direito, Sociedade e Economia:** leituras marxistas. Barueri: Manole, 2005, p. 24.

[311] NAVES, Márcio Bilharinho. Direito, Circulação Mercantil e Luta Social. In: ALVES, Alaor Caffé... [et al.]. **Direito, Sociedade e Economia:** leituras marxistas. Barueri: Manole, 2005, p. 25.

[312] Ver nota 144.

> qual as diferentes mercadorias se relacionam entre si [se apresenta] como troca desses valores de troca, como sua equiparação, os indivíduos, os sujeitos, entre os quais este processo transcorre, são determinados simplesmente como trocadores. Entre eles não existe absolutamente nenhuma diferença, considerada a determinação formal, e essa determinação é econômica, a determinação em que se encontram reciprocamente na relação de intercâmbio; o indicador de sua função social ou de sua relação social mútua. Cada um dos sujeitos é um trocador, *i.e.*, cada um tem a mesma relação social com o outro que o outro tem com ele. A sua relação como trocadores é, por isso, a relação da *igualdade*. É impossível detectar qualquer diferença ou mesmo antagonismo entre eles, nem sequer uma dissimilaridade.[313]

Em um recorte mais amplo, percebe-se, mesmo na *Filosofia do direito* de Hegel, o desdobramento da personalidade jurídica em um homem concretamente inserido na sociedade civil burguesa, atomizada por relações de produção capitalistas e cuja linguagem é essencialmente jurídica.[314]

[313] MARX, Karl. **Grundrisse:** manuscritos econômicos de 1857-1858: esboços da crítica da economia política. São Paulo, Boitempo, 2011, p. 184-185. A relação da igualdade como valor burguês e a troca mercantil capitalista é analisada por Kashiura Jr., relacionando a igualdade com a condição da personalidade jurídica do homem como sujeito de direito, a seguir reproduzida: "Do mesmo modo como a forma mercadoria faz desaparecer, sob a geleia de trabalho indiferenciado que constitui a sua qualidade idêntica, toda a diversidade concreta da coisa que recobre, assim também o sujeito de direito faz desaparecer toda a diversidade concreta dos homens que atuam como 'representantes' das mercadorias. Tudo que aparece na relação entre homens sob a forma de sujeitos de direito é a própria forma idêntica dos sujeitos de direito. Tudo que se sabe a respeito dos indivíduos que conduzem as suas respectivas mercadorias para a troca é que cada um deles se coloca perante outro sob a mesma forma social. Como puras formas destituídas de conteúdo, os sujeitos de direito são imediatamente iguais uns aos outros. A igualdade é, nesse exato sentido, essencial à subjetividade jurídica. [...] Ao reconhecerem-se como juridicamente iguais, os agentes da troca são compelidos a manter a relação de equivalência valorativa entre suas mercadorias: um não toma a mercadoria do outro, não a obtém por violência direta, mas apenas ao ceder a sua própria mercadoria, ou seja, apenas ao reconhecer no outro um portador de certa quantidade de valor equivalente à quantidade de valor consubstanciada na sua própria mercadoria. São ambos compelidos a reconhecer ao outro o exato mesmo 'direito' que têm reconhecido para si: o 'direito' à mercadoria alheia em troca da mercadoria própria." KASHIURA JR. Celso Naoto. **Sujeito do Direito e capitalismo.** São Paulo: Outras Expressões; Dobra Universitário, 2014, p. 168-169.

[314] "O movimento das mercadorias no mercado, o surgimento do seu valor, numa palavra, a margem real de todo cálculo racional não somente é submetida a leis rigorosas, mas pressupõe, como fundamento do cálculo, uma legalidade rigorosa de todo acontecimento.

O antagonismo, em Hegel, não se realiza pela desigualdade material dos sujeitos, mas pela sua própria igualdade na contraposição de interesses privados. Hegel preocupa-se, no §40 da *Filosofia*, em estabelecer que uma pessoa se diferencia de outra pessoa exatamente no ato de troca, no ato de "passagem da propriedade de um para a de outro" no contrato, avançando sobre a divisão kantiana entre direitos reais, direitos pessoais e direitos pessoais-reais, para concluir que o direito procedente de um contrato sempre será o direito sobre uma *coisa*, sobre algo alheio e exterior à pessoa.[315]

Hegel *localiza* o antagonismo entre interesses privados em um espaço bem definido, capaz de admitir a competição de "uns com outros sem que essa competição implique desagregação social"[316], sendo que por *desagregação* aqui está implícita a "implosão" da própria noção de sujeito de direito. Assim é que Hegel preconiza a propriedade como exteriorização da vontade livre (uma vez que o direito procedente de um contrato sempre será o direito sobre a coisa) como terreno para o choque entre os interesses privados dos homens proprietários, preservando-se a sua *personalidade* sob a forma jurídica do sujeito de direito.[317] A personalidade é, em Hegel, o invólucro da autonomia da vontade consciente de si própria como abstração.

Essa atomização do indivíduo é, portanto, apenas o reflexo na consciência de que as 'leis naturais' da produção capitalista abarcaram o conjunto das manifestações vitais da sociedade, de que – pela primeira vez na história – toda a sociedade está submetida, ou pelo menos tende, a um processo econômico uniforme, e de que o destino de todos os membros da sociedade é movido por leis também uniformes." Lukács, Georg. **História e consciência de classe:** estudos sobre a dialética marxista. São Paulo: Martins Fontes, 2003, p. 208.

315 "§40 O direito é, primeiramente, o ser-aí imediato, que a liberdade se dá de maneira imediata: [...] b) A pessoa, diferenciando-se de si, relaciona-se com uma *outra* pessoa, e precisamente ambas têm ser-aí uma para a outra somente como proprietários. Sua identidade sendo *em si* recebe uma existência pela passagem da propriedade de um para a de outro, por sua vontade comum e com a manutenção de seus direitos, – no *contrato*. [...] *cada* espécie de direito remete somente a uma pessoa, e objetivamente um direito que procede do contrato não é um direito sobre uma pessoa, mas apenas um direito sobre algo que lhe é exterior ou sobre algo que ela deve alhear, [é] sempre [um direito] sobre uma coisa." HEGEL, Georg Wilhelm Friedrich. **Linhas fundamentais da filosofia do direito, ou, Direito natural e ciência do estado em compêndio.** São Leopoldo: Ed. UNISINOS, 2010, p. 81-83.

316 Kashiura Jr. Celso Naoto. **Sujeito do Direito e capitalismo.** São Paulo: Outras Expressões; Dobra Universitário, 2014, p. 147.

317 Veja-se, a esse respeito, o imperativo jurídico hegeliano "sê uma pessoa e respeita os outros enquanto pessoas". Hegel, Georg Wilhelm Friedrich. **Linhas fundamentais da filosofia do direito, ou, Direito natural e ciência do estado em compêndio.** São Leopoldo: Ed. UNISINOS, 2010, p. 80.

§35 A universalidade dessa vontade livre para si mesma é formal, relação simples, consciente de si, mas, por outro lado – aponta Hegel –, desprovida de conteúdo para si em sua singularidade, – o sujeito é, nessa medida, *pessoa*. Na *personalidade* reside que eu, enquanto *este*, sou finito e perfeitamente determinado sob todos os aspectos (no arbítrio, no impulso e no desejo interiores, assim como segundo o ser-aí exterior imediato), contudo sou simplesmente pura relação a mim e, na finitude, conheço-me enquanto o *infinito*, o *universal* e o *livre*.[318]

A sociedade civil hegeliana, por sua vez, apresenta-se como a arena de disputa dos interesses privados em que os homens se confrontam como proprietários de coisas (mercadorias) para atendimento aos seus carecimentos particulares, atendendo assim, dialeticamente (ao menos na visão de Hegel), não somente ao carecimento individual (particular), mas também ao carecimento universal.[319] É justamente no aspecto da particularização dos carecimentos de acordo com cada "estamento" específico que Hegel admite, ainda que indiretamente, a igualdade burguesa do sujeito de direito como pressuposto formal da igualdade jurídica. A igualdade abstrata com que os sujeitos de direito se reconhecem na forma de possuidores de mercadorias equivalentes entre si na troca não resiste, todavia, ao exame concreto da desigualdade econômica. Assim é que Hegel afirma, categoricamente, no §200 da *Filosofia*, que "a *possibilidade de participar* no patrimônio universal, o patrimônio *particular*, está *condicionada*, em parte, por um fundamento próprio imediato (capital)"[320] percebendo, portanto, que a contraposição dos interesses individuais e, via de consequência, das desigualdades materiais decorrentes da maior ou menor propriedade de mercadorias contrapostas na circulação é fundamentalmente mediada pela subjetividade jurídica. A igualdade burguesa com que os sujeitos de direito se apresentam para a troca é, portanto, a mesma igualdade da personalidade hegeliana[321], mera potência concretamente desigualada, em cuja desigualdade, inclusive, aparece a racionalidade mediadora do direito.

[318] Idem, p. 79.

[319] Sobre o Sistema dos carecimentos em Hegel, ver §§189 e seguintes de *Filosofia do direito*. **Linhas fundamentais da filosofia do direito, ou, Direito natural e ciência do estado em compêndio.** São Leopoldo: Ed. UNISINOS, 2010, p. 193 e seguintes.

[320] Idem, p. 198.

[321] Destaque-se, neste ponto, o comentário feito por Hegel ao §49 da *Filosofia*: "Na personalidade, as *várias* pessoas são iguais, caso se queira falar aqui de várias, em que não

> É evidente, em primeiro lugar, – discorre Marx, em famosa anotação de rodapé do Livro III de *O Capital,* acerca da determinação da *pessoa* em Hegel – que o indivíduo não pode afirmar-se como proprietário por sua 'vontade' diante da vontade de outro que queira materializar-se igualmente no mesmo pedaço do globo terrestre. Para isso, são necessárias coisas muito distintas da mera boa vontade.[322]

Deste ponto de partida, Marx, em sua inversão materialista, captura a lógica hegeliana da igualdade burguesa da subjetividade jurídica, atacando-a sob a crítica de que "esse direito igual é direito desigual para o trabalho desigual"[323] e apontando, assim, para o espetáculo subterrâneo da igualdade jurídica que "reconhece tacitamente a desigualdade dos talentos individuais como privilégios naturais e, por conseguinte, a desigual capacidade dos trabalhadores."[324]

intervém ainda nenhuma diferença desse tipo. Mas isso é uma proposição tautológica vazia; pois a pessoa, enquanto termo abstrato, é precisamente o que não é ainda particularizado e posto na diferença determinada. – A *igualdade* é a identidade abstrata do entendimento, à qual sucumbe, primeiramente, o pensamento que reflete, e por isso a mediocridade do espírito em geral, quando se encontra diante da relação da unidade com uma diferença. Aqui a igualdade seria apenas a igualdade das pessoas abstratas enquanto tais, a igualdade *fora da qual* cai precisamente tudo o que concerne à posse, esse *terreno da desigualdade*." HEGEL, Georg Wilhelm Friedrich. **Linhas fundamentais da filosofia do direito, ou, Direito natural e ciência do estado em compêndio.** São Leopoldo: Ed. UNISINOS, 2010, p. 88-89.

322 MARX, Karl. **O capital**: crítica da economia política: livro III: o processo global da produção capitalista. São Paulo: Boitempo, 2017, p. 676-677. Interessante é a relação entre a vontade individual e a mediação social do capital-sujeito, proposta segundo a interpretação categorial do pensamento marxiano de Postone, cuja essência pode ser verificada da seguinte passagem (e que merece o devido aprofundamento em estudo específico): "A crítica madura de Marx, portanto, não exige uma inversão 'materialista' antropológica da dialética idealista, mas, em certo sentido, é a sua 'justificação' materialista. Marx pretende implicitamente mostrar que o 'núcleo racional' da dialética de Hegel é exatamente o seu caráter idealista: é a expressão de um modo de dominação social constituído por estruturas de relações sociais que, por serem alienadas, adquirem uma existência quase independente em relação aos indivíduos e que, dada a sua natureza dualística típica, têm caráter dialético. O sujeito histórico, de acordo com Marx, é a estrutura alienada de mediação social que constitui a formação de capital." In: POSTONE, Moishe. **Tempo, trabalho e dominação social:** uma reinterpretação da teoria crítica de Marx. São Paulo: Boitempo, 2014, p. 103.

323 MARX, Karl. **Crítica do Programa de Gotha.** São Paulo: Boitempo, 2012, p. 30.

324 Idem, p. 31.

> O direito – diz Marx –, por sua natureza, só pode consistir na aplicação de um padrão igual de medida; mas os indivíduos desiguais (e eles não seriam indivíduos diferentes se não fossem desiguais) só podem ser medidos segundo um padrão igual de medida quando observados do mesmo ponto de vista, quando tomados apenas por um aspecto *determinado*, por exemplo, quando, no caso em questão, são considerados *apenas como trabalhadores* e neles não se vê nada além disso, todos os outros aspectos são desconsiderados.[325]

A mesma lógica aplica-se à liberdade. Nesse sentido, Marx é bastante claro ao enunciar a impossibilidade de as mercadorias irem, por si sós, ao mercado de trocas, caracterizando a relação jurídica circunscrita à troca como processo histórico em que os indivíduos, necessariamente, deverão reconhecer-se, reciprocamente, como proprietários de mercadorias privados e livres de qualquer dependência pessoal, hierarquia ou domínio direto. A "igualdade e a liberdade, por conseguinte, não apenas são respeitadas na troca baseada em valores de troca, mas a troca de valores de troca é a base produtiva, real, de toda *igualdade* e *liberdade*."[326]

> A troca de mercadorias por si só – diz Marx – não implica quaisquer outras relações de dependência além daquelas que resultam de sua própria natureza. Sob esse pressuposto, a força de trabalho só pode aparecer como mercadoria no mercado na medida em que é colocada à venda ou é vendida pelo seu próprio possuidor, pela pessoa da qual ela é a força de trabalho. Para vendê-la como mercadoria, seu possuidor tem de poder dispor dela, portanto, ser o livre proprietário de sua capacidade de trabalho, de sua pessoa. Ele e o possuidor de dinheiro se encontram no mercado e estabelecem uma relação mútua como iguais possuidores de mercadorias, com a única diferença de que um é comprador e o outro, vendedor, sendo, ambos, portanto, pessoas juridicamente iguais.[327]

[325] Idem, Ibidem.

[326] MARX, Karl. **Grundrisse:** manuscritos econômicos de 1857-1858: esboços da crítica da economia política. São Paulo, Boitempo, 2011, p. 188.

[327] MARX, Karl. **O capital:** crítica da economia política: livro I: o processo de produção do capital. São Paulo: Boitempo, 2017, p. 159. Ainda mais interessante é o argumento que Marx apresenta nos *Grundrisse*: "Na medida em que agora essa diversidade natural dos indivíduos e das próprias mercadorias [...] constitui o motivo para a integração desses indivíduos, para a sua relação social como trocadores, relação em que são *pressupostos* e se *afirmam* como iguais, à determinação da igualdade soma-se a da *liberdade*. Ainda que o indivíduo *A* sinta

Mais uma vez a historicidade da forma jurídica é verificável *pari passu* ao desenvolvimento da sociedade burguesa.[328] Em rigor, a intrínseca relação entre o valor e o momento jurídico leva Pachukanis a concluir que o desaparecimento do direito e da estrutura jurídica é essencial ao processo de criação da sociedade sem classes, adotando conclusão semelhante à adotada por Lenin de que o momento jurídico *definha*, tal qual o Estado, de acordo com o processo de erradicação das relações de valor.[329] Aqui, a investiga-

necessidade da mercadoria do indivíduo *B*, não se apodera dela pela força, nem vice-versa, mas reconhecem-se mutuamente como proprietários, como pessoas cuja vontade impregna suas mercadorias. Em decorrência, aqui entra de imediato o momento jurídico da pessoa e da liberdade, na medida em que está contida na primeira. Nenhum deles se apodera da propriedade do outro pela força. Cada um a cede voluntariamente. Mas isso não é tudo: o indivíduo *A* serve à necessidade do indivíduo *B* por meio da mercadoria *a* somente na medida em que, e porque, o indivíduo *B* serve à necessidade do indivíduo *A* por meio da mercadoria *b*, e vice-versa." MARX, Karl. **Grundrisse:** manuscritos econômicos de 1857-1858: esboços da crítica da economia política. São Paulo, Boitempo, 2011, p. 186-187.

328 "[...] o desenvolvimento abstrato das formas mercadoria e sujeito de direito não pode ser tomado, em vista do sentido mais radical da crítica marxiana, de maneira alheia à história do modo de produção pelo qual são determinadas. A circulação mercantil não pode, afinal, constituir uma realidade à parte, com a sua lógica própria, com um movimento de formas que lhe seriam características, independentemente das relações de produção." KASHIURA JR. Celso Naoto. **Sujeito do Direito e capitalismo.** São Paulo: Outras Expressões; Dobra Universitário, 2014, p. 181. Em um mesmo sentido, Miaille escreve: "Fica-se, pois, com a noção de que a categoria jurídica de sujeito de direito não é uma categoria racional em si: ela surge num momento relativamente preciso da história e desenvolve-se como uma das condições da hegemonia de um novo modo de produção". MIAILLE, Michel. **Uma introdução crítica ao direito.** Lisboa: Ed. Moraes, 1979, p. 112.

329 "[...] apenas quando estudarmos o ritmo e as formas da erradicação das relações de valor na economia e, com isso, do desaparecimento dos momentos do direito privado na superestrutura jurídica e, finalmente, a dissolução gradual desses processos fundamentais na própria estrutura jurídica como um todo, poderemos dizer que esclarecemos pelo menos um dos lados do processo de criação da cultura sem classes do futuro." In: PACHUKANIS, Evguiéni B. **Teoria geral do direito e marxismo.** São Paulo: Boitempo, 2017, p. 137. A esse respeito, Alaor Caffé Alves aponta sua discordância acerca da questão envolvendo o "fim do direito", mantendo, todavia, a perspectiva da conformação entre a especificidade das relações sociais e a sua regulação normativa: "A norma jurídica é a forma da qual as relações sociais específicas, especialmente as de produção da vida material, são o conteúdo. O direito, a meu ver, após a superação da sociedade mercantil capitalista, seguirá existindo, pois o homem continuará produzindo sua vida material e cultural. Porém, passará a existir com uma peculiar forma normativa apropriada a um novo conteúdo específico representado pelas novas relações de produção socializadas. As contradições sociais continuarão a existir, porém, dentro de novas e superiores modalidades." In: ALVES, Alaor Caffé. Determinação social e vontade jurídica.

ção sobre a relação dialética entre a forma jurídica do sujeito de direito e sua fundamentação material na circulação de mercadorias mergulha na lógica da sobredeterminação althusseriana. Importa à crítica marxista do direito (e do sujeito de direito) compreender a circulação mercantil não sob a perspectiva da sociedade mercantil simples, mas, especificamente, sob a perspectiva de um momento histórico, determinado e transitório, em que as relações de produção exigem a universalização da troca na circulação mercantil capitalista e assim se fazem refletir as relações contraídas pelos homens no processo da sua vida social.[330]

> Vimos – avisa Marx – que a transformação do dinheiro em capital se decompõe em dois processos autônomos, que pertencem a esferas completamente diferentes e existem separadamente um do outro. O primeiro processo pertence à esfera da circulação de mercadorias e consequentemente desenrola-se no *mercado*; trata-se da *compra/venda da capacidade de trabalho.* O segundo processo consiste no *consumo de capacidade de trabalho adquirida* ou *processo de produção* propriamente dito. No primeiro processo, o capitalista e o operário contrapõem-se unicamente como possuidor de dinheiro e possuidor de mercadoria e a sua transação é uma troca de equivalentes, como todas as que se produzem entre compradores e vendedores. No segundo processo, o operário apresenta-se (transitoriamente) a título de componente vivo do

In: Kashiura Jr., Celso Naoto. Akamine Jr., Oswaldo. Melo, Tarso de. (Orgs.) **Para a crítica do direito:** reflexões sobre teorias e práticas jurídicas. São Paulo: Outras Expressões: Editorial Dobra, 2015, p. 18.

330 Acerca da relação existente entre a determinação histórica do modo de produção capitalista e o reflexo deste tanto no processo de distribuição capitalista e nas respectivas relações contraídas pelos homens em suas vidas sociais, Marx discorre, já ao final do Livro III de O Capital: "A análise científica do modo de produção capitalista demonstra ser ele um modo de produção peculiar, com uma determinação histórica específica; que, como qualquer outro modo de produção determinado, ele pressupõe, como sua condição histórica, um certo nível das forças sociais produtivas e de suas formas de desenvolvimento, uma condição que, por sua vez, é ela mesma resultado e produto histórico de um processo anterior e do qual o novo modo de produção parte como de sua base dada; que as relações de produção que correspondem a esse modo de produção específico e historicamente determinado – relações que os homens contraem no processo de sua vida social e na criação desta última – possuem um caráter específico, histórico e transitório; e que, por fim, as relações de distribuição são essencialmente idênticas a essas relações de produção, expressando-as de modo reverso, de tal forma que ambas compartilham do mesmo caráter historicamente transitório." Marx, Karl. **O capital**: crítica da economia política: livro III: o processo global da produção capitalista. São Paulo: Boitempo, 2017, p. 940.

> próprio capital e a categoria da troca encontra-se aqui excluída, pois o capitalista, mediante a compra, já se apropriou de todos os fatores do processo de produção, tanto materiais como pessoais, anteriormente ao início desse processo. Embora ambos os processos existam de maneira autônoma, a par um do outro, condicionam-se reciprocamente.[331]

Repise-se, a subjetividade jurídica pressupõe o antagonismo entre unidades econômicas privadas localizadas em polos opostos da circulação mercantil, que, por sua vez, é determinado segundo relações de produção especificamente afetadas ao processo histórico capitalista. "A circulação – ensina Alysson Mascaro – só pode ser capitalista quando fundada no trabalho como mercadoria, ou seja, na produção."[332] Aí ocultam-se as duas camadas sobrepostas[333] em que o vínculo entre direito e produção é revelado.[334] Outrossim, é Naves quem, ao investir sobre as referidas camadas sobrepostas e suas respectivas interações recíprocas, aprofunda a investigação acerca da sobredeterminação no modelo pachukaniano:

[331] MARX, Karl. **Capítulo VI inédito de O capital**: resultados do processo de produção imediata. São Paulo: Centauro, 2004, p. 68-69.

[332] MASCARO, Alysson Leandro. Direito, capitalismo e Estado: da leitura marxista do direito. In: KASHIURA Jr., Celso Naoto. AKAMINE Jr., Oswaldo. MELO, Tarso de. (Orgs.) **Para a crítica do direito:** reflexões sobre teorias e práticas jurídicas. São Paulo: Outras Expressões: Editorial Dobra, 2015, p. 48.

[333] Naves utiliza-se do termo "dois níveis ou planos de elaboração conceitual". In: NAVES, Márcio Bilharinho. **Marxismo e direito:** um estudo sobre Pachukanis. São Paulo: Boitempo, 2008, p. 77.

[334] "[...] se é no interior dessa circulação mercantil que surge a subjetividade jurídica, e se essa circulação mercantil é, por sua vez, determinada pela produção especificamente capitalista, pode-se afirmar que a forma jurídica é determinada imediatamente pela circulação e, ao mesmo tempo, é determinada mediatamente – ou *sobredeterminada* – pela produção." KASHIURA JR. Celso Naoto. **Sujeito do Direito e capitalismo.** São Paulo: Outras Expressões; Dobra Universitário, 2014, p. 216. Em uma abordagem mais minudente, Alaor Caffé Alves: "Nos dias de hoje, no modo de produção capitalista, a relação social específica dominante do direito é, inegavelmente, a relação de produção e circulação de mercadorias em que a produção econômica ocorre mediante a predominância da compra e venda da força de trabalho. Nesse processo, caracterizam-se a universalização, a expansão e o desenvolvimento do sujeito de direito, da igualdade formal, da liberdade de contratar e da propriedade como elementos essenciais da relação jurídica." In: ALVES, Alaor Caffé. Determinação social e vontade jurídica. In: KASHIURA Jr., Celso Naoto. AKAMINE Jr., Oswaldo. MELO, Tarso de. (Orgs.) **Para a crítica do direito:** reflexões sobre teorias e práticas jurídicas. São Paulo: Outras Expressões: Editorial Dobra, 2015, p. 18.

O primeiro plano é aquele do direito da produção mercantil simples, que é uma esfera indiferente ao estatuto da força de trabalho. Na circulação simples de mercadorias, o direito não penetra a esfera da produção, limitando-se a 'ser *superficial*, a aderir à superfície ou aos lugares mercantis da sociedade'. A circulação opera a troca de mercadorias existentes pela mediação do direito, mas sem que o elemento jurídico possa jogar, aqui, qualquer papel quanto à determinação da mercadoria. Ora, com a emergência das relações de produção capitalistas, nós ingressamos em outro plano de análise, que analisa o direito como elemento constituinte dessas mesmas relações. De fato, para que surja no mercado o homem livre, objeto de comércio, é necessário que ele seja revestido de uma forma jurídica determinada, a forma sujeito, sem a qual não é possível a expressão de sua vontade livre. Ocorre, porém, que só se constituem as formas jurídicas necessárias ao surgimento das relações de produção capitalistas porque as categorias do direito já existem na esfera da circulação pré-burguesa.[335]

[335] NAVES, Márcio Bilharinho. **Marxismo e direito:** um estudo sobre Pachukanis. São Paulo: Boitempo, 2008, p. 77-78. É a lógica da sobredeterminação que, inclusive, ampara o pensamento pachukaniano para a superação da crítica mais comumente direcionada contra si, o *circulacionismo* – ver CASALINO, Vinicius. **O direito e a mercadoria:** para uma crítica marxista da teoria de Pachukanis. São Paulo: Dobra Editorial, 2011. A esse respeito, cite-se Oswaldo Akamine Jr.: "sob certo aspecto, a acusação de 'circulacionismo' traz em si um defeito: enseja não apenas tomar a circulação e a produção capitalistas como *fenômenos* diferentes – é possível, por certo, *pensá-los* como momentos distintos, mas perfazem um mesmo movimento –, mas descurar que a produção capitalista *pressupõe* a circulação, já que a mercadoria, ao ser produzida, é, antes de ir ao mercado, valor (nesse caso, talvez fosse mais correto dizer 'valor a ser confirmado'). A 'solução', tanto para o circulacionismo quanto para a própria falha da acusação, reside aí. O que quero dizer é que a *prefiguração lógica do valor* já está dada em um produto *antes* dele se *confirmar* como mercadoria. Portanto, a constituição das pessoas como sendo sujeitos de direito é *logicamente pressuposta* tanto na produção quanto na circulação de mercadorias." In: AKAMINE JR., Oswaldo. Luta de classes e forma jurídica: apontamentos. In: KASHIURA Jr., Celso Naoto. AKAMINE Jr., Oswaldo. MELO, Tarso de. (Orgs.) **Para a crítica do direito:** reflexões sobre teorias e práticas jurídicas. São Paulo: Outras Expressões: Editorial Dobra, 2015, p. 224. Em rigor, o próprio Marx anteviu dialeticamente a relação entre produção e circulação, apontando-as já na abertura do Capítulo 1 do Livro III de *O Capital* como movimentos distintos cuja síntese seria o próprio processo de produção capitalista como totalidade: "No livro I, investigamos os modos de manifestação que o *processo de produção* capitalista, considerado em si mesmo, apresenta como processo direto de produção; nessa análise, ainda abstraíamos de todos os efeitos secundários provocados por circunstâncias alheias a ele. Mas o processo direto de produção não esgota a biografia do capital. Ele é complementado, no mundo real, pelo *processo de circulação*, que constituiu o objeto das investigações do Livro II. Nesse último, em especial na seção III, dedicada à análise do processo

Aliás, sequer haveria sentido em apontar a existência de um regime de subjetivação jurídica num momento histórico indeterminado, ou mesmo em um momento histórico em que o trabalho abstrato não houvesse se generalizado.[336] Vale salientar que no curso das formações econômicas pré-capitalistas a dominação e a dependência entre homens pressupunham formas de subordinação pessoais, eminentemente políticas e incompatíveis com o direito subjetivo. Assim que os homens, por não gozarem da liberdade para dispor de si próprios vendendo sua força de trabalho no mercado, não percebiam a liberdade e a igualdade como "necessárias à condição humana."[337] Em rigor, foi somente a partir da constituição das relações de produção capitalistas que a liberdade e a igualdade se "naturalizaram"[338],

de circulação como mediação do processo social de reprodução, mostramos que o processo de produção capitalista, considerado como um todo, consiste na unidade de processo de produção e processo de circulação." In: MARX, Karl. **O capital**: crítica da economia política: livro III: o processo global da produção capitalista. São Paulo: Boitempo, 2017, p. 53. Ainda, destaque-se a relação de entrelaçamento e sobredeterminação entre produção e circulação na forma preconizada por Isaak Rubin, que aponta exatamente a relevância desta dialeticidade para a derivação das chamadas formas sociais do capital: "*Exchange becomes part of the very process of reproduction or the working activity of people, and only this aspect of exchange,the proportions of exchange, the value of commodities, is the subject of our research. Exchange interests us mainly as the social form of the process of reproduction which leaves a specific mark on the phase of direct production [...], not as a phase of the process of reproduction which alternates with the phase of direct production.*" In: RUBIN, Isaak Illich. ***Essays on Marx's theory of value.*** Indo-European Publishing, 2019, p. 5. Uma reflexão interessante sobre a questão do circulacionismo está posta, também, na edição número 34 da Revista Outubro (inverno 2020), ver Dossiê "Valor em Marx", p. 7-87, In: **Outubro**: revista de estudos socialistas, n. 34, 2020.

336 "O fenômeno jurídico pré-capitalista não se funda na categoria da subjetividade jurídica. A se tomarem os próprios termos da história narrada por uma dogmática da teoria geral do direito, sujeito de direito e direito subjetivo são categorias surgidas apenas na modernidade. A *facultas agendi* dos romanos, o *status quo* dos medievais e mesmo dos modernos antes de revoluções burguesas, são condições sociais de privilégio que não são comparáveis ao direito subjetivo, universal, genérico e abstrato, que só surge em relações sociais capitalistas." MASCARO, Alysson Leandro. Direito, capitalismo e Estado: da leitura marxista do direito. In: KASHIURA Jr., Celso Naoto. AKAMINE Jr., Oswaldo. MELO, Tarso de. (Orgs.) **Para a crítica do direito:** reflexões sobre teorias e práticas jurídicas. São Paulo: Outras Expressões: Editorial Dobra, 2015, p. 48.

337 NAVES, Márcio Bilharinho. Direito, Circulação Mercantil e Luta Social. In: ALVES, Alaor Caffé... [et al.]. **Direito, Sociedade e Economia:** leituras marxistas. Barueri: Manole, 2005, p. 26.

338 "O sujeito de direito, como a mercadoria, surge como forma social específica do modo de produção capitalista: apenas no interior da sociedade capitalista encontra as suas condições

tornando-se imprescindíveis à condição humana e conferindo aos homens um estatuto jurídico mínimo para o exercício da troca mercantil. Todo homem passou a ser, portanto, sujeito de direito, assim investindo-se da personalidade necessária ao processo de compra e venda dos seus atributos e predicados no mercado.[339]

A íntima relação entre a naturalização de tal condição (de liberdade e de igualdade) e a reprodução da acumulação capitalista é reconstituída, por Marx, no capítulo 24 do primeiro livro de *O capital* – "*a assim chamada acumulação primitiva*". Ao investigar os primórdios do capitalismo, Marx verificou a íntima vinculação da gênese do capital, ainda no século XIV, com processos paradoxais em que o trabalhador, expropriado de sua base fundiária no campo, era obrigado a ser livre, submetendo-se ao regime de salários sob pena de tortura ou mesmo de decair à condição de escravo.

> [...] a população dos campos, violentamente expropriada e reduzida à vagabundagem, ficou submetida à disciplina que exige sistema assalariado, por leis de um terrorismo grotesco: pelo açoite, a marca com ferro em brasa, a tortura e a escravidão. Não é bastante que de um lado se apresentem as condições materiais do trabalho, sob a forma de capital, e de outros homens que nada mais têm para vender senão a sua força de trabalho. Não basta tampouco que se os constranja pela força a vender-se voluntariamente. No desenvolvimento da produção capitalista forma-se uma classe cada dia mais numerosa de trabalhadores que, graças à educação, tradição e costumes, suportam as exigências do regime tão espontaneamente como a mudança das estações. Desde que o modo de produção capitalista adquiriu certo desenvolvimento, o seu mecanismo passou a quebrar toda resistência; a presença constante de um relativo

de existência, e, exatamente por isso, o desaparecimento da sociedade capitalista só pode significar o seu próprio desaparecimento." KASHIURA JR. Celso Naoto. **Sujeito do Direito e capitalismo.** São Paulo: Outras Expressões; Dobra Universitário, 2014, p. 12.

339 "A emergência das categorias da Liberdade e da igualdade faz com que o homem se transforme em um sujeito de direito; o homem – qualquer homem – passa a ser dotado da mesma capacidade jurídica, podendo realizar atos jurídicos, celebrar contratos. Uma vez investido de personalidade, o homem, agora sujeito de direito, pode vender seus atributos, seus predicados, de tal sorte que podemos dizer que a liberdade do homem é o seu livre consentimento: o momento mais elevado de realização da liberdade é o momento em que o homem manifesta a sua vontade de dispor de si mesmo por tempo determinado através de uma troca de equivalentes." In: NAVES, Márcio Bilharinho. Direito, Circulação Mercantil e Luta Social. In: ALVES, Alaor Caffé... [et al.]. **Direito, Sociedade e Economia:** leituras marxistas. Barueri: Manole, 2005, p. 26-27.

excesso de população mantém a lei da oferta e da procura do trabalho, e, portanto, o salário, nos limites das necessidades do capital, ao mesmo tempo que a surda pressão das relações econômicas completa o despotismo do capitalista sobre o trabalhador. De vez em quando recorre-se ainda à violência, ao emprego da força bruta, mas isso não é senão uma exceção. No curso ordinário das coisas, o trabalhador pode ser abandonado à ação das 'leis naturais' da sociedade, isto é, à dependência do capital, engendrada, garantida e perpetuada pelo mecanismo mesmo da produção. Não sucede o mesmo durante a gênese histórica da produção capitalista. A nascente burguesia nada poderia sem intervenção constante do Estado, do qual se serve para 'regular' o salário, isto é, para rebaixá-lo a um nível conveniente, para prolongar a jornada de trabalho e manter o trabalhador no grau desejado de dependência. É esse um momento essencial da acumulação primitiva.[340]

Semelhante contexto foi exposto por Engels em *A situação da classe trabalhadora na Inglaterra*, em especial em seus comentários sobre os efeitos do *Poor Law Amendment Act*, que nada mais era que o estalar do chicote burguês que, modificando a Lei dos Pobres, adequou-a às exigências da repressão burguesa para impor aos proletários considerados aptos para o

[340] MARX, Karl. **A origem do capital:** a acumulação primitiva. São Paulo: Global Editora, 1977, p. 64-65. A este respeito, John Holloway centraliza a problemática da acumulação primitiva no processo de *separação*, veja-se: "A essência da transição do feudalismo para o capitalismo é um movimento de separação. Através do processo de cercamento das terras, as pessoas são separadas de seus meios de sobrevivência (de produzir e de consumir) Elas são arrancadas de suas formas antigas e feudais de socialização, nas quais produziam para um número muito limitado de pessoas das quais dependiam, e colocadas à força dentro de uma nova forma de socialização, na qual dependem direta ou indiretamente do mercado para a sua sobrevivência. Com frequência esse processo de separação das pessoas da terra foi acompanhado de grande brutalidade, ainda que às vezes tenha sido o resultado da fuga dos servos da comunidade feudal: os servos fugiram dos senhores assim como os senhores expeliram os servos – ambos fugiram da velha forma de relações sociais. De ambas as maneiras, o resultado foi a criação intersticial e a expansão de uma nova forma de socialização em que as pessoas se relacionavam através do mercado, por meio da troca de mercadorias. [...] O cercamento dos bens comuns, a abolição dos direitos tradicionais de caça, pesca e coleta de lenha, as séries de leis contra a vadiagem, a *poor law* e as *workhouses*, a supressão armada de uma revolta após a outra: estes foram os passos que criaram uma sociedade baseada no trabalho, esta foi a realidade da abstração envolvida na criação do trabalho abstrato. O cercamento da terra foi também o cercamento de corpos nas fábricas, a criação de uma prisão de trabalho." In: HOLLOWAY, John. **Fissurar o capitalismo.** São Paulo: Publisher Brasil, 2013, p. 102.

trabalho a subordinação ao trabalho assalariado.[341] Percebe-se, aí, que as relações burguesas de produção disciplinam o trabalhador a crer-se em pleno gozo da liberdade e da igualdade burguesas, de modo que a "exploração capitalista é encoberta pelo efeito ilusório do direito: a extração de mais-valia, no processo de produção capitalista é encoberta pela relação jurídica de compra e venda a que submetem, por sua livre vontade, dois sujeitos de direitos formalmente iguais."[342]

Por sua vez, Pachukanis assimila o sinalagma do contrato às formas mercantis, o que abstrai as diferenças concretas entre os homens em favor do conceito indeterminado de sujeitos de direitos.[343] "Assim", diz o jurista soviético, "o sujeito de direito é um possuidor de mercadorias abstrato e ascendido aos céus. Sua vontade, entendida no sentido jurídico, tem um fundamento real no desejo de alienar ao adquirir e adquirir ao alienar."[344] É este sinalagma, como situação jurídica formal advinda de uma relação concreta mercantil, que transforma o homem em "portador geral abstrato

[341] Neste sentido, ver as observações de Engels sobre a sessão parlamentar inglesa de 1844. In: ENGELS, Friedrich. **A situação da classe trabalhadora na Inglaterra.** São Paulo: Boitempo, 2010. Ver, também, a primeira parte de CASTEL, Robert. **A metamorfose da questão social:** uma crônica do salário. Petrópolis, Vozes, 2013.

[342] NAVES, Márcio Bilharinho. Direito, Circulação Mercantil e Luta Social. In: ALVES, Alaor Caffé... [et al.]. **Direito, Sociedade e Economia:** leituras marxistas. Barueri: Manole, 2005, p. 26-27. A relação entre a imposição violenta da acumulação, e sua posterior imposição por intermédio de uma captura das relações sociais pelo discurso jurídico, foi objeto de investigação também por Antonio Negri: "Quando, consumada a expropriação, a acumulação é então experimentada como primeira 'organização' do capital no novo modo de produção, a lei – expressão direta da violência revolucionária da burguesia – assume um papel proeminente. [...] A violência constitui a mediação entre a acumulação e o direito, e não se furta a assumir formas jurídicas, ou melhor, a fazer do direito um elemento auxiliar da acumulação. Entre a alienação direta do produtor e a organização do modo de produção, a violência se entroniza como rainha: ela exalta o direito e a lei como armas de choque na fase genética do capital; depois, consolidadas as novas condições, a violência cede sua primazia ao direito. Ela deixa de ser imediata, torna-se costume." NEGRI, Antonio. **O poder constituinte.** Rio de Janeiro: DP&A, 2002, p. 358-359.

[343] "No Mercado, aquele que obriga simultaneamente se obriga. Ele passa a todo momento da posição de credor à posição de obrigado. Dessa maneira, cria-se a possibilidade de abstrair as diferenças concretas entre os sujeitos de direitos e reuni-los sob um único conceito genérico." In: PACHUKANIS, Evguiéni B. **Teoria geral do direito e marxismo.** São Paulo: Boitempo, 2017, p. 125.

[344] PACHUKANIS, Evguiéni B. **Teoria geral do direito e marxismo.** São Paulo: Boitempo, 2017, p. 127.

de todas as pretensões jurídicas imagináveis"[345] opondo-se ao regime de privilégios, estamentos e corporações do mundo pré-capitalista. Naturalmente, o reconhecimento jurídico entre os homens como livres e iguais no processo de troca pressupõe a realização, por intermédio da forma jurídica do contrato, de uma abstração como realidade, que é o próprio direito de propriedade.

> Tanto o valor como o direito à propriedade foram engendrados por um único e mesmo fenômeno: a circulação de produtos tornados mercadorias. A propriedade em sentido jurídico nasce não porque deu na cabeça das pessoas atribuírem-se reciprocamente tal qualidade jurídica, mas porque precisavam trocar mercadorias, o que só era possível apresentando-se como proprietários. 'O poder ilimitado de dispor das coisas' é somente um reflexo da circulação ilimitada de mercadorias.[346]

Evidencia-se, neste compasso, a conexão entre a forma-mercadoria (e mais especificamente a circulação de mercadorias como ato de realização do processo de valorização de valor D-M-D') e o sujeito de direitos. A circulação de mercadorias, sob a forma do valor, gera a relação entre unidades econômicas autônomas e abstratas - comprador e vendedor - que, formalizada em um contrato, implicará na criação de regras e limitações jurídicas entre tais unidades-sujeitos abstratamente portadoras de direitos. A base real do processo da liberdade e da igualdade, longe de ser natural, é, portanto, determinada pela formação social do valor de troca.

> [...] na esfera da circulação de mercadorias, a compra de força de trabalho do operário aparece - segundo Naves - como a realização da liberdade e da igualdade: o trabalhador não é coagido a vender a sua força de trabalho, mas ele a vende por um ato de sua livre vontade e em condições de plena igualdade face ao capitalista, ambos são proprietários que dispõem do que é seu, e o operário recebe, em contrapartida, um valor equivalente por sua mercadoria.[347]

[345] Idem, p. 126.

[346] Idem, p. 130.

[347] NAVES, Márcio Bilharinho. **Marx:** ciência e revolução. São Paulo: Moderna, 2000, p. 74. Semelhante é a conclusão de Edelman, no sentido de que "a afirmação das determinações da propriedade (liberdade/igualdade) na esfera da circulação é posta ao mesmo tempo que a sua necessária ignorância na esfera da produção, aí onde o homem é concretamente explorado pelo homem, aí onde o capital, no próprio seio da produção expolia o operário da mais-valia.

Foi Pachukanis quem, identificando a forma jurídica à forma-mercadoria, adotou o sujeito de direitos como "o átomo da teoria jurídica, o elemento mais simples e indivisível, que não pode mais ser decomposto"[348] em relação ao vínculo social da produção.[349] Estabeleceu-se aí a relação dialética entre o sujeito de direito abstrato e o ato de troca mercantil, e, nesta relação, a oposição entre sujeito e objeto passou a adquirir um significado jurídico particular em que o homem dispõe da mercadoria mediante atos de vontade de aquisição e alienação capazes de revelar, "pela primeira vez, a plenitude de suas determinações."[350] Examinando a lógica do sistema crítico pachukaniano percebe-se, de imediato, o modo como o jurista soviético relaciona a transformação do homem em sujeito de direito segundo um ato volitivo e simultaneamente coercitivo, inclusive identificando no ato da troca mercantil de si mesmo o ápice da relação vontade-liberdade, mesmo que tal manifestação advenha de uma simples vontade de permanecer vivo.[351]

O processo do valor de troca, criando a liberdade e a igualdade produz, assim, num mesmo movimento, a ilusão necessária de que a liberdade e a igualdade são realmente efectivas. E melhor ainda: esta 'ilusão' nada mais é que o reflexo das contradições reais do sistema do valor de troca: ele não pode realmente 'produzir' uma verdadeira liberdade nem uma verdadeira igualdade." Edelman, Bernard. **O direito captado pela fotografia:** elementos para uma teoria marxista do direito. Coimbra: Centelha, 1976, p. 133.

348 Pachukanis, Evguiéni B. **Teoria geral do direito e marxismo.** São Paulo: Boitempo, 2017, p. 118.

349 "Ao mesmo tempo, a vida social desintegra-se, por um lado, na totalidade de relações reificadas que surgem espontaneamente (assim como todas as relações econômicas, nível de preços, taxa de mais-valor, taxa de lucro etc.), ou seja, relações nas quais as pessoas nos dizem menos respeito que as coisas; por outro lado, na totalidade das relações em que o homem só se determina por meio da oposição com suas coisas, ou seja, como sujeito ou na totalidade das relações jurídicas. Essas duas formas fundamentais, a princípio, diferem uma da outra, mas estão, ao mesmo tempo, intimamente ligadas e condicionam-se mutuamente. O vínculo social da produção apresenta-se, simultaneamente, sob duas formas absurdas: como valor de mercadoria e como capacidade do homem de ser sujeito de direitos." In: Pachukanis, Evguiéni B. **Teoria geral do direito e marxismo.** São Paulo: Boitempo, 2017, p. 121.

350 Pachukanis, Evguiéni B. **Teoria geral do direito e marxismo.** São Paulo: Boitempo, 2017, p. 124.

351 "O homem transforma-se em sujeito por meio de um ato volitivo: é a expressão do seu 'querer' que permite a ele estabelecer com outros homens, portadores de uma vontade igual a sua, uma relação consensual de reciprocidade. Esse elemento de '*equivalência subjetiva*' corresponde ao elemento de equivalência material, isto é, à troca das mercadorias na base da lei do valor. [...] Se, portanto, é a troca que constitui a liberdade do homem, podemos dizer que quanto mais se alarga a sua esfera de comercialização, mais livre então pode ele ser, de tal

O direito subjetivo – discorre Edelman – sendo direito da pessoa e não encontrando a sua eficácia a não ser no consentimento, põe a relação vontade-liberdade do seguinte modo: a liberdade do homem é o seu livre consentimento. [...] Com efeito, se eu não fosse proprietário de mim mesmo, eu seria para o outro escravo, isto é, incapaz de me vender (res), e se o outro não fosse também livre, ele não poderia se vender. Em outras palavras, a *livre* troca da propriedade de si implica uma livre produção e uma consumação dessa produção. O direito, para respeitar e tornar real a faculdade de alienação de si mesmo, que é reconhecida a toda pessoa física, deve pôr a pessoa em termos de propriedade. A estrutura mesma do sujeito de direito, na dialética da vontade – produção – propriedade, não é, definitivamente, mais que a expressão jurídica da comercialização do homem.[352]

O diálogo com o sistema marxiano: a fórmula geral do capital – o processo de compra e venda de força de trabalho e o fetiche da mercadoria – é evidente.[353] Em verdade, Pachukanis é explícito ao afirmar categoricamente

modo que a expressão a mais 'acabada', a mais completa, a mais absoluta de sua liberdade, é a liberdade de disposição de si mesmo como mercadoria. Aqui podemos encontrar o homem reduzido à sua 'essência': no ato de troca de si mesmo o homem realiza a sua liberdade, portanto, a liberdade do homem aparece no ato de disposição de si como mercadoria, no qual o homem se torna um proprietário que carrega em si, em sua 'alma', o objeto de seu comércio, um proprietário que realiza em si mesmo a qualidade de sujeito e de objeto de direito. NAVES, Márcio Bilharinho. **Marxismo e direito:** um estudo sobre Pachukanis. São Paulo: Boitempo, 2008, p. 64.

352 *Apud* NAVES, Márcio Bilharinho. **Marxismo e direito:** um estudo sobre Pachukanis. São Paulo: Boitempo, 2008, p. 67-68. Em Kashiura Jr. observa-se semelhante conclusão: "Assimilar à forma mercadoria o potencial de trabalho de um homem significa – uma vez que um homem concreto não pode ser separado do seu potencial concreto de trabalho – precisamente assimilar um homem à forma mercadoria. O homem é reduzido à condição de mercadoria e simultaneamente alçado à condição de portador dessa mercadoria: a mercadoria força de trabalho, que é ele mesmo, é sua propriedade. A redução do homem à forma da mercadoria força de trabalho se realiza, portanto, de modo simultâneo à elevação desse mesmo homem à forma sujeito de direito. Ou melhor: o homem é alçado à forma sujeito de direito exatamente porque reduzido à forma mercadoria – porque essa mercadoria exige o seu 'guardião', e, assim, a redução do homem à condição de mercadoria, de propriedade, não pode passar sem o seu inverso: a conversão desse mesmo homem em proprietário (de si mesmo), em sujeito de direito." KASHIURA JR. Celso Naoto. **Sujeito do Direito e capitalismo.** São Paulo: Outras Expressões; Dobra Universitário, 2014, p. 190-191.

353 Cite-se, novamente, trecho de *O capital* em que Marx enuncia o processo de realização das mercadorias como valores, referenciado logo nas primeiras linhas do item 2.2 deste trabalho:

que "o fetichismo da mercadoria se completa com o fetichismo jurídico"[354], haja vista as relações entre as pessoas, no processo de produção, expressarem-se, por um lado, como relações entre coisas-mercadorias, e, por outro, como relações de vontade entre unidades livres, independentes e iguais, sujeitos de direitos. Um mesmo processo social concreto, unitário e histórico, adquire, simultaneamente, dois aspectos abstratos fundamentais e naturais: um econômico e outro jurídico.[355] É deste fetiche, originado no ato de troca (na relação real mercantil), que emerge a ideia de direito

"As mercadorias não podem ir por si mesmas ao mercado e trocar-se umas pelas outras. Temos, portanto, de nos voltar para seus guardiões, os possuidores de mercadorias. [...] Para relacionar essas coisas umas com as outras, como mercadorias, seus guardiões têm de estabelecer relações uns com os outros como pessoas cuja vontade reside nessas coisas e agir de modo tal que um só pode se apropriar da mercadoria alheia e alienar a sua própria mercadoria em concordância com a vontade do outro, portanto, por meio de um ato de vontade comum a ambos. Têm, portanto, de se reconhecer mutuamente como proprietários privados" In: MARX, Karl. **O capital:** crítica da economia política: livro I: o processo de produção do capital. São Paulo: Boitempo, 2017, p. 159. Por sua vez, Alysson Leandro Mascaro discorre sobre a estruturação da reprodução do capital segundo formas sociais específicas inter-relacionadas segundo um vínculo contratual: "A reprodução do capitalismo se estrutura por meio de formas sociais necessárias e específicas, que constituem o núcleo de sua própria sociabilidade. As sociedades de acumulação do capital, com antagonismo entre capital e trabalho, giram em torno de formas sociais como valor, mercadoria e subjetividade jurídica. Tudo e todos valem num processo de trocas, tornando-se, pois, mercadorias e, para tanto, jungindo-se por meio de vínculos contratuais. Dessa maneira, o contrato se impõe como liame entre os que trocam mercadorias – e, dentre elas, a força de trabalho. Mas, para que o vínculo seja contratual, e não simplesmente de imposição de força bruta nem de mando unilateral, é também preciso que formas específicas nos campos político e jurídico o constituam. Para que possam contratar, os indivíduos são tomados, juridicamente, como sujeitos de direito. Ao mesmo tempo, uma esfera política a princípio estranha aos próprios sujeitos, com efetividade e aparatos concretos, assegura o reconhecimento da qualidade jurídica desses sujeitos e garante o cumprimento dos vínculos, do capital e dos direitos subjetivos. MASCARO, Alysson Leandro. **Estado e forma política.** São Paulo: Boitempo, 2013, p. 21.

[354] PACHUKANIS, Evguiéni B. **Teoria geral do direito e marxismo.** São Paulo: Boitempo, 2017, p. 124.

[355] "Assim, em dado estágio de desenvolvimento, as relações entre as pessoas no processo de produção adquirem uma forma duplamente enigmática. Elas, por um lado, surgem como relações entre coisas, que são ao mesmo tempo mercadorias; por outro, como relações de vontade entre unidades independentes e iguais umas perante as outras, como as que se dão entre sujeitos de direitos. Ao lado da propriedade mística do valor aparece algo não menos enigmático: o direito. Ao mesmo tempo, a relação unitária e total adquire dois aspectos abstratos fundamentais: o econômico e o jurídico." In: PACHUKANIS, Evguiéni B. **Teoria geral do direito e marxismo.** São Paulo: Boitempo, 2017, p. 124.

subjetivo, ou melhor, do homem portador abstrato de pretensões jurídicas, separando a capacidade de possuir direitos das pretensões jurídicas concretas.[356] Assim, na sociedade burguesa, não se garante ao trabalhador a greve como instrumento de luta contra o processo de expropriação da mais-valia, mas, em sentido diverso, assegura-se-lhe o direito abstrato de greve como um mecanismo de defesa de um sistema abstrato de direitos inserido no próprio processo de expropriação da mais-valia, a forma-salário.[357]

3.3. A ideologia da mercadoria e a concepção jurídica de mundo

A chave de leitura ora empregada para a investigação da forma-sujeito enquanto forma sujeito de direito, reitera-se, reclama o seu alinhamento, ao menos parcialmente, para com o modelo reflexivo althusseriano em que a ideologia surge como prática constitutiva de uma realidade apropriável de acordo com uma determinada instância material efetiva. Vale salientar que, em alguma medida, a concepção althusseriana da relação existente entre a ideologia jurídica e a forma-sujeito aproxima-se do sistema pachukaniano que, opondo o discurso científico à ideologia, não compreende a forma jurídica como mera ideologia, mas, sobretudo, como materialidade.[358]

356 "[...] historicamente, é de fato o ato de troca que dá a ideia de sujeito como portador abstrato de todas as pretensões jurídicas possíveis. Somente em situações de economia mercantil nasce a forma jurídica abstrata, ou seja, a capacidade geral de possuir direitos se separa das pretensões jurídicas concretas. Somente a transferência contínua de direitos que tem lugar no mercado cria a ideia de um portador imutável." In: PACHUKANIS, Evguiéni B. **Teoria geral do direito e marxismo.** São Paulo: Boitempo, 2017, p. 124-125.

357 Tal movimento, inclusive, já havia sido retratado (ainda que de maneira perfunctória) pelo Marx de *Sobre a questão judaica*: "A revolução política que derrubou esse poder do soberano e açou os assuntos de Estado à condição de assuntos de toda a nação, que constituiu o Estado político como assunto *universal*, isto é, como Estado real, desmantelou forçosamente o conjunto dos estamentos, corporações, guildas, privilégios, que eram outras tantas expressões da separação entre o povo e seu sistema comunitário. Desse modo, a revolução política *superou o caráter político da sociedade burguesa.* Ela decompôs a sociedade burguesa em seus componentes mais simples, ou seja, nos *indivíduos,* por um lado, e, por outro, nos elementos *materiais e espirituais* que compõe o teor vital, a situação burguesa desses indivíduos. [...] Consequentemente o homem não foi libertado da religião. Ele ganhou a liberdade de religião. Ele não foi libertado da propriedade. Ele ganhou a liberdade de propriedade. Ele não foi libertado do egoísmo do comércio. Ele ganhou a liberdade de comércio." MARX, Karl. **Sobre a questão judaica.** São Paulo: Boitempo, 2010, p. 52-53.

358 Ainda na *Introdução* apontou-se tal peculiaridade do pensamento pachukaniano que, inclusive, desafia a própria teoria marxiana clássica da ideologia, superando a concepção da ideologia como falsa consciência, etc.

O direito, em Pachukanis, justamente por existir como forma social, possui uma história concreta, desenvolvendo-se como um sistema específico de relações imposto aos sujeitos pelas condições da produção capitalista. Há aqui uma clara indicação do que, mais tarde, veio a ser categorizado por Althusser como *interpelação*. Aliás, segundo Althusser, a interpelação é um movimento cuja tipicidade é a imposição violenta e brutal por sobre as consciências dos homens, "de tal modo que estes se encontrem obrigados de fato a reconhecer livremente que essas ideias são verdadeiras."[359] A forma jurídica, como ideologia matricial (e sobredeterminante), emprestando ao olhar empírico uma realidade objetiva pressuposta à subjetividade do "sujeito assujeitado", naturaliza uma determinada evidência fenomênica enquanto evidência propriamente dita para um determinado sujeito.

> A tese nuclear – segundo o argumento de Sampedro – pode-se resumir com facilidade: a ideologia possui uma existência material. Isto é, a existência das ideias é 'material' enquanto são inseparáveis as *práticas* materiais definidas e distribuídas pelos AIE. Toda formação social tem como finalidade produzir e *reproduzir* as condições da sua produção. E, enquanto a força de trabalho se reproduz mediante o salário, condição material para a reprodução de dita força, a reprodução da divisão do trabalho está garantida pelos AIE, de modo que estes asseguram o submetimento dos dominados e o domínio da prática da ideologia dominante. A função da ideologia consiste, pois, em obter a obediência consentida, que só unicamente mediante a força não se pode garantir nem manter. As ideologias são, portanto, inseparáveis do sistema de instituições.[360]

Em sua *Resposta a John Lewis*, Althusser desenvolve a tese, adequada ao argumento desenvolvido nestas páginas, de que a forma jurídica age como prática material constitutiva do discurso de toda ideologia, de modo que "todos os 'sujeitos' em ação nas ideologias da ideologia dominante são apenas formas diversas de um mesmo sujeito, o sujeito jurídico"[361] cultivado, por sua vez, no terreno da produção capitalista, do valor de troca

[359] *Apud* SAMPEDRO, Francisco. A teoria da ideologia de Althusser. NAVES, Marcio Bilharinho (Org.). **Presença de Althusser.** Campinas: UNICAMP/IFCH, 2010, p. 50.

[360] SAMPEDRO, Francisco. A teoria da ideologia de Althusser. In: NAVES, Marcio Bilharinho (Org.). **Presença de Althusser.** Campinas: UNICAMP/IFCH, 2010, p. 48

[361] THÉVENIN, Nicole-Édith. O itinerário de Althusser. NAVES, Marcio Bilharinho (Org.). **Presença de Althusser.** Campinas: UNICAMP/IFCH, 2010, p. 26.

e de suas determinações, e cujo bom funcionamento confunde-se, pela própria função desempenhada pela materialidade ideológica, com o bom funcionamento da totalidade social. Assim que a ideologia da mercadoria se infiltra no pensamento corrente (inclusive no pensamento teórico-conceitual) por uma abertura idealista, qual seja a ideologia jurídica, a *concepção jurídica de mundo.*

Por sua vez, Engels e Kautsky explicam o surgimento da concepção jurídica de mundo a partir da secularização da visão teológica vigente sob o feudalismo.[362] Em rigor, segundo os referidos autores, foi somente a vitória da burguesia em seu próprio processo revolucionário que conseguiu substituir o dogma e o direito divino pelo direito humano e pelo Estado.[363] O desenvolvimento do intercâmbio mercantil e as novas relações econômicas emergentes com a ascensão da burguesia à posição de classe dominante exigiram a superação do modelo de sujeição política típico dos estamentos pessoais e privilégios individuais feudais.[364] As relações de produção eri-

[362] Isso porque a concepção teológica de mundo, justificadora, até então, da unidade interna europeia diante de um inimigo exterior sarraceno, explicava-se, materialmente, pela organização fundiária da Igreja, proprietária de cerca de um terço das terras em todos os países do quadro feudal europeu. Segundo Engels e Kautsky, "a Igreja se constituía no verdadeiro vínculo entre os vários países; sua organização feudal conferia consagração religiosa à ordem secular", o dogma cristão era, assim, apresentado como a base de todo o pensamento formal, "jurisprudência, ciências da natureza e filosofia, tudo se resumia em saber se o conteúdo estava ou não de acordo com as doutrinas da Igreja." ENGELS, Friedrich. KAUTSKY, Karl. **O socialismo jurídico.** São Paulo: Boitempo, 2012, p. 17.

[363] "Contribuiu para consolidar a concepção jurídica de mundo o fato de que a luta da nova classe em ascensão contra os senhores feudais e a monarquia absoluta, aliada destes, era uma luta política, a exemplo de toda luta de classes, luta pela posse do Estado, que deveria ser conduzida por meio de *reivindicações jurídicas.*" In: ENGELS, Friedrich. KAUTSKY, Karl. **O socialismo jurídico.** São Paulo: Boitempo, 2012, p. 19.

[364] E o contexto *transformador* em que tal modificação estrutural se operou não deve ser desprezado, especialmente considerando o caráter revolucionário da burguesia e sua acomodação à posição de dominância na totalidade social dominada pelo *valor,* no que se destaca a abordagem de Miaille sobre a função de controle da escola do direito natural, em que tangencia Sieyès: "O terceiro estado já não pode continuar a ter o lugar subalterno que a sociedade feudal lhe reservara: tem de ser a realidade nacional de que não era outrora senão a sombra. Como é possível que *a Razão* possa admitir que uma nação de 25 milhões de pessoas seja governada por menos de 200 000 privilegiados? Se a Nação é portanto a única noção que a Razão pode admitir, é que esta Nação será doravante formada por *indivíduos livres* e *iguais em direitos.* Esta ideia de liberdade e igualdade sobretudo é de governar na base de privilégios, mas na base de direitos próprios de cada indivíduo: 'não se é livre por privilégios, mas pelos direitos que pertencem a todos'. [...] A razão humana permitiu pois *repor a ordem* numa sociedade mal

gidas sob a tutela do valor realizado na circulação mercantil demandaram, como já referido, a equiparação de todos os homens segundo regras universalmente válidas. Daí porque "a igualdade jurídica tornou-se o principal brado de guerra da burguesia."[365]

> Do século XIII ao século XVII – apontam Engels e Kautsky –, todas as reformas efetuadas e lutas travadas sob bandeiras religiosas nada mais são, no aspecto teórico, do que repetidas tentativas da burguesia, da plebe urbana e em seguida dos camponeses rebelados de adaptar a antiga concepção teológica de mundo às condições econômicas modificadas e à situação de vida da nova classe.[366]

Consequentemente, a partir do século XVIII, o desenvolvimento do intercâmbio mercantil em escala social, aliado ao crescimento do sistema

organizada, ou melhor, *instaurar uma nova ordem* nova fundada nos indivíduos, depositários de direitos inalienáveis e sagrados, numa palavra, de direitos naturais. É pois neste momento que pode ser desenvolvida a teoria dos direitos subjetivos, quer dizer, dos direitos pertencentes ao sujeito, ao indivíduo, à pessoa." MIAILLE, Michel. **Uma introdução crítica ao direito.** Lisboa: Ed. Moraes, 1979, p. 256. Ainda num mesmo sentido, Marx e Engels diagnosticaram, ainda no *Manifesto Comunista*: "Onde quer que tenha conquistado o poder, a burguesia destruiu as relações feudais, patriarcais e idílicas. Rasgou todos os complexos e variados laços que prendiam o homem feudal a seus 'superiores naturais', para deixar subsistir apenas, de homem para homem, o laço do frio interesse, as duras exigências do 'pagamento à vista'. Afogou os fervores sagrados da exaltação religiosa, do entusiasmo cavalheiresco, do sentimentalismo pequeno-burguês nas águas geladas do cálculo egoísta. Fez da dignidade pessoal um simples valor de troca; substituiu as numerosas liberdades, conquistadas duramente, por uma única liberdade sem escrúpulos: a do comércio. Em uma palavra, em lugar da exploração dissimulada por ilusões religiosas e políticas, a burguesia colocou uma exploração aberta, direta, despudorada e brutal." MARX, Karl.; ENGELS, Friedrich. Manifesto Comunista. In: MARX, Karl.; ENGELS, Friedrich.; LÊNIN, Vladimir Ilitch. **Manifesto Comunista; Teses de abril.** São Paulo: Boitempo, 2017, p. 24.

365 ENGELS, Friedrich. KAUTSKY, Karl. **O socialismo jurídico.** São Paulo: Boitempo, 2012, p. 19. Em um mesmo sentido, discorre Alysson Leandro Mascaro: "O sistema feudal, em todas suas instâncias, é um sistema de injustiças e explorações, é um sistema de desigualdade. O capitalismo altera esse quadro: ao abrir uma instância nova, estatal, política e jurídica, abre a mais imediatamente visível das instâncias das relações sociais, e, ao contrário das relações econômicas que são seu sustentáculo, manda que a política e o direito falem a linguagem da igualdade." MASCARO, Alysson Leandro. **Crítica da legalidade e do direito brasileiro.** São Paulo: Quartier Latin, 2019, p. 28.

366 ENGELS, Friedrich. KAUTSKY, Karl. **O socialismo jurídico.** São Paulo: Boitempo, 2012, p. 18.

de concessão de créditos e incentivos à produção burguesa implicou em uma complexa rede de relações contratuais que, obviamente, demandava um sistema de regras universalmente válidas e exigíveis contra todos.[367] A bandeira religiosa deixou de tremular na sociedade conformada pela totalidade social burguesa e, retirado o pavilhão teológico, passou-se a ostentar a concepção jurídica de mundo como formação social fundamental das relações entre livres produtores de mercadorias. O âmbito que até então era do sagrado viu-se, assim, ocupado pelo profano. Encerra-se o período da crítica da religião, então, em favor da crítica da miséria real do homem.[368] Daí, inclusive, desenvolve-se a complexidade da afirmação marxiana a respeito da *tarefa* de uma filosofia a serviço da história:

367 "As relações econômicas e sociais, anteriormente representadas como criações do dogma e da Igreja, porque esta as sancionava, agora se representam fundadas no direito e criadas pelo Estado. Visto que o desenvolvimento pleno do intercâmbio de mercadorias em escala social – isto é, por meio da concessão de incentivos e créditos – engendra complicadas relações contratuais recíprocas e exige regras universalmente válidas, que só poderiam ser estabelecidas pela comunidade – normas jurídicas estabelecidas pelo Estado –, imaginou-se que tais normas não proviessem dos fatos econômicos, mas dos decretos formais do Estado. Além disso, uma vez que a concorrência, forma fundamental das relações entre livres produtores de mercadorias, é a grande niveladora, a igualdade jurídica tornou-se o principal brado de guerra da burguesia." In: ENGELS, Friedrich. KAUTSKY, Karl. **O socialismo jurídico.** São Paulo: Boitempo, 2012, p. 18-19.

368 "Na Alemanha, a *crítica da religião* está, no essencial, terminada; e a crítica da religião é o pressuposto de toda a crítica. A existência profana do erro está comprometida, depois que sua *celestial oratio pro atis et focis* foi refutada. O homem, que na realidade fantástica do céu, onde procurava um super-homem, encontrou apenas o *reflexo de si mesmo*, já não será tentado a encontrar apenas a *aparência* de si, o inumano, lá onde procura e tem de procurar sua autêntica realidade. Este é o fundamento da crítica irreligiosa: o homem *faz a religião*, a religião não faz o homem. E a religião é de fato a autoconsciência e o autossentimento do homem, que ou ainda não conquistou a si mesmo ou já se perdeu novamente. Mas o *homem* não é um ser abstrato, acocorado fora do mundo. O homem é o *mundo do homem*, o Estado, a sociedade. [...] A miséria *religiosa* constitui ao mesmo tempo a *expressão* da miséria real e o *protesto* contra a miséria real. A religião é o suspiro da criatura oprimida, o ânimo de um mundo sem coração, assim como o espírito de estados de coisas embrutecidos. Ela é o *ópio* do povo. [...] A crítica arrancou as flores imaginárias dos grilhões, não para que o homem suporte grilhões desprovidos de fantasias ou consolo, mas para que de desvencilhe deles e a flor viva desabroche. A crítica da religião desengana o homem a fim de que ele pense, aja, configura a sua realidade como um homem desenganado, que chegou à razão, a fim de que ele gire em torno de si mesmo, em torno de seu verdadeiro sol. A religião é apenas o sol ilusório que gira em volta do homem enquanto ele não gira em torno de si mesmo." In: MARX. Karl. **Crítica da filosofia do direito de Hegel.** São Paulo: Boitempo, 2013, p. 151-152.

> Portanto, a *tarefa da história*, depois de desaparecido o *além da verdade*, é estabelecer a *verdade do aquém*. A *tarefa* imediata da *filosofia*, que está a serviço da história, é, depois de desmascarada a forma sagrada da autoalienação [*Selbstentfremdung*] humana, desmascarar a autoalienação nas suas *formas não sagradas*. A crítica do céu transforma-se, assim, na crítica da terra, a *crítica da religião*, na *crítica do direito*, a *crítica da teologia*, na *crítica da política*.[369]

A mudança de perspectiva de uma concepção teológica de mundo para a concepção jurídica de mundo é visível exatamente na tentativa de esta naturalizar, a partir de normas jurídicas estabelecidas pelo Estado contra todos os membros da comunidade, paradigmas adequados à regulação da circulação de mercadorias.[370] A liberdade e a igualdade, como visto, estenderam-se universalmente a todos os seres racionais, apresentando-se como representantes de um imperativo da vontade autônoma kantiana, cuja crítica idealista[371] norteou todo o processo de gestação da concepção

[369] MARX. Karl. **Crítica da filosofia do direito de Hegel.** São Paulo: Boitempo, 2013, p. 152.

[370] A esse respeito, Marx discorre que "As Revoluções de 1648 e 1789 não foram revoluções da Inglaterra e da França: foram revoluções de estilo europeu. Não foram a vitória de uma determinada classe sobre a velha ordem política: foram a proclamação da ordem política para a nova sociedade europeia, Nelas, prevaleceu a burguesia, porém, a vitória da burguesia foi, outrora, a vitória de uma nova ordem social, a vitória da propriedade burguesa sobre a propriedade feudal, a vitória da nacionalidade sobre o provincialismo, da concorrência sobre a corporação de ofício, da partilha da terra sobre a primogenitura, da dominação do proprietário pelo solo, do iluminismo sobre a superstição, da família sobre o nome de família, da indústria sobre a indolência heroica. Foi a vitória do direito burguês sobre os privilégios medievais." In: MARX, Karl. ***Die bourgeoisie und die Kontrerevolution.*** Berlim: Dietz, 1961, vol. 6, p. 107-108. Trad. em português disponível em <http://www.scientific-socialism.de/FMFEDireitoCAP24Port.htm> Acesso em 27 abr 2020.

[371] Em brevíssima abordagem – que certamente merece um estudo aprofundado e inteiramente dedicado à relação do pensamento kantiano com o direito em sua materialidade –, aponta-se que, em Kant, o caráter *apriorístico* da vontade legisladora universal é incompatível com a heteronímia do mundo sensível, em que os homens estão inseridos em um fluxo contínuo de necessidades naturais, sociais e históricas. A solução apresentada por Kant diante do impasse entre a existência fenomênica e a existência numênica do homem foi colocar a questão da liberdade e da vontade autônoma universal em um plano puramente ideal, no qual o mundo *inteligível* submete-se a leis diversas do mundo *sensível*, o que, ao fim e ao cabo, atribui à razão do imperativo categórico kantiano (e também ao seu princípio universal do direito) uma textura de *crença*. Afirma Kant que "o mundo inteligível contém o fundamento do mundo sensível e portanto também das leis, sendo assim, com respeito à minha vontade (que pertence totalmente ao mundo inteligível), imediatamente legislador e devendo também ser pensado como tal, resulta daqui que, posto por outro lado me conheça como ser pertencente

jurídico-burguesa de mundo. Nesse aspecto, o exame das obrigações *ius realiter personae* e do contrato celebrado na *societas herilis* kantiana[372], bem como seus reflexos (na verdade sua incoerência com a própria noção burguesa de personalidade, conforme, posteriormente, se verificou em Hegel) na categoria da geometria da liberdade exterior, revelam a transição entre a relação de dominação pessoal feudal e a ascensão da sociedade burguesa, em que o homem se afirmava como *sujeito livre* ao mesmo tempo em que se submetia a outra pessoa que dele dispunha *como se coisa fosse*, o que, segundo Naves, guarda íntima conexão com as exigências históricas da circulação mercantil, especialmente no que diz respeito à subsunção do trabalho ao capital:

> De fato, a inexistência do conceito de sujeito de direito universal em Kant corresponde à etapa inicial da constituição das relações de produção capita-

ao mundo sensível, terei, como inteligência, de reconhecer-me submetido à lei do mundo inteligível, isto é, à razão, que na ideia de liberdade contém a lei desse mundo, e portanto à autonomia da vontade; por conseguinte terei de considerar as leis do mundo inteligível como imperativos para mim e as ações conformes a este princípio como deveres." In: KANT, Immanuel. **Fundamentação da metafísica dos costumes**. Lisboa: Edições 70, 2008, p. 108.

[372] Trata-se, aqui, de uma modalidade *ancestral* ao contrato de compra e venda de força de trabalho e ao contemporâneo *contrato de trabalho*, segundo o qual *pessoas livres* poderiam submeter-se, por contrato, à autoridade do chefe da família, em uma relação de dependência econômica pessoal-real que até mesmo, em última instância, retirava de tais pessoas livres o direito ao voto. Na *Metafísica dos Costumes* tal abordagem é realizada de acordo com os seguintes excertos: "Ambas as partes podem, na verdade, manter a mesma sociedade doméstica, mas sob uma outra forma de obrigação, ou seja, como vinculação do chefe de família com o pessoal doméstico (os criados ou criadas da casa), portanto, podem conservar precisamente esta sociedade doméstica, mas agora como sociedade senhorial (*societas herilis*), mediante um contrato pelo qual o primeiro com os filhos adultos ou, se a família não tem filhos, com outras pessoas livres (da comunidade doméstica) fundaria uma sociedade doméstica, que seria uma sociedade desigual (do que manda ou do senhor e dos que obedecem, quer dizer, dos serviçais, *imperantes et subiecti domestici*). [...] O pessoal de serviço pertence, portanto, ao chefe de família e, na verdade, no que diz respeito à forma (à espécie da posse), pertence-lhe como se se tratasse de um direito real; porque o chefe de família pode reavê-lo quando se extravia, mediante arbítrio unilateral; no entanto, no que se refere à matéria, quer dizer, ao uso que pode fazer destes membros da comunidade doméstica, não pode nunca comportar-se como proprietário dos mesmos (*dominus servus*). [...] só mediante contrato está o serviçal sob o seu senhorio, mas é em si contraditório, quer dizer nulo e inexistente, um contrato mediante o qual uma parte renuncia à sua liberdade integral em benefício de outrem, com o que deixa de ser uma pessoa e, consequentemente, não impende sobre ele qualquer dever de observar um contrato, mas só reconhece o poder. In: KANT, Immanuel. **A metafísica dos costumes.** Lisboa: Calouste Gulbelkian, 2005, p. 128-129.

listas, que, como vimos, se caracteriza pela subsunção formal do trabalho ao capital. Nesta fase, o problema que o capital precisa resolver é o do domínio ainda incompleto sobre o trabalhador livre. De fato, devido à não transformação da base técnico-material da produção, o trabalhador direto conserva um certo controle sobre o modo de produção (em sentido estrito), e, com isso, impede o pleno domínio do capital sobre o trabalho. É essa situação que a categoria kantiana do direito pessoal-real exprime, toda ela centrada no imperativo de impedir a 'evasão do doméstico', isto é, de evitar não tanto que o trabalhador abandone o seu posto de trabalho, mas que ele possa estabelecer os limites do processo de valorização.[373]

Não por acaso, Hegel, contemporaneamente ao desenvolvimento pleno da concepção jurídica de mundo, aborda o direito abstrato como a esfera em que indivíduos dotados de posses e propriedades comparecem segundo

373 NAVES, Márcio Bilharinho. **A questão do direito em Marx.** São Paulo: Outras Expressões/ Dobra, 2014, p. 83. Também sobre a determinação exterior da liberdade em Kant, veja-se Kashiura Jr.: "Assim, se é razoável falar numa subjetividade correspondente à filosofia prática de Kant, tal subjetividade se coloca como a transcrição filosófica do indivíduo que "anda por si mesmo", vivendo a plena ilusão de sua autonomia ou liberdade, na esfera da circulação mercantil. Na moralidade, a filosofia kantiana havia fixado no interior do sujeito as determinações do processo do valor de troca. No direito, essa mesma filosofia reencontra tais determinações, agora exteriormente, e as declara como liberdade." KASHIURA JR., Celso Naoto. Apontamentos para uma crítica marxista da subjetividade moral e da subjetividade jurídica. In: KASHIURA Jr., Celso Naoto. AKAMINE Jr., Oswaldo. MELO, Tarso de. (Orgs.) **Para a crítica do direito:** reflexões sobre teorias e práticas jurídicas. São Paulo: Outras Expressões: Editorial Dobra, 2015, p. 83. Tais conclusões, certamente, coadunam-se com o modelo apresentado por Kant na segunda parte do seu *Theory and practice concerning the common saying: this may be true in theory but does not apply to practice*, a ver: "*If there were two persons free from coercion neither would be subject to coercive laws and neither could do to the other anything contrary to right, all of which is impossible. The general equality of men as subjects in a state coexists quite readily with the greatest inequality in degrees of the possessions men have, whether the possessions consist of corporeal or spiritual superiority or in material possession besides. Hence the general equality of men also coexists with great inequality of specific rights of which there may be many. Thus it follows that the welfare of one man may depend to a very great extent on the will of another man, just as the poor are dependent on the rich and the one who is dependent must obey the other as a child obeys his parents or the wife her husband or again, just as one man has command over another, as one man serves and another pays, etc. Nevertheless, all subjects are equal to each other before the law which, as a pronouncement of the general will, can only be one. Thus law concerns the form and not the matter of the object regarding which I may posses a right.*" In: KANT, Immanuel. *Theory and practice concerning the common saying: this may be true in theory but does not apply to practice*. In: ***The philosophy of Kant:*** *Immanuel Kant's moral and political writings*. New York: Random House, 1949, p. 517-518.

uma relação contratual recíproca realizada e amparada pelo Estado. A teoria da vontade livre hegeliana é o elemento conceitual que reconhece a estabilidade (e a universalização) da concepção jurídica de mundo, cimentando-a como a legitimação teórica da concepção de mundo da burguesia. Assim, uma vez que o direito subjetivo demanda a singularidade e a autodeterminação universal da pessoa enquanto sujeito de direito, o direito passa, portanto, a representar-se como forma jurídica determinada pela forma sujeito de direito, na mesma proporção em que a "subjetividade [da vontade] chama-se: α) a *pura forma*, a *unidade absoluta* da autoconsciência consigo, na qual essa é enquanto eu = eu, pura e simplesmente interior e [um] repousar *abstrato* sobre si."[374] A ordem jurídica, nesse contexto, universaliza-se, revolucionando o pensamento ao transformar todos os homens em sujeitos de direitos abstratamente livres em suas vontades autônomas e individuais. O direito passa, portanto, a exercer a técnica prática da sua ideologia: a organização da regulamentação da liberdade do sujeito de acordo com os fundamentos da ordem (e da produção) burguesa, "a categoria sujeito de direito, celebrada como a anunciadora da nova era dos direitos humanos, é, na verdade, a forma necessária por meio da qual a plena reprodução social capitalista se assenta."[375]

Nesta ordem, a concepção jurídica de mundo impõe-se ao homem limitando-o a si mesmo, garantindo a sua liberdade desde que esta recolha-se a si mesma e permaneça adstrita ao campo da sociabilidade burguesa. A concepção jurídica de mundo interpela o homem como mônada iso-

[374] HEGEL, Georg Wilhelm Friedrich. **Linhas fundamentais da filosofia do direito, ou, Direito natural e ciência do estado em compêndio.** São Leopoldo: Ed. UNISINOS, 2010, p. 70.

[375] MASCARO, Alysson Leandro. **Crise e golpe.** São Paulo: Boitempo, 2018, p. 174. Veja-se, ainda, o ponto em que Thévenin arremata o seu comentário sobre a obra de Edelman (especificamente *O direito captado pela fotografia*) dizendo que o francês escreve com o propósito de "fazer o discurso teórico da prática jurídica, desmascarar a ideologia jurídica em sua prática e a prática como *efeitos práticos* de uma ideologia. Desmontar assim o funcionamento e a função do direito; mais ambiciosamente ainda, mostrar as relações entre a ideologia jurídica e a ideologia burguesa, mostrar como o direito assegura a eficácia dessa ideologia, qual é a especificidade dessa 'eficácia'." E, mais adiante, prossegue questionando: "o direito tem uma prática de sua ideologia. Uma prática que é ao mesmo tempo uma técnica de sua prática: a organização da *regulamentação* da liberdade. Em nome de quê?" THÉVENIN, Nicole-Edith. Ideologia jurídica e ideologia burguesa (ideologia e práticas artísticas). In: NAVES, Márcio Bilharinho. (Org.). **Presença de Althusser.** Campinas: UNICAMP/IFCH, 2010, p. 55.

lada que repousa em si mesma.[376] Aí repousa também, em berço esplêndido, a relação de fundamentação recíproca entre base e superestrutura, entre mercadoria e forma jurídica, protegida pela armadura da ideologia como materialidade. "Ela mantém a *legalidade* das *funções* e dos *direitos* pela mesma legalidade das relações de produção entendidas como relações naturais, eternas, legalidade que é tão somente a legalidade política do *poder político* da classe dominante."[377] Vale dizer, a observância de uma ordem social burguesa cimentada em um fundamento jurídico tido por natural é mais que atual, fazendo-se presente nas diversas declarações de direitos cujos preceitos estabelecem fontes formais e materiais de direitos mundo afora. A concepção jurídica de mundo como retrato de uma "ordem jurídica" autoevidente é percebida, exemplificativamente, desde o século XVIII, nos termos da *Declaração de direitos do bom povo de Virgínia*[378], da *Declaração de independência dos Estados Unidos da América*[379], da *Declara-*

376 Marx, Karl. **Sobre a questão judaica.** São Paulo: Boitempo, 2010.

377 Thévenin, Nicole-Edith. Ideologia jurídica e ideologia burguesa (ideologia e práticas artísticas). In: Naves, Márcio Bilharinho. (Org.). **Presença de Althusser.** Campinas: UNICAMP/IFCH, 2010, p. 70.

378 "Declaração de direitos formuladas pelos representantes do bom povo de Virgínia, reunidos em assembleia geral e livre; direitos que pertencem a eles e à sua posteridade, como base e fundamento do governo. I – Que todos os homens são, por natureza, igualmente livres e independentes, e têm certos direitos inatos, dos quais, quando entram em estado de sociedade, não podem por qualquer acordo privar ou despojar seus pósteros e que são: o gozo da vida e da liberdade com os meios de adquirir e de possuir a propriedade e de buscar e obter felicidade e segurança. [...] IV – Que nenhum homem ou grupo de homens tem direito a receber emolumentos ou privilégios exclusivos ou especiais da comunidade, senão apenas relativamente a serviços públicos prestados; os quais, não podendo ser transmitidos, fazem com que tampouco sejam hereditários os cargos de magistrado, de legislador ou de juiz." Virgínia. **Declaração de direitos do bom povo de Virgínia.** 16 de junho de 1776. Disponível em < http://www.direitoshumanos.usp.br/index.php/Documentos-anteriores-à-criação-da-Sociedade-das-Nações-até-1919/declaracao-de-direitos-do-bom-povo-de-virginia-1776.html> Acesso em 28 abr 2020.

379 "Quando, no curso dos acontecimentos humanos, se torna necessário a um povo dissolver os laços políticos que o ligavam a outro, e assumir, entre os poderes da Terra, posição igual e separada, a que lhe dão direito as leis da natureza e as do Deus da natureza, o respeito digno para com as opiniões dos homens exige que se declarem as causas que os levam a essa separação. Consideramos estas verdades como evidentes por si mesmas, que todos os homens são criados iguais, dotados pelo Criador de certos direitos inalienáveis, que entre estes estão a vida, a liberdade e a procura da felicidade." ESTADOS UNIDOS DA AMÉRICA. **A declaração de independência dos Estados Unidos da América.** 4 de julho de 1776. Disponível em <http://www4.policiamilitar.sp.gov.br/unidades/dpcdh/Normas_Direitos_

ção de direitos do homem e do cidadão[380] e, mesmo no período do "terror" da *Constituição Jacobina*[381]. Atualmente, ainda que o conteúdo dos Estados-

Humanos/DECLARAÇÃO%20DE%20INDEPENDENCIA%20DOS%20EUA%20-04%20 de%20julho%20de%201776%20-%20PORTUGUÊS.pdf> Acesso em 05 mai 2020.

[380] "Os representantes do povo francês, reunidos em Assembleia Nacional, tendo em vista que a ignorância, o esquecimento ou o desprezo dos direitos do homem são as únicas causas dos males públicos e da corrupção dos Governos, resolveram declarar solenemente os direitos naturais, inalienáveis e sagrados do homem, a fim de que esta declaração, sempre presente em todos os membros do corpo social, lhes lembre permanentemente seus direitos e seus deveres; a fim de que os atos do Poder Legislativo e do Poder Executivo, podendo ser a qualquer momento comparados com a finalidade de toda a instituição política, sejam por isso mais respeitados; a fim de que as reivindicações dos cidadãos, doravante fundadas em princípios simples e incontestáveis, se dirijam sempre à conservação da Constituição e à felicidade geral. Em razão disto, a Assembleia Nacional reconhece e declara, na presença e sob a égide do Ser Supremo, os seguintes direitos do homem e do cidadão: Art. 1º. Os homens nascem e são livres e iguais em direitos. As distinções sociais só podem fundamentar-se na utilidade comum. Art. 2º. A finalidade de toda associação política é a conservação dos direitos naturais e imprescritíveis do homem. Esses direitos são a liberdade, a propriedade, a segurança e a resistência à opressão. Art. 3º. O princípio de toda a soberania reside, essencialmente, na nação. Nenhuma operação, nenhum indivíduo pode exercer autoridade que dela não emane expressamente. Art. 4º. A liberdade consiste em poder fazer tudo que não prejudique o próximo. Assim, o exercício dos direitos naturais de cada homem não tem por limites senão aqueles que asseguram aos outros membros da sociedade o gozo dos mesmos direitos. Estes limites apenas podem ser determinados pela lei. [...] Art. 17º Como a propriedade é um direito inviolável e sagrado, ninguém dela pode ser privado, a não ser quando a necessidade pública legalmente comprovada o exigir e sob condição de justa e prévia indenização." FRANÇA, **Declaração de direitos do homem e do cidadão.** 26 de agosto de 1789. Disponível em <http://www.direitoshumanos.usp.br/index.php/Documentos-anteriores-à-criação-da-Sociedade-das-Nações-até-1919/declaracao-de-direitos-do-homem-e-do-cidadao-1789.html> Acesso em 28 de abr de 2020.

[381] "O povo da França, convencido de que a negligência e o desprezo pelos direitos naturais do homem são as únicas causas dos infortúnios do mundo, resolveu expor esses direitos sagrados e inalienáveis em uma declaração solene, para que todos os cidadãos, podendo comparar constantemente os atos de governo com o objetivo de qualquer instituição social, nunca se deixem oprimir e degradar pela tirania; assim o povo deverá sempre ter a base de sua liberdade e felicidade diante de seus olhos, o magistrado a base de seus deveres, e o legislador o objeto de sua missão. Por conseguinte, proclama, na presença do Ser Supremo, a seguinte Declaração dos direitos do homem e do cidadão [...] Artigo 2. Esses direitos são igualdade, liberdade, segurança e propriedade. [...] Artigo 6. Liberdade é o poder pertencente ao homem para fazer tudo o que não prejudique os direitos dos outros: seu princípio é a natureza; seu governo, justiça; sua salvaguarda, a lei; seus limites morais estão nesta máxima: não faça a outro o que você não teria feito a você. [...] Artigo 16. O direito de propriedade é pertence a cada cidadão, para usufruir e dispor de seus bens, de sua renda, dos frutos de seu trabalho e

-nações e suas manifestações materiais do discurso jurídico tenham sido, em maior ou menor grau, alteradas, permanece incólume a forma jurídica como representação de uma ordem burguesa diretamente relacionada à produção capitalista, conforme se observa da *Declaração universal dos direitos humanos*:

> A assembleia geral proclama a presente declaração universal dos direitos humanos como o ideal comum a ser atingido por todos os povos e todas as nações, com o objetivo de que cada indivíduo e cada órgão da sociedade, tendo sempre em mente esta Declaração, se esforce, através do ensino e da educação, por promover o respeito a esses direitos e liberdades, e, pela adoção de medidas progressivas de caráter nacional e internacional, por assegurar o seu reconhecimento e a sua observância universal e efetiva, tanto entre os povos dos próprios Estados-Membros, quanto entre os povos dos territórios sob sua jurisdição.
>
> Artigo I – Todos os seres humanos nascem livres e iguais em dignidade e direitos. São dotados de razão e consciência e devem agir em relação uns aos outros com espírito de fraternidade.
>
> Artigo II – 1. Todo ser humano tem capacidade para gozar os direitos e as liberdades estabelecidos nesta Declaração, sem distinção de qualquer espécie, seja de raça, cor, sexo, idioma, religião, opinião política ou de outra natureza, origem nacional ou social, riqueza, nascimento ou qualquer outra condição.
>
> [...]
>
> Artigo XVII – 1. Todo ser humano tem direito à propriedade, só ou em sociedade com outros. 2. Ninguém será arbitrariamente privado de sua propriedade.
>
> [...]
>
> Artigo XXIII – 1. Todo ser humano tem direito ao trabalho, à livre escolha de emprego, a condições justas e favoráveis de trabalho e à proteção contra o desemprego. [...] 3. Todo ser humano que trabalha tem direito a uma remuneração justa e satisfatória, que lhe assegure, assim como à sua família, uma

de sua indústria de acordo com a sua vontade. [...] Artigo 18. Qualquer homem pode vender seus serviços ou seu tempo; mas ele não pode vender a si mesmo nem ser vendido. Sua pessoa não é propriedade alienável. A lei não reconhece nenhum serviço doméstico; apenas pode existir um acordo de cuidado e reconhecimento entre trabalhador e empregador." FRANÇA. **Constituição Jacobina de 1793.** 10 de outubro de 1793. Disponível em <https://alphahistory.com/frenchrevolution/extracts-constitution-of-1793/> Acesso em 05 mai 2020.

existência compatível com a dignidade humana e a que se acrescentarão, se necessário, outros meios de proteção social.[382]

Percebe-se, nesse contexto, o modo como a concepção jurídica de mundo age na condição de matriz da ideologia da mercadoria (dada a relação simbiótica entre a ideologia e as instituições da ordem mercantil)[383]. A concepção jurídica de mundo é, nessa linha, o principal agente ideológico do ato que esconde, recobrindo sob o véu místico particular das determinações morais da essência humana as relações materiais que correspondem aos interesses e necessidades engendrados pela produção capitalista e cujo reflexo é justamente a apresentação da apropriação burguesa de trabalho não pago como resultado de um vínculo aparentemente racional e voluntariamente estabelecido entre homens juridicamente iguais, contraentes de uma relação formal mediada pelo discurso jurídico.

Sob as coloridas lentes jurídicas da concepção burguesa de mundo, a relação de compra e venda da força de trabalho, aparecendo como simples negócio jurídico entre titulares de direitos iguais e livres e em pleno gozo de suas capacidades jurídicas, surge como o ápice da realização da liberdade e da igualdade entre os homens. Retiradas tais lentes, todavia, "todo o mistério do direito e a liturgia sagrada que consagra os direitos do homem aparecem aqui em sua crua realidade: a liberdade e a igualdade são *determinações do valor de troca*, necessárias para que o homem possa ser 'comercializado'"[384]. O segredo da concepção jurídica de mundo é assim, finalmente, tal qual o segredo da criação de mais-valor, forçado para fora das suas máscaras sociais da natureza humana.[385]

[382] ORGANIZAÇÃO DAS NAÇÕES UNIDAS. **Declaração universal dos direitos humanos.** 10 de dezembro de 1948. Disponível em < https://nacoesunidas.org/wp-content/uploads/2018/10/DUDH.pdf> Acesso em 28 de abr de 2020.

[383] SAMPEDRO, Francisco. A teoria da ideologia de Althusser. In: NAVES, Marcio Bilharinho (Org.). **Presença de Althusser.** Campinas: UNICAMP/IFCH, 2010. Em um mesmo sentido, pondera Althusser: "Foi com finalidades ideológicas precisas – afirma Althusser – que a filosofia burguesa apoderou-se da noção jurídico-ideológica de *sujeito*, para dela fazer uma categoria filosófica, sua categoria nº 1, e para pôr a questão *do* Sujeito do conhecimento (o ego cogito, o sujeito transcendental kantiano ou husserliano, etc.), da moral, etc., e *do* Sujeito da história." ALTHUSSER, Louis. Resposta a John Lewis. In: ALTHUSSER, Louis. **Posições I.** Rio de Janeiro: Edições Graal, 1978, p. 68.

[384] NAVES, M. B. A ilusão da jurisprudência. **Lutas Sociais** (PUCSP), São Paulo, v. 7, o. 67-72, 2001.

[385] A relação entre o direito e a criação de mais-valor é tão explícita que se emolduraria perfeitamente ao contexto desta abordagem a citação marxiana também realizada ao final do

> É assim – conclui Thévenin – que o direito delimita materialmente o lugar de cada qual na sociedade, lhes dando direitos. A produção aparece então como produção de um *sujeito*, do mesmo modo que as relações de produção se encontram escamoteadas atrás da circulação, atrás da ideologia da circulação, que é a ideologia da democracia burguesa, a ideologia da liberdade e da igualdade burguesa, a ideologia da circulação mercantil. A legalidade, nós o veremos, assegura o bom funcionamento da sociedade, que é o bom funcionamento do capital. Se a ideologia religiosa assegurou a reprodução das relações de produção feudais, é o direito que, hoje, tendo conquistado pouco a pouco todo o espaço econômico/social/político, porque o Estado se apoderou de todas as esferas da produção e da reprodução, regula o inconsciente e o consciente da produção mercantil capitalista, ou melhor, é o direito que, regulando o processo do capital, regula o consciente e o inconsciente dos sujeitos desse grande Sujeito: o Capital.[386]

Ora que, ao impor a circulação do homem no mercado como força de trabalho corporificada, a concepção jurídica de mundo (aqui já plenamente identificada como ideologia vigente no campo da produção burguesa por excelência) engendra, por um acordo de vontades bilateral entre capitalista e operário cujo sinalagma é mediado por um discurso jurídico aparentemente neutro, o processo de apreensão ideológica do indivíduo em um patamar de igualdade e liberdade em torno da propriedade burguesa. Em síntese, ao produzir o direito, a esfera da circulação produz também

item 2.2 (*A fórmula geral do capital e a compra e venda da força de trabalho)*, a seguir: "A esfera da circulação ou da troca de mercadorias, em cujos limites se move a compra e a venda da força de trabalho, é, de fato um verdadeiro Éden dos direitos inatos do homem. Ela é o reino exclusivo da liberdade, da igualdade, da propriedade e de Bentham. Liberdade, pois os compradores e vendedores de uma mercadoria, por exemplo, da força de trabalho, são movidos apenas por seu livre-arbítrio. Eles contratam como pessoas livres, dotadas dos mesmos direitos. O contrato é o resultado, em que suas vontades recebem uma expressão legal comum a ambas as partes. Igualdade, pois eles se relacionam um com o outro apenas como possuidores de mercadorias e trocam equivalente por equivalente. Propriedade, pois cada um dois põe apenas do que é seu. Bentham, pois cada um olha somente para si mesmo. A única força que os une e os põe em relação mútua é a de sua utilidade própria, de sua vantagem pessoal, de seus interesses privados" In: MARX, Karl. **O capital:** crítica da economia política: livro I: o processo de produção do capital. São Paulo: Boitempo, 2017, p. 250-251.

[386] THÉVENIN, Nicole-Edith. Ideologia jurídica e ideologia burguesa (ideologia e práticas artísticas). In: NAVES, Márcio Bilharinho. (Org.). **Presença de Althusser.** Campinas: UNICAMP/IFCH, 2010, p. 70-71.

o *ponto de vista* do direito e, por sua vez, o *ponto de vista* do sujeito de direitos. Tais pontos de vista, contudo, obstruem o acesso do indivíduo investido na condição de sujeito de direitos aos subterrâneos da determinação e da sobredeterminação da forma jurídica pelos processos de valorização e de realização do valor, domesticando-o segundo a ideologia burguesa da equivalência mercantil.[387]

> [...] o Direito toma a esfera da circulação como dado natural; que esta esfera, tomada em si como absoluto não é outra coisa senão a noção ideológica que recebe o nome hobbesiano, rousseauniano, kantiano ou hegeliano, de sociedade civil; e que o Direito, ao fixar a circulação mais não faz do que promulgar os decretos dos direitos do homem e do cidadão; que ele escreve sobre o frontispício do valor de troca os sinais da propriedade, da liberdade e da igualdade, mas que estes sinais, no secreto 'em qualquer parte', se leem como exploração, escravatura, desigualdade, egoísmo sagrado.[388]

A concepção jurídica de mundo é, portanto, responsável pela naturalização do discurso jurídico, apresentando as relações burguesas entre sujeitos livres e iguais como evidências intransponíveis. Aqui, o processo de compra e venda de força de trabalho não mais aparece como resultado de uma encarniçada oposição de classe entre capitalista e operário, em que aquele se apropria do mais-trabalho deste. Pelo contrário, a ideologia da mercadoria vale-se da forma jurídica para ultimar o rigor do negócio jurídico – entre agentes livres, iguais e plenamente capazes – como fina-

[387] "A ideologia burguesa se constitui precisamente ao tomar partido da circulação mercantil, isto é, ao naturalizar a troca de mercadorias como espaço universal de encontro entre sujeitos iguais e livres. Essa ideologia, engendrada pelo próprio movimento da circulação generalizada, apresenta-se antes de tudo como o 'ponto de vista' do indivíduo investido pela personalidade jurídica, o 'ponto de vista' do sujeito de direito. A ideologia burguesa, que integra a própria materialidade da circulação mercantil, apresenta-se sobretudo como concepção jurídica de mundo." In: KASHIURA JR. Celso Naoto. **Sujeito do Direito e capitalismo.** São Paulo: Outras Expressões; Dobra Universitário, 2014, p. 218.

[388] EDELMAN, Bernard. **O direito captado pela fotografia:** elementos para uma teoria marxista do direito. Coimbra: Centelha, 1976, p. 130-131. Em semelhante sentido, Naves: "ao mesmo tempo em que permite que uma das condições essenciais para a constituição da relação de capital se cumpra – a compra da força de trabalho pelo possuidor do dinheiro –, também impede que se veja que essa relação é uma *relação de exploração dessa força de trabalho,* mediante a qual o capitalista extrai do operário trabalho não pago." NAVES, M. B. A ilusão da jurisprudência. **Lutas Sociais** (PUCSP), São Paulo, v. 7, o. 67-72, 2001.

lidade intrínseca da troca mercantil salário-força de trabalho, de modo que a apropriação capitalista do mais-trabalho surge como forma natural não apenas da produção em geral, mas da própria existência humana (tão natural quanto ler e escrever).[389]

> Desde que o processo do valor de troca é o mesmo processo da liberdade e da igualdade, desde que os indivíduos são apenas 'equivalentes vivos', o processo do valor de troca – diz Edelman – torna-se o processo do sujeito, e o processo do sujeito, o processo do valor de troca. Dito por outras palavras, na esfera da circulação, tudo se passa (e não se passa) entre sujeitos, que são também sujeitos desse grande sujeito que é o capital. E como, além disso, a circulação escamoteia (revelando-a) a produção, pode-se dizer então que toda a produção se manifesta como produção de um sujeito.[390]

Abre-se, nessa perspectiva, o campo para o fetichismo do homem interpelado como sujeito de direito, bloqueando-se, em refluxo, qualquer abordagem simultaneamente marxista e humanista do momento jurídico.[391]

[389] "Até hoje nenhum químico descobriu o valor de troca na pérola ou no diamante. Mas os descobridores econômicos dessa substância química, que se jactam de grande profundidade crítica, creem que o valor de uso das coisas existe independentemente de suas propriedades materiais *[sachlichen]*, ao contrário de seu valor, que lhes seria inerente como coisas. Para eles, a confirmação disso está na insólita circunstância de que o valor de uso das coisas se realiza para os homens sem a troca, ou seja, na relação imediata entre a coisa e o homem, ao passo que seu valor, ao contrário, só se realiza na troca, isto é, num processo social. Quem não se lembra aqui do bom e velho Dogberry, a doutrinar o vigia noturno Seacoal: 'Uma boa aparência é dádiva da sorte, mas saber ler e escrever é dom da natureza." In: MARX, Karl. **O capital:** crítica da economia política: livro I: o processo de produção do capital. São Paulo: Boitempo, 2017, p. 158.

[390] EDELMAN, Bernard. **O direito captado pela fotografia:** elementos para uma teoria marxista do direito. Coimbra: Centelha, 1976, p. 135.

[391] Em Althusser a ideologia burguesa é caracterizada, ao final do processo de sobredeterminação, como um processo culminante no *fetichismo do homem*, de modo que "[...] não se pode *partir* do homem, porque isto seria partir de uma ideia burguesa do 'homem'; e porque a ideia de *partir* do homem, em outras palavras, a ideia de um ponto de partida absoluto (= de uma 'essência') pertence à filosofia burguesa. Essa ideia do 'homem', do qual se deve 'partir' como de um ponto de partida absoluto, é o pano de fundo de toda ideologia burguesa, é a alma inclusive da grande Economia Política clássica. 'O homem' é um mito da ideologia burguesa: o marxismo-leninismo não pode *partir* do 'homem'. Ele 'parte do período social economicamente dado': e, no final de sua análise, *pode 'chegar' aos homens reais.* Esses homens são então o *ponto de chegada* de uma análise que parte das relações sociais do modo de produção existente, das relações de classe e da luta de classe. Esses homens são homens

O éden dos direitos inatos do homem criticado por Marx se desmancha no ar como instância fundamentalmente legitimadora das representações ideológicas da burguesia, nada mais que o lugar privilegiado da produção e da reprodução da sociedade burguesa e de todas as suas contradições fundamentais. Este é o sentido que Pachukanis busca atribuir ao fetichismo jurídico. O jurista soviético, ao posicionar o fetiche do direito em relação direta com fetiche da mercadoria, adota a mesma chave de leitura empregada por Marx ao discorrer sobre o caráter *misterioso* da forma-mercadoria, cujo espiral do fetiche "reflete também a relação social dos produtores com o trabalho total como uma relação social entre os objetos, existente à margem dos produtores"[392]. A leitura pachukaniana, por sua vez, preconiza que "a esfera de domínio que envolve a forma do direito subjetivo é um fenômeno social atribuído ao indivíduo do mesmo modo que o valor, também um fenômeno social, é atribuído à coisa como produto do trabalho"[393]. Assim, "o *quid pro quo* do fetiche da mercadoria encontra o seu par no *quo pro quid* do fetiche jurídico"[394], e a sua respectiva ideologia, construída sobre o eixo do sujeito de direitos, passa a ocupar o centro do campo de representações da sociedade burguesa.

> O fetichismo da norma e da pessoa, unidos doravante sob o vocábulo único de direito, – discorre Michel Miaille ao investigar as características da instância jurídica na sociedade capitalista – faz esquecer que a circulação, a troca e as relações entre pessoas são na realidade relações entre coisas, entre objetos, que são exatamente os mesmos da produção e da circulação capitalistas. E, de fato, no mundo do direito tudo parece passar-se entre pessoas: as que mandam e as que obedecem, as que possuem, as que trocam, as que dão, etc. Tudo parece ser objeto de decisão, de vontade, numa palavra, de Razão. Jamais aparece a densidade de relações que não são queridas, de coisas às quais os homens estariam ligados, de estruturas constrangedoras mais invisíveis.[395]

inteiramente diferentes do 'homem' da ideologia burguesa." ALTHUSSER, Louis. Resposta a John Lewis. In: ALTHUSSER, Louis. **Posições I**. Rio de Janeiro: Edições Graal, 1978, p. 29-30.

392 MARX, Karl. **O capital:** crítica da economia política: livro I: o processo de produção do capital. São Paulo: Boitempo, 2017, p. 147.

393 PACHUKANIS, Evguiéni B. **Teoria geral do direito e marxismo.** São Paulo: Boitempo, 2017, p. 124.

394 Idem, p. 222.

395 Prossegue Miaille: "Esta relação cruzada entre a forma valor e a forma jurídica (tal como a noção de norma e de pessoas exprimem) parece-me eminentemente significativa. O sistema

3.4. O movimento operário e o socialismo jurídico

As categorias do discurso jurídico penetram profundamente nas estruturas da sociedade burguesa. Não por acaso, o próprio movimento de trabalhadores, especialmente os sindicatos, veem-se dominados pela ideologia jurídica do capital. Submersa na concepção jurídica de mundo a prática política do movimento operário não raramente reduz-se à mobilização para a obtenção ou a consolidação da "mesma liberdade e da mesma igualdade que são as formas de seu próprio subjugamento ao capital."[396] A consolidação da ideologia da mercadoria e, por conseguinte, do discurso jurídico da liberdade e da igualdade, alavancando o sujeito de direitos enquanto obscurece a relação de exploração capitalista e a equivalência geral entre a forma jurídica e a forma mercadoria, desempenha um papel crucial na luta de classes, capaz não somente de neutralizar a luta social, mas de localizá-la, confinando-a em um espaço "condizente com os mecanismos da sociedade das mercadorias."[397]

> Uma das vias fecundas de pesquisa na luta ideológica – segundo Thévenin – é aberta precisamente em razão de a ideologia jurídica passar a ser levada

jurídico da sociedade capitalista caracteriza-se por uma generalização da forma abstrata da norma e da pessoa jurídicas. Essa generalização permite representar a unidade social de maneira ao mesmo tempo real e imaginária. [...] as relações reais estão ocultas por todo um imaginário jurídico: o direito designa e desloca ao mesmo tempo os verdadeiros problemas. Este imaginário é o da pessoa sujeito de direito e o da norma regra imperativa. Porque estou convencido de que o homem é a fonte do direito, posso submeter-me ou resignar-me a obedecer a um sistema de normas de que ele é o autor. Mais precisamente, estas normas parecem-me lógicas e necessárias para organizar relações que eu não posso então perceber que estão já organizadas 'noutro lado'. Ao realizar-se, o direito não diz pois o que deve ser, diz já 'aquilo que é'. Mas esta realidade não pode surgir-me uma vez que, à semelhança da mercadoria, a norma me deixa crer que é fonte de valor, que ela é pois um imperativo primeiro e categórico. É aqui que entra a fetichização: atribuo à norma jurídica uma qualidade que parece intrínseca (a obrigatoriedade, a imperatividade), justamente quando esta qualidade pertence não à norma mas ao tipo de relação, de relação social real de que esta norma é a expressão. Da mesma maneira que a mercadoria não cria valor mas o realiza no momento da troca, a norma jurídica não cria verdadeiramente a obrigação: realiza-a no momento das trocas sociais." MIAILLE, Michel. **Uma introdução crítica ao direito.** Lisboa: Ed. Moraes, 1979, p. 89-90.

396 NAVES, Márcio Bilharinho, Direito, Circulação Mercantil e Luta Social. In: ALVES, Alaor Caffé... [et al.]. **Direito, Sociedade e Economia:** leituras marxistas. Barueri: Manole, 2005, p. 31.

397 MENDONÇA, José Carlos. **A ideologia do socialismo jurídico.** Rio de Janeiro: Corifeu, 2007, p. 47.

em conta, permitindo ver como a ideologia burguesa penetra a teoria marxista pela ideologia jurídica e desvia assim o movimento operário. O problema do 'legalismo' contra o qual Marx-Engels e Lenin nunca deixaria de combater e que produziram todas as formas de oportunismo: o Programa de Gotha, Bernstein, Kautsky, Lassalle...[398]

É nítida a existência de um movimento no sentido de encerrar as reivindicações da classe operária no terreno jurídico, "ali onde a luta já está, por antecipação, ganha pela burguesia, uma vez que o funcionamento do direito implica obrigatoriamente a reprodução das relações sociais burguesas."[399] Não por acaso, o Estado burguês e seus aparelhos (repressivos e ideológicos) só admitem e reconhecem as formas de luta do proletariado que observem os limites estabelecidos pelo direito (burguês), o que tem por resultado o cultivo da luta exclusivamente econômica (trade-unionista) do movimento operário, bem como a restrição, na via oblíqua, de um discurso proletário emancipatório que transcenda a superestrutura jurídica. Eis aí a *legalização da luta de classes.*

No plano teórico, a principal expressão da ideologia jurídica no seio do movimento operário remonta ao socialismo jurídico de Anton Menger, cujas bases, ressonantes até o presente, apontam como falsa a questão econômico-política do pensamento revolucionário marxista (que, para Menger, era mero "ornamento teórico") e advogam pela conversão de todo o debate socialista em conceitos jurídicos. Em seu *O direito ao produto integral do trabalho historicamente exposto*, Menger propõe uma adaptação jurídica do socialismo à filosofia do direito, ignorando as relações sociais objetivas que formam a condição-sujeito e, assim, descolando por completo o debate da superação do modelo de apropriação dos produtos do trabalho das relações de produção capitalistas. Assim é que ele chega à conclusão de que o socialismo se exprime segundo um modelo de fórmulas jurídicas expressas em palavras de ordem, mais ou menos adequadas a pretensões específicas do movimento operário.

Rigorosamente, segundo Menger, todo o socialismo haveria de estar contemplado em três expressões reivindicatórias de "direitos fundamen-

398 Thévenin, Nicole-Édith. O itinerário de Althusser. In: Naves, Márcio Bilharinho (Org.). **Presença de Althusser.** Campinas: UNICAMP/IFCH, 2010, p. 30.

399 Naves, Márcio Bilharinho. Prefácio. In: Engels, Friedrich. Kautsky, Karl. **O socialismo jurídico.** São Paulo: Boitempo, 2012, p. 14.

tais", a saber: i) o direito ao produto integral do trabalho; ii) o direito à existência; e iii) o direito ao trabalho.[400] A pretensão de Menger é, portanto, explicitamente revestida por uma textura conservadora, posteriormente revisitada por Frank Tannebaum[401] especificamente no ponto em que as reivindicações do ideal socialista haveriam de ser reconhecidas pela ordem jurídica e pelos próprios estadistas burgueses.

> Sua correta realização – afirma Menger – trará uma essencial contribuição para que as imprescindíveis modificações da nossa ordem jurídica se efetuem por meio de reforma pacífica. Somente quando as ideias socialistas se converterem em princípios jurídicos sensatos os estadistas serão capazes de reconhecer a extensão das alterações necessárias na ordem jurídica vigente, no interesse da sofrida massa popular.[402]

[400] *Apud* ENGELS, Friedrich. KAUTSKY, Karl. **O socialismo jurídico.** São Paulo: Boitempo, 2012, p. 28. Tributária, em última instância, ao pensamento de Proudhon (totalmente desabilitado por Marx em *A miséria da filosofia*), a primeira das expressões-fórmulas é que subjaz, com uma simplicidade que somente a desconsideração absoluta do caráter econômico-político das relações de produção capitalistas, o enfoque jurídico do socialismo jurídico de Menger, e em face da qual Engels e Kautsky desenvolveram abrangente artigo crítico já exaustivamente referenciado ao longo deste trabalho.

[401] Certamente não é meramente acidental a semelhança entre os termos empregados por Menger em seus direitos fundamentais e aqueles termos adotados por Tannebaum ao "esclarecer" a função exercida pelo sindicato no mundo contemporâneo: "Eis a grande tragédia do nosso sistema manufatureiro. Destruiu esse sistema um mundo simbólico cheio de significação que enriquecia a vida de cada um de aspecto ético. A pessoa do trabalhador deixou de ter lugar definido que ele pudesse chamar seu, sociedade a que sentisse pertencer naturalmente ou valores pelos quais se guiar na condução da existência. [...] Além das próprias leis internas do sindicato, escritas ou não, existem ainda as regras que governam as suas relações para com a indústria. Haja ou não acordo coletivo, existe sempre um corpo indefinido de 'leis' que define as relações entre os trabalhadores e os industriais. É certo isso, ainda quando não haja organização formal, uma vez que o grupo existe desde antes de ser organizado o sindicato e a sua simples existência faz subentender um corpo de direitos e obrigações em estado de semi-consciência ou imperfeitamente aceito. Uma lei tácita permeia as relações entre trabalho e a administração, desde muito antes da criação do sindicato. A única alternativa seria o caos e a dissolução. O aparecimento do sindicato apenas reveste de forma a existência do agrupamento. [...] O acordo coletivo registra as *regras do jogo* que está sendo disputado entre a indústria e o trabalho. O jogo é sempre o mesmo; as regras, porém, estão se multiplicando e se tornando sempre mais envolventes, porque cada acordo coletivo parte dos princípios do antecedente." TANNEBAUM, Frank. **O sindicato no mundo moderno.** Rio de Janeiro: Edições GRD, 1963, p. 13 e 132.

[402] *Apud* ENGELS, Friedrich. KAUTSKY, Karl. **O socialismo jurídico.** São Paulo: Boitempo, 2012, p. 45.

A necessidade de reconhecimento da luta operária pelo direito, isto é, de reverberação dos anseios operários pela voz que proclama o discurso jurídico, estreita os horizontes da luta obreira a um breve duelo de interesses privados. Ora que, sendo o direito o outro lado (e o fiador) da produção capitalista, não se observa a viabilidade de o movimento operário veicular qualquer espécie de manifestação ou reivindicação que objetive a superação do modo de produção capitalista no pequeno envelope das petições judiciais ou, vá lá, mesmo nas disputas jurídicas mais amplas. O discurso jurídico, internalizado ao movimento operário, portanto, nega o "direito ao socialismo", convertendo o movimento operário em uma espécie de apêndice da totalidade social burguesa.[403] Assim que a legalização da luta de classes, como etapa da perpetuação do horizonte da exploração capitalista, implica numa "viragem decisiva da social-democracia revolucionária para o social-reformismo burguês [...] acompanhada de uma viragem, não menos decisiva, para a crítica burguesa de todas as ideias fundamentais do marxismo."[404]

Saliente-se, ademais, que a razão da limitação da luta de classes sob balizas jurídicas não constitui nenhuma inovação do mundo contemporâneo. Aliás, o que se verifica ao longo da consolidação das relações de produ-

[403] Lenin, de certa forma, equiparava o movimento de reivindicação jurídica imediata do movimento operário ao processo reformista da II Internacional, identificando-o sobretudo com as tendências defendidas pela social-democracia alemã inspirada em Bernstein: "[...] o bernsteinianismo e a tendência 'crítica' para a qual evoluiu em geral a maior parte dos marxistas legais, eliminavam esta possibilidade e corrompiam a consciência socialista aviltando o marxismo, pregando a teoria da atenuação das contradições sociais, proclamando que é absurda a ideia da revolução social e da ditadura do proletariado, reduzindo o movimento operário e a luta de classes a um trade-unionismo estreito e à luta 'realista' por reformas pequenas e graduais. Era exatamente o mesmo que se a democracia burguesa negasse o direito do socialismo à independência e, por consequência, o seu direito à existência; na prática isso significada tender a converter o nascente movimento operário em apêndice dos liberais." LENINE, V. I. Que fazer? In: LENINE, V. I. **Obras escolhidas**: tomo 1. São Paulo: Alfa-Ômega, 1986, p. 92. É importante destacar, todavia, ainda a esse respeito, que Marx, Engels e Kautsky (e mesmo Lenin) não simplesmente interditavam ao movimento operário qualquer forma de expressão jurídica das suas pretensões, pelo contrário, e aqui mencione-se especialmente Engels e Kautsky, no ponto em que defendem a necessidade de uma classe em luta formular suas reivindicações em um programa sob a forma de reivindicações jurídicas, desde que consideradas nestas formulações as relações reais a que se submetem os operários de cada realidade específica (temporal e territorial).

[404] LENINE, V. I. Que fazer? In: LENINE, V. I. **Obras escolhidas**: tomo 1. São Paulo: Alfa-Omega, 1986, p. 85.

ção capitalistas e do enraizamento da razão da exploração do mais-valor como naturalidade é, justamente, a hipertrofia da "pequena disputa" no local de trabalho, unicamente objetivando a satisfação de necessidades imediatas da classe operária, facilmente resolúveis pelo discurso jurídico (ou na via direta, em greves "legítimas", demandas judiciais específicas, ou, ainda, na própria via da reforma legislativa), tendo por contrapartida o constante desencorajamento ou a repressão às potencialidades contestadoras das formas de luta propriamente "estruturais" dos trabalhadores.[405] Curiosamente, a abordagem da "questão social" apresenta-se, em maior ou menor grau, ao longo de todo o processo capitalista, sempre com o "temor" de um processo "antinatural" em que os direitos de personalidade ou de propriedade fossem tomados de assalto pelo processo revolucionário, em medida "sumamente injusta, por violar os direitos legítimos dos proprietários, viciar as funções do Estado e tender para a subversão completa do edifício social."[406]

[405] Sobre a delicada relação de enraizamento entre a luta econômica e a luta política dos trabalhadores, recomenda-se a leitura da cuidadosa reflexão de Althusser no Capítulo VIII de *Sobre a reprodução*, cujo conteúdo articula a perspectiva de determinação em última instância da luta política pela luta de classe econômica: "A luta de classe econômica, que não pode ser o *único* fator determinante na batalha decisiva pela revolução socialista, a saber, a batalha pela tomada do poder de Estado, não é uma luta *secundária nem subordinada*, mas a base material da própria luta política. Sem luta econômica obstinada, cotidiana, ininterrupta, a luta de classe política é impossível ou inútil. Não existe luta de classe política real e capaz de conseguir a vitória a não ser que esteja *profundamente enraizada* na luta de classe econômica, *e somente nela*, já que a luta de classe econômica é, se me é permitido empregar essa expressão um pouco metafórica, a infraestrutura *determinante, em última instância*, da própria luta política que é, por ser a sua função, a *única* que pode *dirigir* a batalha decisiva das massas populares. Portanto, primado da luta de classe política: mas esse primado continua sendo uma palavra inútil se a base da luta política, ou seja, a luta de classe econômica, não for empreendida cotidianamente, infatigavelmente, a fundo e segundo uma linha justa." In: Althusser, Louis. **Sobre a reprodução**, Petrópolis: Vozes, 2008, p. 150.

[406] VATICANO. **Carta encíclica *Rerum Novarum*: sobre a condição dos operários.** 15 de maio de 1891. Disponível em 24 de maio de 2020 em <http://www.vatican.va/content/leo-xiii/pt/encyclicals/documents/hf_l-xiii_enc_15051891_rerum-novarum.html>. A Encíclica *Rerum Novarum*, incompreensivelmente celebrada por diversos espectros do movimento operário brasileiro e mundial, é exemplo perfeito da interpelação dos sujeitos pelo discurso jurídico. Veja-se, nesse sentido, a estreita relação entre os termos empregados pelo Papa Leão XIII no corpo do referido documento e a perspectiva da igualdade e da liberdade (e da propriedade) burguesas como processo natural, intrínseco à própria condição humana, em sentido bastante próximo àquele empregado pelas diversas declarações de direitos já referenciadas acima. Observe-se que, ao referir-se à propriedade, a *Rerum Novarum* aponta-a como direito

Em rigor, o que se observa é um constante movimento de conciliação e mediação entre os interesses dos operários e capitalistas sob o olhar vigilante da forma jurídica e, evidentemente, preservada a "sagrada" relação mercantil da troca da força de trabalho por salário. Obviamente que tal conciliação ocorre em patamares ora mais, ora menos favoráveis aos operários (e, comente-se, a fixação de tais patamares está mais relacionada aos ciclos periódicos da produção capitalista do que à higidez da luta operária por salários, propriamente dita[407]), mas sempre destacando-se a perspec-

sancionado pelas leis humanas e divinas: "É, pois, com razão, que a universalidade do gênero humano, sem se deixar mover pelas opiniões contrárias dum pequeno grupo, reconhece, considerando atentamente a natureza, que nas suas leis reside o primeiro fundamento da repartição dos bens e das propriedades particulares; foi com razão que o costume de todos os séculos sancionou uma situação tão conforme à natureza do homem e à vida tranquila e pacífica das sociedades. Por seu lado, as leis civis, que recebem o seu valor, quando são justas, da lei natural, confirmam esse mesmo direito e protegem-no pela força. Finalmente, a autoridade das leis divinas vem pôr-lhe o seu selo, proibindo, sob perla gravíssima, até mesmo o desejo do que pertence aos outros: 'não desejarás a mulher do teu próximo, nem a sua casa, nem o seu campo, nem o seu boi, nem a sua serva, nem o seu jumento, nem coisa alguma que lhe pertença'."

407 "Todos sabeis que, por razões que não tenho agora que explicar, a produção capitalista se movimenta através de certos ciclos periódicos. Movimenta-se através de um estado de calma, de animação crescente, de prosperidade, de super-negócio, de crise e de estagnação. Os preços de mercado das mercadorias e as taxas de mercado do lucro seguem estas fases, ora descendo abaixo das suas médias ora subindo acima delas. Se considerarmos o ciclo total, verificamos que um desvio do preço de mercado será compensado por outro e que, tomando a média do ciclo, os preços de mercado das mercadorias são regulados pelos seus valores. Bem! Durante a fase de baixa dos preços de mercado e a de crise e estagnação, o operário, se não for completamente posto no desemprego, está certo de que terá o seu salário reduzido. Para não ser defraudado, terá, mesmo com semelhante queda nos preços de mercado, de debater com o capitalista em que grau proporcional é que se tornou necessária uma queda do salário. Se, durante as fases de prosperidade, quando se tiram lucros extra, ele não tivesse batalhado por um aumento de salários, tomando a média de um ciclo industrial, ele nem sequer receberia o seu *salário médio* ou o *valor* do seu trabalho. É o extremo cúmulo da loucura exigir que, enquanto o seu salário é necessariamente afetado pelas fases adversas do ciclo, ele se privasse a si próprio de compensação durante as fases prósperas do ciclo. Em geral, os valores de todas as mercadorias são apenas realizados pela compensação dos preços de mercado continuamente em mudança, que deriva das contínuas flutuações da procura e da oferta. Na base do sistema presente, o trabalho é apenas uma mercadoria como as outras. Tem, portanto, de passar pelas mesmas flutuações para alcançar um preço médio correspondente ao seu valor. Seria absurdo tratá-lo, por um lado, como uma mercadoria e querer, por outro lado, eximi-lo às leis que regulam os preços das mercadorias." MARX, Karl. **Salário, preço e lucro.** São Paulo: Centauro, 2002, p. 79-80.

tiva de um desenvolvimento quase que espontâneo da classe operária em prol de si própria e das suas conquistas materiais, imediatas, e juridicamente albergadas sob ilusória figura do direito e da segurança jurídica.[408]

> [...] o desenvolvimento espontâneo do movimento operário marcha precisamente para a sua subordinação à ideologia burguesa – alertava, consciente, Lenin –, [...] porque o movimento operário espontâneo é trade-unionismo, é *Nur-Gewerkshaftlerei*, e o trade-unionismo implica precisamente a escravização ideológica dos operários pela burguesia.[409]

[408] Não é preciso ir muito longe para perceber a ilusão da proteção jurídica ao operário, bastando, para tanto, observar-se o contexto em que séculos de "luta jurídico-sindical operária" são postos de lado em nome de um suposto "sacrifício recíproco" no qual os trabalhadores passam a compartilhar (se é que não o suportam integralmente) o risco econômico do empreendimento, em uma suposta "razão proporcional de igualdade jurídica", seja por crises econômicas globais que motivaram a elaboração, no Brasil, da Lei n. 13.467/2017 (a Reforma Trabalhista) e, mais recentemente, nas odiosas medidas "emergenciais" de salvaguarda dos empregos e da produtividade nacional frente à pandemia de COVID-19, em especial a Medida Provisória n. 927, de 22 de março de 2020, todas referendadas pela jurisprudência do Supremo Tribunal Federal, por mais que frontal e diretamente afrontosas ao texto da Constituição da República. Nesse sentido, aponta-se a crítica de Alysson Leandro Mascaro à falsa universalidade da legalidade que, mesmo no âmbito de uma alegada concórdia social-democrata, rompe-se invariavelmente na medida em que submetida a uma dinâmica capitalista e, portanto, voltada principalmente para a reprodução da sociabilidade capitalista: "Observar a legalidade – que se travestia de universalidade sem que fosse – ser rompida na dinâmica do capitalismo contemporâneo é entender a desestruturação da própria universalidade político-institucional. O rompimento da universalidade institucional pode ser visto na própria administração da justiça, quando o conflito do capital passa a ser regido por suas próprias mãos, nas arbitragens dos próprios capitalistas, e o conflito da sociedade miserável perde o conjunto das garantias formais da legalidade. Assim, as alterações do processo, para dentro do direito, acusam o movimento das contradições que perpassam estruturalmente a sociedade capitalista contemporânea." MASCARO, Alysson Leandro. **Crítica da legalidade e do direito brasileiro.** São Paulo: Quartier Latin, 2019, p. 22-23. Também no mesmo sentido discorre Francisco Oliveira, destacando a troca do "princípio da esperança" pelo "princípio da realidade" decorrente de um ascender contínuo da reação e da consolidação do imperialismo estadunidense como modelo referencial e coercitivo em todo o globo: "Correlata à substituição do 'princípio da esperança' pelo 'princípio da realidade' é a regressão de uma sociedade que do plano dos direitos desliza em direção ao contrato mercantil. [...] Uma ciência social responsável não se permite ilusões cínicas a respeito da modernização em curso. Esta tem tudo para fazer-nos entrar no século XXI sob o signo da desesperança, da violência e da barbárie." OLIVEIRA, Francisco. **Os direitos do antivalor.** Petrópolis: Vozes, 1998, p. 225.

[409] LENINE, V. I. Que fazer? In: LENINE, V. I. **Obras escolhidas**: tomo 1. São Paulo: Alfa-Omega, 1986, p. 108. É bastante conhecida a luta leninista contra o *marxismo legal* e suas diversas implicações, das quais o espontaneísmo e o trade-unionismo são alguns

"A política trade-unionista da classe operária é precisamente a *política burguesa* da classe operária"[410], dizia Lenin. Entre tal afirmação (publicada em 1902), a publicação de *Sobre a questão judaica*, por Marx (em 1843), e o julgamento do processo n. 1000418-66.2018.5.00.0000 (em 2019) pelo Tribunal Superior do Trabalho, percebe-se um longo fio de continuidade em que se busca assujeitar as lutas do movimento operário (e popular) ao domínio da forma jurídica, fazendo com que "a luta social se reduza, em última instância, a uma simples querela jurídica: a *democracia* como forma e a *distribuição* da riqueza [na luta mais ou menos acirrada pelo incremento material da forma-salário] como o seu substrato material."[411] Aí percebe-se um movimento de desvio da classe operária não por enfrentamento, mas exatamente por *integração* ao capital[412], movimento este no qual "o respeito à legalidade, o culto aos direitos, à Constituição, significa reproduzir

dos frutos mais tentadores: "Em vez de se exortar a marchar para a frente, a consolidar a organização revolucionária e a alargar a atividade política, incitou-se a voltar *para trás*, para a luta exclusivamente trade-unionista. Proclamou-se que 'a base econômica do movimento é obscurecida pela aspiração constante de não esquecer o ideal político', que o lema do movimento operário deve ser 'luta pela situação econômica' (!) ou, melhor ainda, 'os operários para os operários'; declarou-se que as caixas de greve 'valem mais para o movimento do que uma centena de outras organizações. [...] Do fato de os interesses econômicos desempenharem um papel decisivo *não se segue de maneira alguma* que a luta econômica (= sindical) tenha uma importância primordial., porque os interesses mais essenciais, 'decisivos', das classes *só* podem ser satisfeitos, em geral, por transformações *políticas* radicais; em particular, o interesse econômico fundamental do proletariado só pode ser satisfeito por meio de uma revolução política que substitua a ditadura burguesa pela ditadura do proletariado." Lenine, V. I. Que fazer? In: Lenine, V. I. **Obras escolhidas**: tomo 1. São Paulo: Alfa-Omega, 1986, p. 105 e 112.

410 Idem, p. 139. Mais adiante, continua Lenin: "[...] não é necessário refletir muito para compreender a razão por que *todo* o culto da espontaneidade do movimento de massas, *todo* o rebaixamento da política social-democrata ao nível da política trade-unionista, equivale a preparar o terreno para converter o movimento operário num instrumento da democracia burguesa. O movimento operário espontâneo não pode criar por si só senão o trade-unionismo (e cria-o inevitavelmente), e a política trade-unionista da classe operária não é mais do que a política burguesa da classe operária." Lenine, V. I. Que fazer? In: Lenine, V. I. **Obras escolhidas**: tomo 1. São Paulo: Alfa-Omega, 1986, p. 147.

411 Naves, M. B. A ilusão da jurisprudência. **Lutas Sociais** (PUCSP), São Paulo, v. 7, o. 67-72, 2001.

412 "[...] o que é menos conhecido é que a classe operária pode ser 'desencaminhada', precisamente por suas próprias 'vitórias', que podem apresentar-se também como um processo de integração ao capital. A 'participação' nunca esteve ausente da estratégia da burguesia, e há veneno em seus 'presentes'. [...] É por isso que, se nos limitarmos a compreender o movimento operário por suas 'conquistas' legais, não há dúvida de que faremos, então, a

as condições da valorização do valor e a renúncia à luta contra a dominação burguesa."[413] Funda-se aí a impossibilidade estrutural de se superar o despotismo fabril sem subjugar as representações ideológicas e materiais da democracia burguesa, em especial a representação política de um aparelho de Estado apresentado segundo uma ideia de cisão entre o domínio privado, esfera de ação do sujeito de direitos, e o domínio público, esfera de atuação do cidadão-político organizado segundo a legalidade burguesa.

> Desenvolvida no interior dos 'estreitos horizontes' da forma sujeito de direito, a ideologia jurídica ocupa o posto de concepção de mundo dominante da sociedade capitalista. A ideologia jurídica ocupa, noutras palavras, todo o campo de representações da sociedade capitalista. Assim, por exemplo. As representações políticas, como aquelas que dizem respeito à constituição do aparelho de Estado, centradas na ideia de uma cisão entre um domínio privado – do puro interesse egoísta, esfera de ação dos sujeitos de direito – e um domínio público – que se sobrepõe e, ao mesmo tempo, perpetua a personalidade jurídica autônoma como átomo do domínio privado. E assim também as representações relativas à participação política, sobretudo aquelas vinculadas à ideia de democracia, cujo fundamento é a interiorização da cisão entre público e privado no próprio indivíduo, cisão entre um sujeito econômico egoísta e um sujeito político altruísta (cidadão).[414]

Assim que o espontaneísmo, o trade-unionismo e, de certa forma, o reformismo, enfrentados por Lenin no início do século XX e presentes até

'história jurídica' e, desse modo, reproduziremos o ponto de vista da burguesia." Edelman, Bernard. **A legalização da classe operária.** São Paulo: Boitempo, 2016, p. 18-19.

[413] Naves, M. B. A ilusão da jurisprudência. **Lutas Sociais** (PUCSP), São Paulo, v. 7, o. 67-72, 2001.

[414] Kashiura Jr. Celso Naoto. **Sujeito do Direito e capitalismo.** São Paulo: Outras Expressões; Dobra Universitário, 2014, p. 224. Destaca-se a posição assumida por Gramsci contra as tendências reformistas: "Crêem os proletários que a sua ação se pode esgotar na luta de cada dia, pela defesa dos salários e do horário? Se crêem nisso, é melhor melhor não ir votar, ou então votem só para mandar ao Parlamento gente eu contrate com o governo quando não se pode contratar com os industriais, gente que se sirva da sua autoridade parlamentar para fazer apor nos contratos sindicais uma assinatura de garantia dos governantes do Estado burguês. [...] É preciso que o próprio poder passe para os trabalhadores, mas estes nunca o poderão ter até que se iludam de podê-lo conquistar e exercer através dos órgãos do Estado burguês." Gramcsi, Antonio. **Escritos políticos.** Volume II. Lisboa: Seara Nova, 1977, p. 297-300.

hoje no seio do movimento operário[415], convertem-se em expressões mais ou menos elaboradas do velho socialismo jurídico e da sua representação do "socialismo como extensão progressiva de direitos"[416], o que nem de longe põe em cheque o sistema objetivo da exploração do mais-valor. Ao contrário, a sistematização de um modelo de reivindicações jurídicas da classe trabalhadora é, mesmo, incentivada pelo Estado burguês como um mecanismo de reunião entre o sindicalismo e a propriedade, de associação entre o operário, o capital e a Administração.[417] Veja-se, a comprovar tal

[415] Nos mais amplos espectros (o que, em parte, corrobora a tese aqui já exposta no sentido de que a superação da forma jurídica e da forma mercadoria não é recepcionada pela perspectiva humanista ou idealista), vide, exemplificativamente, a construção altamente conservadora de Frank Tannebaum do sindicato como ente coletivo de garantia da dignidade operária (segundo bases morais emanadas de valores derivados de um tempo passado, tais como a segurança, justiça, liberdade e fé – seja lá o que for o significado material de tais conceitos): "A sindicalização do trabalho é o movimento conservador contemporâneo. Nele reside a contra-revolução. Sem o fazer deliberadamente, voltou as costas à maioria das ideias políticas e econômicas alimentadas na Europa Ocidental e nos Estados Unidos nos últimos dois séculos. Na prática, se bem que de modo não expresso, nega a herança que flui da Revolução Francesa e do Liberalismo Inglês. Por outro lado, é o repúdio total do Marxismo. Esse desafio tão profundo aos tempos que correm, tem passado geralmente despercebido porque a preocupação constante dos sindicatos, dirigida aos atritos miúdos, oriundos das relações entre trabalhador e o emprego que ele exerce, não parecia implicar programa de grandes linhas. Contudo, ao se entreter com questões de pequena escala – as horas de trabalho, os salários, as condições nas fábricas e as garantias trabalhistas – os sindicatos estão de fato, reconstruindo a sociedade industrial de hoje em base assaz diferente do quadro que se delineara na mente dos filósofos, dos economistas clássicos e dos revolucionários sociais dos séculos XVIII e XIX." TANNEBAUM, Frank. **O sindicato no mundo moderno.** Rio de Janeiro: Edições GRD, 1963, p. 9. Em curiosa aproximação, veja-se o argumento lançado por Cornelius Castoriadis ao tentar sustentar a sua pitoresca divisão da sociedade de classes em dirigentes e executores justamente nas trivialidades da forma-salário: "Quando os operários desencadeavam greves selvagens para obter uma pausa para o café de um quarto de hora, sindicalistas e marxistas tendiam a considerar tal reivindicação como trivial, ou como expressão do atraso dos operários. Trivialidade e atraso se situavam nos sindicalistas e nos marxistas. Através de tal reivindicação, os operários questionavam o fundamento da organização capitalista da empresa e da sociedade: a de que o homem existe para a produção. E lhe opunham o princípio de uma organização da produção em torno dos carecimentos e da vida do homem produtor." CASTORIADIS, Cornelius. **A experiência do movimento operário.** São Paulo: Brasiliense, 1985, p. 65.

[416] NAVES, M. B. A ilusão da jurisprudência. **Lutas Sociais** (PUCSP), São Paulo, v. 7, o. 67-72, 2001.

[417] "O sindicalismo não destrói, mas confirma o conceito da propriedade privada. [...] Penso que não se poderia em tão poucas palavras precisar melhor a tendência dos nossos tempos

ponto, um pequeno extrato da pena de Lindolfo Collor, patrono da legislação laboral brasileira, e em cujos discursos e exposições de motivos abundam as diretrizes do direito burguês e da ideologia jurídica como moldura das relações de produção capitalistas, base da reprodução da condição de subordinação do trabalho ao capital:

> Com a criação dos sindicatos profissionais, moldados em regras uniformes e precisas, dá-se às aspirações dos trabalhadores e às necessidades dos patrões expressão legal, normal e autorizada. O arbítrio, tanto de uns como de outros, gera a desconfiança, é a causa de descontentamentos, produz atritos que estalam em *greves* e *lock-outs*. Os sindicatos, ou associações de classe, serão os pára-choques dessas tendências antagônicas. Os salários mínimos, os regimes e as horas de trabalho serão assuntos da sua prerrogativa imediata, sob as vistas cautelosas do Estado. A solução dos conflitos de trabalho será também da sua alçada, com a assistência de pessoas alheias às competições de classe e com recurso a tribunal superior. Além disso e de um modo geral, tudo quanto seja pertinente à defesa dos interesses de uma classe ou profissão encontrará no respectivo sindicato o porta-voz autorizado e competente.[418]

em relação ao operário: considerá-lo como associado do capital e da administração, ouvir-lhe as sugestões, integrá-lo na comunhão dos interesses econômicos de que ele é um dos fatores." COLLOR, Lindolfo. Exposição que justificou o Decreto n. 19.770, de 19 de março de 1931. In: COLLOR, Lindolfo. **Origens da legislação trabalhista brasileira.** Porto Alegre: Fundação Paulo do Couto e Silva, 1990, p. 108-109. Alysson Leandro Mascaro encontra no regime fordista o cerne desse mecanismo de estabilidade e reprodução social que, a par do seu tempo histórico não coincidentemente contemporâneo de Lindolfo Collor, ainda produz efeitos na sociabilidade capitalista dependente do Brasil: "O regime fordista se assenta numa ampla coesão social e política interna, forjando mecanismos de negociação coletivos. Sindicatos, entidades empresariais, organizações de seguridade social e, em especial, o Estado são os agentes principais dessa dinâmica política e econômica. Além disso, o fordismo se implanta como uma nova estruturação da própria vida social. Formas costumeiras de vida são rapidamente transformadas, nichos sociais e econômicos pré-capitalistas ou na borda do sistema são alterados e inseridos no mercado de trabalho assalariado e de consumo. Mesmo o núcleo familiar passa a ser, a partir daí, uma unidade de trabalho e consumo. No plano ideológico, o fordismo estabelece uma crença no progresso dentro do próprio capitalismo, na expectativa de que, por meio da intervenção estatal, as crises e contradições do capital se apaziguassem e as classes trabalhadoras pudessem, crescentemente, galgar melhorias em sua condição econômica." MASCARO, Alysson Leandro. **Estado e forma política.** São Paulo: Boitempo, 2013, p. 119.

418 COLLOR, Lindolfo. Exposição que justificou o Decreto n. 19.770, de 19 de março de 1931. In: COLLOR, Lindolfo. **Origens da legislação trabalhista brasileira.** Porto Alegre: Fundação Paulo do Couto e Silva, 1990, p. 109. Tal aspiração "colaboracionista" encontrou esteio no

A consolidação histórica do assujeitamento dos sindicatos pelas formas sociais do capital, impondo-lhes o alinhamento à ordem posta e, consequentemente, o alheamento às competições estruturais entre as classes, implica na apresentação dos sindicatos como instituições não vocacionadas à revolução ou à derrubada do regime jurídico-político que lhe legitima a respectiva ação sindical.[419] Assim que, caracterizada a perspectiva burguesa do direito e da forma jurídica, bem como a incompatibilidade, de saída, entre a luta emancipatória e a ideologia jurídica, não surpreende que Marx e Engels tenham sustentado, em sua *Mensagem do Comitê Central à Liga dos Comunistas*[420], *que a ação da classe operária haveria de ser travada tanto no campo da legalidade burguesa quanto à sua margem* (e que, inclusive, a

posicionamento de Mozart Victor Russomano: "Convencionado de que o sindicalismo é o produto espontâneo de uma realidade social, constituída pela unidade dos trabalhadores, a serviço dos quais por destinação natural o sindicalismo existe e subsiste – nele vemos o veículo das postulações operárias, perante o empregador e perante o Estado, independentes de ambos mas a ambos ligados, indiretamente, pelos interesses recíprocos que formam a comunidade nacional e que transformam, sem prejuízos de sua autonomia, face ao empresário, em um órgão de negociação coletiva e, face ao governo, em um órgão de colaboração com o Poder Público." RUSSOMANO, Mozart Victor. **Direito sindical:** princípios gerais. Rio de Janeiro: Konfino, 1975, p.35.

[419] O que, inclusive, situa o campo de atuação sindical no intermédio entre o Estado e o indivíduo. Segundo Tarso Genro, "ontologicamente os sindicatos são instituições intermediárias entre o Estado e o indivíduo que funcionam como um mediador das tensões sociais. Sua tendência, sempre, é propor soluções *dentro do regime, pois saber exatamente propor soluções possíveis dentro do regime* é o que empresta eficácia à ação sindical típica, já que tipicamente a ação dos sindicatos relaciona-se com as questões econômicas imediatas dos trabalhadores, Não se confundindo com as organizações políticas da classe operária, que totalizam todos os problemas morais e materiais da classe, com a proposta de um novo Estado." GENRO, Tarso Fernando. **Contribuição à crítica do direito coletivo do trabalho.** Porto Alegre: Síntese, 1980, p. 42. Cerca de cem anos antes de Tarso Genro, o Relatório de Marcel Barthe já dividia a classe operária em duas: "[de uma parte] os trabalhadores razoáveis, laboriosos, honestos, que procuram na formação de sindicatos profissionais um meio pacífico para defender seus interesses [...]; [de outra parte,] socialistas revolucionários, que não reconhecem e não querem admitir outros procedimentos de reforma senão a violência e a espoliação, e para os quais os sindicatos profissionais são somente um meio de organizar um exército revolucionário, com a ajuda do qual eles podem, no momento que lhes pareça oportuno, fazer um assalto supremo a nossa sociedade, que eles chamam de sociedade capitalista." *Apud* EDELMAN, Bernard. **A legalização da classe operária.** São Paulo: Boitempo, 2016, p. 59.

[420] MARX, Karl. ENGELS, Friedrich. **Mensagem do Comitê Central à Liga dos Comunistas.** Moscou: Edições Progresso Lisboa, 1982. Disponível em <https://www.marxists.org/portugues/marx/1850/03/mensagem-liga.htm> Acesso em 24 de maio de 2020.

ação ilegal da classe operária deveria assumir o caráter predominante da sua luta). Tal ilegalidade, hoje, no sentir deste trabalho, não necessariamente é traduzida na luta de barricada, mas pode ser representada exatamente pela transgressão do discurso jurídico reservado à forma de luta mais característica do operariado, poderosa justamente por paralisar a própria razão de ser da produção capitalista – a extração do mais-valor –, que é a *greve contra o trabalho,* cujo alvo seria o trabalho abstrato em si próprio e que, até por isso, faria da greve a portadora da contestação operária ao próprio processo de valorização do valor.

4
A FORMA JURÍDICA E O DIREITO DE GREVE

4.1. O discurso jurídico capitalista na regulamentação brasileira da greve

Um breve panorama histórico acerca da regulamentação da greve no Brasil demonstra que a sua posição frente ao Estado e ao direito se alterna, sob a lógica da passagem do delito ao direito, no compasso de três momentos distintos (e não necessariamente sucessivos no tempo histórico): i) a greve como delito; ii) a época de tolerância; e iii) a greve como direito. Tal "evolução" histórica do discurso jurídico sobre a greve e a sua passagem da condição de greve-delito à greve-direito deve, contudo, ser observada com cautela – diga-se, o processo de "desenvolvimento" do tratamento jurídico conferido pelo Estado burguês à greve passa longe de representar uma evolução do instituto em si, apresentando-se, em sentido contrário, como um reflexo da sofisticação do processo de especialização e burocratização do discurso jurídico a serviço de um instrumental imperativo acessório à lei do valor.

Há, aqui, três momentos que devem ser criticamente investigados como parte de uma mesma totalidade social em que o direito captura a luta de classes e a dinâmica dos conflitos advindos do processo de valorização do valor sob o jugo do capitalismo.

O primeiro destes momentos é abordado negativamente pelo discurso jurídico. Nesse estágio – adequado ao capitalismo liberal clássico e ao *lassez-faire* do Estado ausente-presente no ponto em que a atividade estatal, quase que absolutamente inexistente quanto à regulação dos mercados, ativava-se, de outro lado, para reprimir quaisquer mobilizações que viessem a ameaçar as liberdades contratuais – a aniquilação das associações sindicais e corporações tinha por objetivo expresso a preservação da plena autonomia da vontade e da igualdade jurídica dos sujeitos de direito. O sentido da repressão à coalizão obreira, levada a efeito sob intensos aplausos da filosofia liberal dominante entre os séculos XVIII e XIX, encontrou no direito penal seu anteparo material, classificando negativamente a greve como delito e estabelecendo severas punições contra os grevistas.[421] Também esse ponto foi contemplado pela encíclica *Rerum Novarum*, historicamente posicionada ao final do século XIX e que recomendava ao Estado que prevenisse o "mal da greve" com a "autoridade das leis":

> O trabalho muito prolongado e pesado e uma retribuição mesquinha – preconiza o Papa Leão XXIII – dão, não poucas vezes, aos operários ocasião de greves. É preciso que o Estado ponha cobro a esta desordem grave e frequente, porque estas greves causam dano não só aos patrões e aos mesmos operários, mas também ao comércio e aos interesses comuns; e em razão das violências e tumultos, a que de ordinário dão ocasião, põem muitas vezes em risco a tranquilidade pública. O remédio, portanto, nesta parte, mais eficaz e salutar é prevenir o mal com a autoridade das leis, e impedir a explosão, removendo a tempo as causas de que se prevê que hão de nascer os conflitos entre os operários e os patrões.[422]

O Brasil adere ao movimento de criminalização dos movimentos paredistas, ainda que por pouco tempo, na medida em que, mesmo admitindo a concertação de trabalhadores em sindicatos desde 1884, o Código Penal de 1890 prescrevia, como crime contra a liberdade do trabalho, o tipo penal "causar ou provocar cessação ou suspensão de trabalho, para impor

[421] O direito alienígena, sobretudo na Europa, é rico em exemplos da legislação restritiva à organização sindical ou associativa no período acima referenciado, destacando-se: a França em 1791; a Inglaterra em 1814; o Império Austro-Húngaro em 1879; a Itália em 1890; etc. No Brasil, destaca-se o art. 179, XXV, da Constituição do Império de 1824, destarte redigido: "A inviolabilidade dos Direitos Civis, e Políticos dos Cidadãos Brazileiros, que tem por base a liberdade, a segurança individual e a propriedade, é garantida pela Constituição do Império, pela maneira seguinte. [...] XXV. Ficam abolidas as Corporações de Ofícios, seus Juizes, Escrivães e Mestres." BRASIL, Constituição Política do Império do Brazil, de 25 de março de 1824. **Manda observar a Constituição Política do Imperio, oferecida e jurada por Sua Magestade o Imperador.** Rio de Janeiro, 25 mar 1824.

[422] VATICANO. **Carta encíclica *Rerum Novarum*:** sobre a condição dos operários. 15 de maio de 1891. Disponível em 24 de maio de 2020 em <http://www.vatican.va/content/leo-xiii/pt/encyclicals/documents/hf_l-xiii_enc_15051891_rerum-novarum.html>.

aos operários ou patrões aumento ou diminuição de serviço ou salário", penalizado com até um ano de prisão.[423] Tal situação, contudo, durou apenas dois meses, sendo modificada já em 12 de dezembro do mesmo ano pelo Decreto n. 1.162/1890, que alterou a redação do Código Penal para estabelecer como puníveis somente os movimentos paredistas que fossem executados mediante violência ou por meio de atos de ameaça e constrangimento ilegal.[424] Obviamente que, na prática, a "arma perigosa do partido revolucionário-econômico", o "mais aconselhado dos seus meios de combate" em face do "princípio capitalístico, contra o qual trabalham todas as escolas socialistas" permanecia sendo combatida com mão de ferro pelo Estado, não havendo margem para negociações ou transações com operários grevistas.[425]

O início do século XX, contudo, foi marcado por uma explosão de greves e manifestações operárias que, acompanhando o fluxo internacional que, desde a revolução soviética de 1917 até o fim da Primeira Guerra Mundial e a assinatura do Tratado de Versalhes (de 1919), pôs na ordem do dia (e aqui leia-se "ordem" em todos os sentidos possíveis) o conceito dos direitos sociais. No Brasil, a forma jurídica rapidamente capturou a incipiente organização operária em um movimento personificado pelo primeiro Ministro de Estado do Trabalho, o gaúcho Lindolfo Collor, já aqui referenciado, que entendia "fora de dúvida [...] que o século XX tem marcado o seu rumo na conquista de um novo rumo *status* social: a interdependência econômica

[423] "Art. 206 – Causar ou provocar cessação ou suspensão do trabalho, para impor aos operários ou patrões aumento ou diminuição de serviço ou salário: Pena de prisão celular por um a três meses. §1º – Se para esse fim se coligarem os interessados: Pena – aos chefes ou cabeças da coligação, de prisão celular por dois a seis meses. §2º – Se usarem de violência: Pena – de prisão celular por seis meses a um ano, além das mais em que incorrerem pela violência." BRASIL, Decreto n. 847, de 11 de Outubro de 1890. **Promulga o Código Penal.** Rio de Janeiro, DF, 11 out 1890.

[424] "**Art.** 1º Os arts. 205 e 206 do Codigo Penal e seus paragraphos ficam assim redigidos: 1º Desviar operarios e trabalhadores dos estabelecimentos em que forem empregados, por meio de ameaças e constrangimento: Penas – de prisão cellular por um a tres mezes e de multa de 200$ a 500$000. 2º Causar ou provocar cessação ou suspensão de trabalho por meio de ameaças ou violencias, para impôr aos operarios ou patrões augmento ou diminuição de serviço ou salario: Penas – de prisão cellular por um a tres mezes." BRASIL, Decreto n. 1162, de 12 de Dezembro de 1890. **Altera a relacção dos arts 205 e 206 do Codigo Criminal.** Rio de Janeiro, 12 dez 1890.

[425] MORAES, Evaristo de. **Apontamentos de direito operário.** São Paulo: LTr, 1998, p. 49-50 e 60 e seguintes.

das classes."[426] Tal interdependência se expressaria, portanto, pela sindicalização das forças produtivas como racionalidade de um mundo de cooperação social em que a ideia do progresso estivesse subordinada à noção fundamental da ordem.[427] Assim que, no período do Governo Provisório de Getúlio Vargas, mesmo que a associação em sindicato fosse admitida (e de certa forma até mesmo incentivada) pelo Decreto n. 19.770/1931, estavam os sindicatos já marcados pelo viés corporativista que perdura até hoje. O assim chamado "sindicalismo oficial" passou a concorrer com os sindicatos "independentes" (notoriamente organizados sob as bandeiras e métodos de luta de anarquistas e comunistas) que, rapidamente, se viram postos na ilegalidade (e no esquecimento) em detrimento de um movimento operário que, sob a batuta do Estado, era terminantemente proibido de professar ideologias políticas ou religiosas e de... paralisar o trabalho.[428]

> O Estado reconheceu juridicamente o 'sindicato' – afirmava o Papa Pio XI na Carta Encíclica *Quadragesimo Anno* –, dando-lhe porém carácter de monopólio, já que só ele, assim reconhecido, pode representar respectivamente operários e patrões, só ele concluir contractos e pactos de trabalho. A inscrição no sindicato é facultativa, e só neste sentido se pode dizer, que a organização sindical é livre; pois a quota sindical e certas taxas especiais são obrigatórias para todos os que pertencem a uma dada categoria, sejam eles operários ou patrões; como obrigatórios para todos são também os contratos de trabalho estipulados pelo sindicato jurídico. [...] As corporações são constituídas pelos representantes dos sindicatos dos operários e dos patrões pertencentes à mesma arte e profissão, e, como verdadeiros e próprios órgãos e instituições do Estado, dirigem e coordenam os sindicatos nas coisas de inte-

[426] COLLOR, Lindolfo. Exposição que justificou o Decreto n. 19.770, de 19 de março de 1931. In: COLLOR, Lindolfo. **Origens da legislação trabalhista brasileira.** Porto Alegre: Fundação Paulo do Couto e Silva, 1990, p. 106.

[427] Idem. Ibidem.

[428] "O objetivo mais evidente do decreto era combater toda organização que permanecesse independente, bem como toda liderança considerada capaz de articular movimentos de protesto à nova ordem institucional, atingindo uma tradição associativa que lançava raízes no século XIX e que crescera durante a Primeira República. Marcada pelos princípios do corporativismo da época, uma nova tradição começava então a ser fundada no Brasil, o que implicava tanto o "esquecimento" da experiência anterior quanto um esforço de convencimento e repressão da classe trabalhadora pelos governos do pós-1930." GOMES, Angela Maria de Castro. **Cidadania e direitos do trabalho.** Rio de Janeiro: Jorge Zahar Ed., 2002, p. 24.

resse comum. É proibida a greve; se as partes não podem chegar a um acordo, intervém a autoridade.[429]

Assim que, antes mesmo do Estado Novo, já pairava no ar o espírito repressivo à greve (e ao *lock-out*) como mecanismos potencialmente disruptivos à ordem social vigente. Obviamente que tal espírito fora contemplado pela Constituição de 1937 que, em seu art. 139, instituiu a Justiça do Trabalho como instância exclusiva de resolução dos conflitos oriundos entre o empregados e empregadores e, no mesmo ato, classificou a greve e o *lock-out* como recursos antissociais, nocivos ao trabalho e ao capital e incompatíveis com os interesses superiores da produção nacional.[430] Em

[429] "Prossegue o Papa Pio XI: "Basta reflectir um pouco, para ver as vantagens desta organização, embora apenas sumariamente indicada: a pacífica colaboração das classes, a repressão das organizações e violências socialistas, a acção moderadora de uma magistratura especial." Tais 'vantagens' eram apontadas justamente sobre uma perspectiva de conciliação de classes como mecanismo de combate ao 'socialismo propriamente dito' e ao 'partido da violência ou comunismo', considerado violento e tirânico justamente por propagar a luta de classes e a destruição da propriedade burguesa: "Uma das facções seguiu uma evolução paralela à da economia capitalista, que antes descrevemos, e precipitou no comunismo, que ensina duas coisas e as procura realizar, não oculta ou solapadamente, mas à luz do dia, francamente e por todos os meios ainda os mais violentos: guerra de classes sem tréguas nem quartel e completa destruição da propriedade particular. Na prossecução destes objectivos a tudo se atreve, nada respeita; uma vez no poder, é incrível e espantoso quão bárbaro e desumano se mostra." VATICANO. **Carta encíclica *Quadragesimo Anno*.** 15 de maio de 1891. Disponível em 29 de maio de 2020 em <http://www.vatican.va/content/pius-xi/pt/encyclicals/documents/hf_p-xi_enc_19310515_quadragesimo-anno.html>.

[430] "Art. 139 – Para dirimir os conflitos oriundos das relações entre empregadores e empregados, reguladas na legislação social, é instituída a Justiça do Trabalho, que será regulada em lei e à qual não se aplicam as disposições desta Constituição relativas à competência, ao recrutamento e às prerrogativas da Justiça Comum. A greve e o *lock-out* são declarados recursos anti-sociais nocivos ao trabalho e ao capital e incompatíveis com os superiores interesses da produção nacional." BRASIL, **Constituição dos Estados Unidos do Brasil**, de 10 de novembro de 1937. Rio de Janeiro, 10 nov 1937. A inconstitucionalidade da greve e do *lock-out* era frequentemente invocada, até mesmo em âmbito internacional, tanto por representantes da Administração brasileira quanto por representações empresariais, conforme se depreende de nota circular da Federação das Indústrias do Estado de São Paulo – FIESP em apoio à posição assumida pelos delegados do Brasil na Conferência de Chapultepec, realizada em 1945, especialmente na discussão do item 10º da Carta Econômica das Américas, que recomendava a aceitação, por todas as Repúblicas americanas, da previsão da greve como direito a todos os trabalhadores. Na oportunidade, apenas a delegação brasileira votou contra a citada proposta, tendo, porém, apoio fervoroso da FIESP nos seguintes termos: "A Conferência de Chapultepec e o Direito de Greve – A seguir, foi longamente discutida pela Casa a posição

um mesmo sentido apontavam o Código Penal de 1940, cujo art. 201 criminalizava a participação de trabalhadores em greves que paralisassem serviços de interesse coletivo ou que interrompessem obras públicas[431], e a Consolidação das Leis do Trabalho, cuja redação original estabelecia, nos seus arts. 722 a 725, a proibição expressa do *lock-out* e da greve.[432]

Em um segundo paradigma, a captura do processo paredista da greve pelo direito se dá de forma mais sutil: a greve passa a ser compreendida como liberdade. O que se verifica, na hipótese, é a imposição[433] de uma

da indústria em face dos movimentos grevistas que se vêm registrando no País, tendo falado diversos diretores, apreciando o assunto sob todos os seus aspectos. Achando-se presente o Dr. Armando de Arruda Pereira, que integrou a delegação que representou o Brasil na conferência do México, foi o mesmo convidado pelo Sr. Presidente a expor qual o ponto de vista adotado pelo nosso País em Chapultepec, com relação ao direito de greve. Esclareceu o Dr. Armando de Arruda Pereira que o nosso delegado manifestou-se contrário ao direito de greve, por estar em desacordo com as disposições da Constituição vigente no País, tendo o Brasil aceito o projeto com a ressalva de que esse direito não seria reconhecido nos países em que a Magna Carta proíbe a greve. A greve, por consequência, é um recurso ilegal: os que a ela recorrem estão contra a lei." MARTINS, Norma Izabel Ribeiro. **Direito de greve.** Brasília: Serviço de Informação Legislativa, 1964, p. 20.

431 "Art. 201 – Participar de suspensão ou abandono coletivo de trabalho, provocando a interrupção de obra pública ou serviço de interesse coletivo: Pena – detenção, de seis meses a dois anos, e multa." BRASIL, Decreto-lei n. 2.848, de 7 de setembro de 1940. **Código Penal.** Rio de Janeiro, 7 dez 1940.

432 "Art. 722 – Os empregadores que, individual ou coletivamente, suspenderem os trabalhos dos seus estabelecimentos, sem prévia autorização do Tribunal competente, ou que violarem, ou se recusarem a cumprir decisão proferida em dissídio coletivo, incorrerão nas seguintes penalidades: [...] Art. 723 – Os empregados que, coletivamente e sem prévia autorização de tribunal competente, abandonarem o serviço, ou desobedecerem a qualquer decisão proferida em dissídio, incorrerão nas seguintes penalidades"[...] Art. 724 – Quando a suspensão do serviço ou a desobediência às decisões dos Tribunais do Trabalho for ordenada por associação profissional, sindical ou não, de empregados ou de empregadores, a pena será: [...] Art. 725 – Aquele que, empregado ou empregador, ou mesmo estranho às categorias em conflito, instigar a prática de infrações previstas neste Capítulo ou houver feito cabeça de coligação de empregadores ou de empregados incorrerá na pena de prisão prevista na legislação penal, sem prejuízo das demais sanções cominadas. §1º Tratando-se de serviços públicos, ou havendo violência contra pessoa ou coisa, as penas previstas neste artigo serão aplicadas em dobro. §2º O estrangeiro que incidir nas sanções deste artigo, depois de cumprir a respectiva penalidade, será expulso do País, observados os dispositivos da legislação comum." BRASIL, Decreto-Lei n. 5.452, de 1º de maio de 1943. **Aprova a Consolidação das Leis do Trabalho.** Rio de Janeiro, RJ, mai 1943.

433 E aqui não é casual o emprego do termo "imposição". O contexto em que o delito-greve passa a ser enquadrado como suspensão não penalmente imputável do contrato de trabalho

extrapolação do sujeito-livre e autônomo de Hegel do plano individual para o plano coletivo, de modo a apresentar juridicamente a greve como a soma das vontades manifestadas por uma diversidade de sujeitos de direito individuais.[434] Observa-se, aí, o "transplante" da greve da esfera penal para a esfera do contrato de trabalho. Este segundo momento atua como germe do estágio mais sofisticado que o Estado burguês concebeu para o tratamento da greve: o tratamento jurídico da greve como *direito*, contemporâneo desta investigação. Nesse momento, o movimento operário se vê conformado à gramática do direito burguês, reproduzindo-o (e reproduzindo, na via oblíqua, a forma-jurídica que, como visto, é o "outro lado" da forma-mercadoria) na medida em que internaliza a luta de classes à moldura de um aparelho ideológico (e repressivo) do Estado burguês.

No Brasil, tal contexto aparece imbricado em um complexo processo de "idas e vindas" do direito de greve, iniciado com a publicação do Decreto-lei n. 9.070, de 15 de março de 1946, que acolhia o direito de greve em "atividades acessórias", desde que notificado o Departamento Nacional do Trabalho[435]; passando pela promulgação da Constituição Federal de

advém da pura e simples insuficiência de tal criminalização, que, ademais de não demover as agremiações operárias de suas revoltas organizadas, imbuía as constantes greves de uma sensação de estado revolucionário que, potencialmente, poderia desintegrar o regime operante. Daí o recurso do Estado burguês a estratégias de embate indireto à ação operária. A esse respeito, veja-se RUPRECHT, Alfredo. **Conflitos coletivos do trabalho.** São Paulo: LTr/USP, 1979.

[434] Como se percebe em De La Zarda: "Isto, que é evidente na esfera individual, por que não haveria de sê-lo na mesma medida na ordem coletiva? Há um direito para o indivíduo isolado e não há para esse mesmo indivíduo associado com outros companheiros de trabalho?" *Apud* RUPRECHT, Alfredo. **Conflitos coletivos do trabalho.** São Paulo: LTr/USP, 1979, p. 68.

[435] "Art. 2º A cessação coletiva do trabalho por parte de empregados sòmente será permitida, observadas as normas prescritas nesta lei. § 1º Cessação coletiva do trabalho é a deliberada pela totalidade ou pela maioria dos trabalhadores de uma ou de várias empresas, acarretando a paralização de tôdas ou de algumas das respectivas atividades. § 2º As manifestações ou atos de solidariedade ou protesto, que importem em cessação coletiva do trabalho ou diminuição sensível e injustificada de seu ritmo, ficam sujeitos ao disposto nesta lei. Art. 3º São consideradas fundamentais, para os fins desta lei, as atividades profissionais desempenhadas nos serviços de água, energia, fontes de energia, iluminação, gás, esgotos, comunicações, transportes, carga e descarga; nos estabelecimentos de venda de utilidade ou gêneros essenciais à vida das populações; nos matadouros; na lavoura e na pecuária; nos colégios, escolas, bancos, farmácias, drogarias, hospitais e serviços funerários; nas indústrias básicas ou essenciais à defesa nacional. § 1º O Ministro do Trabalho, Indústria e Comércio, mediante portaria, poderá incluir outras atividades entre as fundamentais. § 2º Consideram-se acessórias as atividades

1946, cujo art. 158 reconhecia expressamente o "direito de greve"[436], e sua posterior regulamentação, na forma da Lei n. 4.330, de 1º de junho de 1964, que, reconhecendo o "direito de greve", expressamente vinculava-o aos contornos da forma-salário[437]; também passando pela outorga da Constituição de 1967, cujo art. 157, §7º, estabelecia a vedação à greve nos serviços considerados essenciais[438], posteriormente complementado pelo Decreto-lei n. 898/1969 (que definia os crimes contra a segurança nacional e a ordem política), impondo pesadas penalidades para aqueles que promovessem greve que implicassem a paralisação de serviços públicos ou atividades essenciais ou, ainda, que fizessem "propaganda subversiva" por meio da realização de greves;[439] a mesma lógica foi mantida quando da edição da Lei n. 6.620, de 17 de dezembro de 1978, e do Decreto-lei n. 1.632, de 4 de agosto de 1978.[440]

não classificadas entre as fundamentais. Art. 4º Os trabalhadores e empregadores interessados, ou suas associações representativas, deverão notificar o Departamento Nacional do Trabalho ou as Delegacias Regionais, da ocorrência de dissídio capaz de determinar cessação coletiva de trabalho, indicando os seus motivos e as finalidades pleiteadas." BRASIL, Decreto-lei n. 9.070, de 15 de março de 1946. **Dispõe sobre a suspensão ou abandono coletivo do trabalho e dá outras providências.** Rio de Janeiro, 15 mar 1946.

436 "Art. 158 – É reconhecido o direito de greve, cujo exercício a lei regulará" BRASIL, **Constituição dos Estados Unidos do Brasil**, de 18 de setembro de 1946. Rio de Janeiro, 18 set 1946.

437 "Art. 2º Considerar-se-á exercício legislativa da greve a suspensão coletiva e temporária da prestação de serviços a empregador, por deliberação da assembleia geral de entidade sindical representativa da categoria profissional interessada na melhoria ou manutenção das condições de trabalho vigentes na empresa ou empresas correspondentes à categoria, total ou parcialmente, com a indicação prévia e por escrito das reivindicações formuladas pelos empregados, na forma e de acordo com as disposições previstas nesta lei." BRASIL, Lei n. 4.330, de 1º de junho de 1964. **Regula o direito de greve, na forma do art. 158, da Constituição Federal.** Brasília, 01 jun 1964.

438 "Art. 157 – A ordem econômica tem por fim realizar a justiça social, com base nos seguintes princípios: [...] §7º – Não será permitida greve nos serviços públicos e atividades essenciais, definidas em lei." BRASIL, **Constituição da República Federativa do Brasil de 1967.** Brasília, 24 jan 1967.

439 "Art. 38. Promover greve ou lock out, acarretando a paralisação de serviços públicos ou atividades essenciais, com o fim de coagir qualquer dos Poderes da República: Pena: reclusão, de 4 a 10 anos. [...] Art. 45. Fazer propaganda subversiva: [...] IV – Realizando greve proibida; [...] Pena: reclusão, de 1 a 3 anos." BRASIL, Decreto-lei n. 898, de 29 de setembro de 1969. **Define os crimes contra a segurança nacional, a ordem política e social, estabelece seu processo e julgamento e dá outras providências.** Brasília, 29 set 1969.

440 Curioso é o conteúdo do Decreto-lei n. 1.632/78, acima referido, que, ao dispor sobre a proibição da greve nos serviços públicos e em atividades essenciais de interesse da segurança

Após a redemocratização e a entrada em vigor da Constituição Federal de 1988, manteve-se no horizonte dos direitos sociais o *direito de greve*, assegurado na forma do art. 9º da norma fundamental[441], posteriormente regulamentado pela Lei n. 7.783, de 28 de junho de 1989, passando o movimento de massas a corresponder, institucionalmente, à suspensão coletiva, temporária e pacífica, total ou parcial, de prestação pessoal de serviços a um determinado empregador, legalizando-se, assim, o conflito intransponível entre capital e trabalho, desde que este fosse reduzido ao espectro de direitos subjetivos limitados à reivindicação jurídico-salarial – a contratualização da greve – que, assegurando ao direito o exercício da sua função enquanto "expressão organizada das aparências (do mercado)"[442], reproduz os mecanismos (e as formas) sociais que impõem o poder jurídico do capital sobre o proletariado.

Assim que o "processo" de consolidação da greve como direito, longe de implicar no reconhecimento de uma via expressa da luta emancipatória dos trabalhadores, apressou-se em assegurar o exercício da mobilização paredista como a face burocrática da reivindicação coletiva. No melhor espírito da instrumentalidade weberiana[443], a positivação do fato-greve como direito, ademais de reconhecer "a impotência da ordem jurídica, no

nacional, tornou ilimitada a prerrogativa do Presidente da República para definir *quaisquer* atividades de produção, distribuição e comercialização como essenciais. Na prática, toda e qualquer atividade grevista estava proibida por atentar contra a segurança nacional: "Art 1º – São de interesse da segurança nacional, dentre as atividades essenciais em que a greve é proibida pela Constituição, as relativas a serviços de água e esgoto, energia elétrica, petróleo, gás e outros combustíveis, bancos, transportes, comunicações, carga e descarga, hospitais, ambulatórios, maternidades, farmácias e drogarias, bem assim as de indústrias definidas por decreto do Presidente da República. § 1º Compreendem-se na definição deste artigo a produção, a distribuição e a comercialização. § 2º Consideram-se igualmente essenciais e de interesse da segurança nacional os serviços públicos federais, estaduais e municipais, de execução direta, indireta, delegada ou concedida, inclusive os do Distrito Federal." BRASIL, Decreto-lei n. 1.632, de 4 de agosto de 1978. **Dispõe sobre a proibição de greve nos serviços públicos e em atividades essenciais de interesse da segurança nacional.** Brasília, 4 ago 1978.

441 "Art. 9º É assegurado o direito de greve, competindo aos trabalhadores decidir sobre a oportunidade de exercê-lo e sobre os interesses que devam por meio dele defender. § 1º A lei definirá os serviços ou atividades essenciais e disporá sobre o atendimento das necessidades inadiáveis da comunidade. § 2º Os abusos cometidos sujeitam os responsáveis às penas da lei." BRASIL, **Constituição da República Federativa do Brasil.** Brasília, 5 out 1988.

442 EDELMAN, Bernard. **A legalização da classe operária.** São Paulo: Boitempo, 2016, p. 30.

443 Ver nota 264.

plano do direito material, para compor as lutas do trabalho"[444], assegura a previsibilidade de ações do grupo obreiro, enquadrando-as e limitando-as ao espectro do contrato de trabalho e do ambiente imediato de trabalho. Nesse sentido, inclusive, discorre Roberto A. O. Santos:

> [...] a greve como direito tem por fim afirmar que os 'vendedores' da 'mercadoria' estão dispostos a armazená-la temporariamente, privando os 'compradores' da oferta da sua força-de-trabalho, a fim de forçar o aumento do preço ou a mudança de condições de uso dessa 'mercadoria'. Trata-se de uma prática inteiramente compreensível sob o ponto de vista ortodoxo, uma estratégia da luta mercantil de amplo emprego no cotidiano dos negócios com as mercadorias em geral. A rejeição da greve-direito constituiria, portanto, uma contradição lógica irremediável da política do capital, uma postulação de assimetria sem qualquer justificativa dentro dos pressupostos da proposta igualitária clássica da burguesia.[445]

4.2. O mal-entendido de classes: a legalização da greve e o discurso jurídico do capital

O conflito laboral (seja em sentido amplo, seja especificamente na sua forma-greve), tal qual o respectivo discurso jurídico correspondente ao seu "tratamento" e o próprio sistema de controle jurisdicional materialmente incidente sobre o fato-greve, inserem-se em uma relação de determinação e sobredeterminação complexamente enraizada nas relações sociais de um dado momento historicamente determinado. Põe-se em expediente, finalmente, a tarefa de articular concretamente a problemática do discurso jurídico burguês aplicado ao fato-greve. Aqui, toda a digressão teórica apresentada nos capítulos anteriores culmina no descolamento de uma análise conceitual do conflito laboral coletivo que venha a estabelecer-se no contexto de uma eventual simplicidade a-histórica.

Tal historicidade, contudo, não parece ser levada em consideração pela doutrina tradicionalmente adotada em direito do trabalho. Em rigor, a doutrina justrabalhista corriqueiramente recorre a figuras históricas meramente aproximativas, que captam apenas uma pequena parcela (acessória e,

[444] LEITE, João Antonio G. Pereira. **Estudos de direito do trabalho e direito previdenciário.** Porto Alegre: Síntese, 1979, p. 53.

[445] SANTOS, Roberto A. O. Uma contribuição sociológica à renovação da teoria jurídica da greve. In **Revista da Academia Nacional de Direito do Trabalho.** São Paulo: LTr, 1993, p. 124.

portanto, epifenomênica) do fato-greve, explicando-a sob uma perspectiva humanista[446] que reduz o fenômeno em que a reivindicação operária transborda à luta em um embate direto de forças entre trabalho e capital a um mero dissabor coletivo, uma insatisfação pontual e natural a qualquer processo de trabalho, cuja satisfação poderá ou não ocorrer pela gramática jurídica do contrato (agora coletivo) de trabalho.[447] Assim que autores habitualmente tidos por "incontestáveis" em sede de relações de trabalho costumam apontar o conflito laboral como uma página de um amplo livro cuja linguagem individualista e liberal explica todos os conflitos segundo a mesma cifra: a oposição de interesses pessoais sobre um mesmo (e escasso) bem.[448]

[446] "Em virtude do humanismo idealista, que coexiste com a instalação do modo de produção capitalista, a norma – e em sentido mais amplo, o sistema jurídico – é tida como emanando sempre do Homem e, através dele, como sendo produto da Razão. Em tais condições, o homem encontra-se ao mesmo tempo como objeto do direito (como sistema repressivo de normas) e seu autor (por meios variados, como veremos, da lei ao contrato). Norma jurídica e Homem/Pessoa encontram-se pois numa relação dialética de mútua dependência. É por esta razão que, para os juristas, todo o homem que vive em sociedade tem vocação para ser uma pessoa em sentido jurídico, pois deixou de ser concebível que alguns sejam excluídos da esfera jurídica dos humanos como o eram os escravos da Antiguidade. Intervindo assim no mundo jurídico, o homem transporta para aí as suas próprias qualidades: a razão e todas as suas virtudes, mas também a vontade que, num sentido, é própria do homem, pois implica a consciência de um fim e de meios. Assim o voluntarismo jurídico está intimamente ligado ao humanismo e ao subjetivismo." MIAILLE, Michel. **Uma introdução crítica ao direito.** Lisboa: Ed. Moraes, 1979, p. 87.

[447] Caso, por exemplo, de Ari Possidonio Beltran, que, pautando-se em Jacqueline Frisch-Gouthier, explica os conflitos laborais como adventos inerentes à *psiqué* dos trabalhadores individualmente considerados, a depender do binômio satisfação-insatisfação no trabalho, sobretudo ante a satisfação de aspectos de ordem negativa absolutamente acessórios à relação de trabalho em si, tais como a umidade, o frio, a poeira, o calor, a fadiga, etc. O único "aspecto" efetivamente estrutural apresentado seria, de fato, o desemprego como insatisfação, porém, mesmo este, é abordado especificamente sob uma perspectiva individual, não em sua função estrutural da concorrência interior à classe operária. Cf. BELTRAN, Ari Possidonio. **A autotutela nas relações de trabalho.** São Paulo: LTr, 1996. Semelhante é a posição assumida por Orlando Teixeira da Costa ao afirmar que "o homem não gosta de trabalhar em condições adversas. Por isso, sempre se opôs ao trabalho que não respeita a sua dignidade humana. São imemoriais as raízes da paralisação do trabalho, como reação coletiva espontânea ou concertada às condições pelas quais ele se realiza." COSTA, Orlando Teixeira da. Direito de greve. In: COSTA, Orlando Teixeira da. **Direito coletivo do trabalho e crise econômica.** São Paulo: LTr, 1991, p. 177.

[448] Abordagem que, invariavelmente, atrai o comentário de Duncan Kennedy que, por sua vez, aproximando-se de Gramsci, discorre acerca do papel dos juristas na manutenção da ordem capitalista: "*The whole body of people who are involved with the legal system as legal intellectuals, in*

Os conflitos "naturalmente decorrentes" de tal escassez, obviamente, segundo a ótica burguesa[449], haveriam de ser administrados por um ente que orbitasse acima dos conflitos postos sob sua vigilância, cuja atuação impusesse uma regra geral de previsibilidade e segurança à razão da ordem vigente.[450] Destarte, o Estado e o direito incidiriam sobre a relação de tra-

one way or another (and that really includes the families of wealthy lawyers, who grow up quite mixed in with it) constitutes an important supporting social class for the existing order of things. It's both that the lawyer class as a class is mechanically important to the perpetuation of capitalism, and that its political support of capitalism in an important element in its survival. Legal behavior and legal thought, with their prestige and claims to universality and rationality, have an important effect, the Gramscian-type argument would go, in maintaining the hegemony of ruling class people over this influential professional, technical, intellectual sector which administers the legal system. The legal system maintains the social structure of the capitalist state. It requires legal workers and has got to have some way of keeping their loyalty." KENNEDY, Duncan. ***Antonio Gramsci and the legal system.*** Artigo apresentado à *National Lawyer's Guild Conference on Law and the State in Late Capitalist Society*, 1979. Disponível em <http://iglp.law.harvard.edu/uncategorized/duncan-kennedy-antonio-gramsci-and-the-legal-system-61-alsa-forum-32-1982/> Acesso em 16 jun 2020.

449 "Do ponto de vista filosófico (cristão, solidarista) e do ponto de vista econômico – conclui Cesarino Júnior, em um mesmo paradigma em que o conflito laboral advém da "natureza humana", completamente descolado de processos históricos –, não há oposição mas colaboração entre o empregador e o empregado, posto que ambos têm em vista os mesmos objetivos, não se negará que na relação individual de trabalho, no contrato de trabalho, ambos se colocam, como diz pitorescamente *Barassi*, não 'um ao lado do outro, mas um frente ao outro', em uma evidente oposição de interesses. Com efeito, se para o empregador o objetivo é manter maior quantidade de mão-de-obra pelo menor salário possível, para o empregado é o contrário: conseguir o melhor salário possível com o mínimo de esforço. Daí surgem inevitavelmente conflitos originados no trabalho, que somente desaparecerão em uma época, talvez inalcançável, em que empregadores e empregados estejam perfeitamente educados para reconhecer, sem contestação, os direitos a que são reciprocamente credores. E dizemos época talvez inalcançável, porque eliminar estes conflitos seria eliminar o egoísmo entre os homens" CESARINO JÚNIOR, A. F. **Direito social brasileiro.** Volume 1. São Paulo: Saraiva, 1970, p. 171. Ainda na mesma perspectiva: "O ser humano, por índole natural, é um ser insatisfeito e irrequieto. Nada o contenta, essa é a regra geral. Por isso é que, ao nosso ver, a própria vida do homem deve estar ligada à ideia de greve, no sentido de atitude que, na verdade, traduz rebeliões, insatisfações, etc." RIBEIRO, Lélia Guimarães Carvalho. A greve como legítimo direito de prejudicar. In: **Revista do Ministério Público do Trabalho.** Ano VI, v. 11, Brasília: Ministério Público da União, mar. 1996, p. 100.

450 Aqui invoca-se, em contraponto, a crítica de Engels ao Estado como manifestação histórica da produção capitalista: "Uma sociedade desse gênero [dividida entre classes segundo o processo de produção] não podia subsistir senão em meio a uma luta aberta e incessante das classes entre si, ou sob o domínio de um terceiro poder que, situado aparentemente por cima das classes em luta, suprimisse os conflitos abertos destas e só permitisse a luta de classes no campo econômico, numa forma dita legal. O regime gentílico já estava caduco.

balho, portanto, como reguladores a-históricos de conflitos também a-históricos entre indivíduos livres e iguais postos em controvérsia na relação puramente contratual do trabalho, cuja máxima expressão do conflito poderia ser totalmente traduzível à linguagem jurídica (processualista clássica) da tutela dos interesses "quando alguém pretende a tutela de seu interesse, relativo à prestação de trabalho ou seu regulamento em oposição ao interesse de outro, e quando este se oponha mediante a lesão do interesse ou mediante a contestação do pretendido."[451] Essa é a chave de

Foi destruído pela divisão do trabalho que dividiu a sociedade em classes, e substituído pelo *Estado.* [...] O Estado não é pois, de modo algum, um poder que se impôs à sociedade de fora pra dentro; tampouco é 'a realidade da ideia moral', nem 'a imagem e a realidade da razão', como afirma Hegel. É antes um produto da sociedade, quando esta chega a um determinado grau de desenvolvimento; é a confissão de que essa sociedade se enredou numa irremediável contradição com ela própria e está dividida por antagonismos irreconciliáveis que não consegue conjurar. Mas para que esses antagonismos, essas classes com interesses econômicos colidentes não se devorem e não consumam a sociedade numa luta estéril, faz-se necessário um poder colocado aparentemente acima da sociedade, chamado a amortecer o choque e a mantê-lo dentro dos limites da 'ordem'. Esse poder, nascido da sociedade, mas posto acima dela se distanciando cada vez mais, é o Estado." ENGELS, Friedrich. **A origem da família, da propriedade privada e do Estado.** São Paulo: Expressão Popular, 2010, p. 212-213. Em uma perspectiva semelhante, mas com enfoque na legalidade jurídica sob o capitalismo, Alysson Leandro Mascaro: "A especificidade da legalidade jurídica no capitalismo se erige numa sociedade de classes e grupos, concorrencial, contraditória e conflituosa. Não há, portanto, uma legalidade como afazer social automático ou indiferente ou como desdobrar normativo imediato, dado que a sociabilidade é hierárquica e perpassada pelo poder. Por isso, também não se pode vislumbrar uma legalidade ideal, da qual a realidade seria uma deturpação. A juridicidade se instaura no plano das relações sociais de exploração, poder, dominação e interesse A legalidade parte de uma determinação social de estratégias, de antagonismo em vista da acumulação, e não a partir de uma presumida concórdia ou ordem ou paz social." MASCARO, Alysson Leandro. Direito, capitalismo e Estado: da leitura marxista do direito. In: KASHIURA Jr., Celso Naoto. AKAMINE Jr., Oswaldo. MELO, Tarso de. (Orgs.) **Para a crítica do direito:** reflexões sobre teorias e práticas jurídicas. São Paulo: Outras Expressões: Editorial Dobra, 2015, p. 60.

[451] *Apud* RUSSOMANO, Mozart Víctor; CABANELLAS, Guillermo. **Conflitos coletivos do trabalho.** São Paulo: Editora Revista dos Tribunais, 1979, p. 4. Tal posicionamento, corolário de um movimento analítico de textura lógico-formal, é a concretização de uma visão do direito que Miaille qualifica como "extremamente banal", eis que profundamente capturada pelo "idealismo dos juristas", assim definido pelo pensador francês: "A via idealista traz consigo uma 'visão' do direito aparentemente extremamente banal, profundamente orientada para a realidade. Para lhe definir os limites, limitar-me-ei a dar as duas características mais importantes: o universalismo a-histórico e o pluralismo de explicações." MIAILLE, Michel. **Uma introdução crítica ao direito.** Lisboa: Ed. Moraes, 1979, p. 48.

leitura que permite a Mozart Victor Russomano e a Guillermo Cabanellas encararem a greve e os conflitos laborais como meras arestas entre capital e trabalho, aparadas por modificações superficiais nas condições de trabalho e operadas internamente ao regime do salariato.

> Desse princípio – discorriam Mozart Victor Russomano e Guillermo Cabanellas acerca da conformação da finalidade da greve ao direito subjetivo – se pode derivar uma teoria sumamente simples e sólida: em todos os casos em que, cumpridas as formalidades legais, a paralisação coletiva e ajustada do trabalho pretende uma dessas melhorias das condições de serviço, a greve não pode ser qualificada de ilícita e sim como o exercício adequado de um direito reconhecido. Ao contrário, quando a abstenção de trabalhar tende a objetivos alheios ao contrato de trabalho, às condições materiais e morais da prestação das tarefas, então a medida de força escapa ao Direito do Trabalho e costuma penetrar, mais ou menos furtivamente, no terreno do Direito Político ou da política sem direito.[452]

Assim que o discurso jurídico do capital se revela, mesmo no extremo da greve, como a domesticação da luta de classes em patamares que mantenham os eixos de sustentação da dinâmica social do capital intocados. Trata-se, aqui, da tradução da já referida *legalização* da luta de classes em *contratualização* da luta de classes, capaz de conformar o conflito social às formas da própria reprodução social contínua do capital.[453] Foi a forma

[452] Russomano, Mozart Víctor; Cabanellas, Guillermo. **Conflitos coletivos do trabalho.** São Paulo: Editora Revista dos Tribunais, 1979, p. 68.

[453] A contratualização da luta de classes surge como decorrência de uma espécie de "filtro social" contra a incapacidade do Estado de trabalhar com demandas que extrapolem a vazão das formas sociais capitalistas, conforme aponta Alysson Leandro Mascaro: "As lutas de classe são constantemente jungidas à constrição da forma política estatal e a dinâmica do capitalismo absorve, em suas formas sociais, a maior parte dos antagonismos sociais. Além de classes, as lutas e as postulações de grupos e indivíduos também são constritas à forma política já estabelecida. Com isso, via de regra, o conflito social se desenvolve mediante formas da própria reprodução social contínua do capital. Apenas em situações extremas das contradições, os termos da forma política estatal podem se revelar insuficientes." Mascaro, Alysson Leandro. **Estado e forma política.** São Paulo: Boitempo, 2013, p. 61. Semelhante é o postulado por Tarso Genro ao enunciar, sobre a gênese do direito coletivo do trabalho, que "O Direito do Trabalho, em geral, e o Direito Coletivo do Trabalho em particular, não são somente uma 'autolimitação do capitalismo' na expressão de Bayon-Chacon. Profundamente contraditórios eles, ao mesmo tempo em que concretizam melhorias específicas nas condições de vida dos

jurídica que, atravessando o fato-greve pelo microcosmo dos vínculos individuais da autonomia da vontade e pelas aspirações estruturais da subjetivação de direitos, estancou, já nos séculos XX e XI, a erupção social temida, ainda no século XIX, por Alexis de Tocqueville, reduzindo os tempestuosos ventos revolucionários a uma brisa que, em rigor, impulsiona a nau da exploração burguesa até a contemporaneidade.

> O conflito coletivo, submetido às instituições, funciona como uma válvula de segurança do conjunto da sociedade – explica Tarso Genro ao discorrer sobre o que ele identifica como o *princípio da legitimidade da ação direta dos grupos profissionais* – pois, ao mesmo tempo em que se permite que o fenômeno histórico-social apresente-se como fenômeno jurídico, obriga-se a que ele fique cercado de determinadas condições para a sua aceitação como exercício de um direito.[454]

Aparece, portanto, a forma jurídica como mecanismo de captura da greve pelo discurso do capital, submetendo a luta operária ao que Tarso Genro denomina "resistência coletiva legal"[455], isto é, a uma forma de luta operária que age apenas dentro dos limites precisos da forma jurídica admitida pela greve-direito, balizando o conflito laboral segundo as molduras da ordem social em que ele está inserido, o que, inclusive, justificaria o que o mesmo Tarso Genro identifica como *princípio da absorção dos conflitos do trabalho pela superestrutura jurídica burguesa.* Nessa toada, não é coincidência o estabelecimento de uma relação jurídica em que o sindicato se encontre submetido à lógica da personalidade jurídica subjetiva[456], per-

trabalhadores, impulsionam a manutenção da condição operária, afirmando a sua dependência e negando 'sua própria emancipação'." GENRO, Tarso Fernando. **Contribuição à crítica do direito coletivo do trabalho.** Porto Alegre: Síntese, 1980, p. 20.

454 GENRO, Tarso Fernando. **Contribuição à crítica do direito coletivo do trabalho.** Porto Alegre: Síntese, 1980, p. 33.

455 Idem, p. 34.

456 Vide a jurisprudência assentada no âmbito do Supremo Tribunal Federal: "A jurisprudência do STF, ao interpretar a norma inscrita no art. 8º, I, da Carta Política – e tendo presentes as várias posições assumidas pelo magistério doutrinário (uma, que sustenta a suficiência do registro da entidade sindical no Registro Civil das Pessoas Jurídicas; outra, que se satisfaz com o registro personificador no Ministério do Trabalho; e a última, que exige o duplo registro: no Registro Civil das Pessoas Jurídicas, para efeito de aquisição da personalidade meramente civil, e no Ministério do Trabalho, para obtenção da personalidade sindical) –, firmou orientação no sentido de que não ofende o texto da Constituição a exigência de registro sindical no

meada de direitos e deveres decorrentes da sua própria condição sindical, de modo a preponderar a cadeia da valorização do valor segundo a qual, "persistem ainda os procedimentos de ligação individual entre capitalista e trabalhador, privilegiando as demandas no campo jurídico que estejam vinculadas às lutas por majoração de direitos em vínculos atomizados."[457]

O "preço" da legalização da greve é, portanto, sua constrição pela forma jurídica, acoplando a própria luta de classes aos termos e quadrantes controlados pela estrutura de reprodução do capital. O discurso jurídico do capital é que habilita ao Estado "o controle do transbordo da luta dos indivíduos, grupos e classes do plano da forma jurídica para a luta aberta de classes"[458], ou ainda, nas palavras de Edelman, "dir-se-á: a greve é lícita *na medida* do contrato de trabalho; quando há abuso contratual, há greve abusiva. [...] a greve, quando se torna extracontratual, torna-se, por consequência, ilícita ou ilegal."[459] Domestica-se a luta de classes, transformando-

Ministério do Trabalho, órgão este que, sem prejuízo de regime diverso passível de instituição pelo legislador comum, ainda continua a ser o órgão estatal incumbido de atribuição normativa para proceder à efetivação do ato registral. Precedente: *RTJ* 147/868, rel. min. Sepúlveda Pertence. O registro sindical qualifica-se como ato administrativo essencialmente vinculado, devendo ser praticado pelo ministro do Trabalho, mediante resolução fundamentada, sempre que, respeitado o postulado da unicidade sindical e observada a exigência de regularidade, autenticidade e representação, a entidade sindical interessada preencher, integralmente, os requisitos fixados pelo ordenamento positivo e por este considerados como necessários à formação dos organismos sindicais." STF. AÇÃO DIRETA DE INCONSTITUCIONALIDADE: ADI 1.121 MC, Relator: Ministro Celso de Mello, j. 6-9-1995, P, *DJ* de 6-10-1995. STF, 2020. Disponível em: < http://www.stf.jus.br/portal/constituicao/artigoBd.asp?item=173>. Acesso em: 29 jun. 2020.

[457] MASCARO, Alysson Leandro. **Estado e forma política.** São Paulo: Boitempo, 2013, p. 64. Tal conclusão remonta aos apontamentos doutrinários de Evaristo de Moraes que, escritos ainda no início do século XX, não perdem sua contemporaneidade, porquanto contemporânea é a forma jurídica que define o sindicato como "uma associação de trabalhadores da mesma profissão ou especialidade ou de profissões conexas e similares, que tem por fim defender seus interesses materiais e morais, perante os patrões e os poderes públicos, intervindo nas condições do trabalho, na fixação do salário, na regulamentação das horas de atividade profissional, na forma da aprendizagem, finalmente, em tudo que diga ao bem-estar dos associados." MORAES, Evaristo de. **Apontamentos de direito operário.** São Paulo: LTr, 1998, p. 98.

[458] MASCARO, Alysson Leandro. **Estado e forma política.** São Paulo: Boitempo, 2013, p. 65.

[459] Prossegue Edelman: "E o que é um 'abuso' na espécie? É muito simples. Consiste em deflagrar a greve 'a despeito dos procedimentos de conciliação ou arbitragem', ou por 'motivos políticos', ou por 'qualquer outra razão', entendendo-se por qualquer outra razão a que não seja a boa execução do trabalho. E em nome de que 'poder' os grevistas serão sancionados?

-a em um "mal-entendido de classes" decorrente de um desequilíbrio a ser remediado pela própria forma jurídica:

> O conflito coletivo – enuncia Amauri Mascaro Nascimento – tem um fim normativo. É o meio de desenvolvimento de uma ação destinada a obter as normas que faltam para que as relações de trabalho prossigam em termos de um equilíbrio que foi afetado pelo interesse coletivo dos trabalhadores em melhores condições de trabalho. Em sua base está uma problemática de produção de novos modelos jurídicos, de estruturas normativas como unidades integrantes de um conjunto fático-axiológico, que sob a tensão dos fatos e das novas exigências rompem-se, uma vez que vivem em função de uma determinada ordem que nunca se mantém imutável. O conflito é a projeção de um comportamento referível à elaboração de uma norma. A sua tarefa é a de destruição para a reconstrução no plano normativo. Representa o epílogo de uma tensão que implicará o começo de um procedimento genético-jurídico, explicado como movimento dialético.[460]

Salta aos olhos a tentativa de vincular à estabilidade da norma (e, consequentemente, da forma jurídica) um alegado equilíbrio entre as tensões sociais eventualmente existentes entre o capitalista e o vendedor de força

O do empregador, é claro." EDELMAN, Bernard. **A legalização da classe operária.** São Paulo: Boitempo, 2016, p. 38 e 40.

460 NASCIMENTO. Amauri Mascaro. **Conflitos coletivos de trabalho.** São Paulo: Saraiva, 1978, p. 20-21. Tal quadro amolda-se, à perfeição, ao vício da autorreferência da técnica jurídica retratado por Engels: "A lei necessariamente dá origem a órgãos incumbidos de mantê-la em vigor – o poder público, o Estado. O desenvolvimento social subsequente fez com que a lei adquirisse a forma de uma legislação mais ou menos abrangente. Quanto mais complexa essa legislação se torna, tanto mais sua forma de expressão se distancia daquela em que são expressas as condições econômicas habituais da vida em sociedade. Ela aparece como um elemento autônomo, que não justifica sua existência e a fundamentação de seu aprimoramento pelas relações econômicas, mas por razões próprias, intrínsecas, como o 'conceito de vontade'. Os seres humanos esquecem que seu direito descende das condições econômicas vitais, assim como esqueceram que eles próprios descendem do reino animal." ENGELS, Friedrich. **Sobre a questão da moradia.** São Paulo: Boitempo, 2015, p. 220-221. Também no mesmo sentido, Miaille: "O sistema jurídico tem então a sua explicação em si mesmo: os fundamentos do direito aparecem como noções ou instituições jurídicas e encontramo-nos, em consequência, completamente encerrados num mundo fechado e idealizado, o dos juristas. Esta autovalorização permite pensar estas noções como 'base' do sistema, portanto, como 'dados' desse sistema." MIAILLE, Michel. **Uma introdução crítica ao direito.** Lisboa: Ed. Moraes, 1979, p. 104-105.

de trabalho: "a paz burguesa tinha habituado a esta ideia de uma permanência, de uma segurança de certas instituições e, portanto, de certos valores naturais"[461] tutelados por um Estado conciliador que, numa espécie de hegelianismo implícito, sintetiza uma aparente solidariedade de interesses em uma finalidade social moralmente objetiva cuja referência ideal é a marcha progressiva da humanidade para a racionalidade. A dominância dessa perspectiva no seio do discurso jurídico, a justificar o temor confesso de alguns juristas pela erupção de uma greve que perturbe definitivamente o "nível ideal do fluxo contínuo de equilíbrio e evolução da civilização humana", arriscando a sociedade burguesa em "perigosas hipertensões que podem comprometê-lo [o equilíbrio] ou leva-lo a desastrosas rupturas"[462], explica-se segundo a lógica marxista de que "as ideias dominantes não são nada mais do que a expressão ideal das relações materiais dominantes [...] apreendidas como ideias".[463]

Destarte, ainda que a greve perturbe um equilíbrio próprio da sociabilidade capitalista justamente por interromper, ainda que temporariamente, a valorização do valor na produção ou a realização do valor na circulação de mercadorias, tal "desequilíbrio" é prontamente apreendido pelo discurso jurídico não como expressão de uma sociedade cindida em classes sociais antagônicas e estruturalmente inconciliáveis, cuja lógica da acumulação demanda a injeção de trabalho abstrato em valores de uso para, perfazendo o circuito da fórmula capitalista D-M-D', valorizar as mercadorias postas em circulação. Ao contrário, o discurso jurídico da greve a compreende como manifestação indesejada de percalços naturais da claudicação de um corpo social na sua marcha progressiva para a racionalidade ideal, claudicação esta superável mediante a edição de normas mais ou menos inclusivas ou pelo reconhecimento-concessão de melhores ou piores condições de trabalho em favor ou em desfavor de uma determinada coletividade obreira: "os conflitos de interesses não desapareceram, como também não desapareceram as rivalidades de classes, mas para além desses antagonismos, estabeleceu-se uma solidariedade que releva

461 MIAILLE, Michel. **Uma introdução crítica ao direito.** Lisboa: Ed. Moraes, 1979, p. 102.

462 RODRIGUES PINTO, José Augusto. Greve: um termômetro social de precisão. In: FREDIANI, Yone. SILVA, Jane G. T. da. **O direito do trabalho na sociedade contemporânea.** São Paulo: Jurídica Brasileira, 2001, p. 96.

463 MARX, Karl. **A ideologia alemã.** São Paulo: Boitempo, 2007, p. 47.

de uma concepção comum da finalidade social"[464], afirmando-se aí, em uma pitoresca imagem de que *estamos todos, operários e burgueses, no mesmo barco*, o mal-entendido de classes como razão juridicamente admitida para a greve e para a domesticação institucional da luta operária pelo aparato estatal da burguesia.

4.3. A interpelação ideológica do direito de greve

A imagem de operários e burgueses em um mesmo barco guiado pelo discurso jurídico, contudo, só faz sentido quando afirmada contra o pano de fundo da reprodução do capital, e sua crítica encontra razoabilidade exatamente sob o ponto de vista de tal reprodução[465], determinada, em última instância, pelo imperativo da valorização do valor. A reprodução do modo de produção capitalista, já foi dito, decorre da colocação em movimento, pelo proletariado, de meios de produção pertencentes à burguesia mediante um acordo de vontades – um contrato – em que a classe não detentora de meios de produção vende no mercado a sua força de trabalho em favor da classe detentora de meios de produção, que a compra como uma mercadoria dotada da peculiar condição de gerar valor quando consumida. A operação de compra e venda da força de trabalho, como visto, conforma-se como a troca de *trabalho assalariado e livre* cujo valor realiza-se, como o de todas as demais mercadorias, na esfera da circulação mercantil.

Nesta linha, à primeira vista, o direito surgiria como espécie de epifenômeno da base econômica da sociabilidade capitalista, isto é, uma materialidade imediatamente derivada do fato econômico primário. Todavia, como ressalta Marx, "as mercadorias não podem ir por si mesmas ao mercado e trocar-se umas pelas outras"[466], de modo que se impõe à abstração do ponto de vista da reprodução a investigação dos agentes da troca no mercado e de como tais agentes se contrapõem na esfera da circulação

[464] BURDEAU, G. *Apud* MIAILLE, Michel. **Uma introdução crítica ao direito.** Lisboa: Ed. Moraes, 1979, p. 126.

[465] "As evidências tenazes (evidências ideológicas de caráter empirista) do ponto de vista da mera produção e da simples prática produtiva (abstrata em si mesma com relação ao processo de produção) se incorporam de tal forma à nossa consciência cotidiana que é extremamente difícil, para não dizer quase impossível, alcançar o ponto de vista da reprodução." In: ALTHUSSER, Louis. **Aparelhos Ideológicos de Estado:** nota sobre os aparelhos ideológicos de Estado (AIE). Rio de Janeiro: Edições Graal, 1985, p. 54.

[466] MARX, Karl. **O capital:** crítica da economia política: livro I: o processo de produção do capital. São Paulo: Boitempo, 2017, p. 159.

mercantil. Assim que tal abstração *escapa* da base econômica, transpondo-se dialeticamente à esfera da superestrutura marxiana sob a forma da *ideologia* – as formas sociais determinadas de consciência.

> [...] o homem não nasce já um trabalhador – argumenta Pedro Davoglio –, precisando sempre ser qualificado para o exercício das mais diversas funções produtivas que poderá vir a exercer, bem como educado para reconhecer o seu lugar nas relações gerais estabelecidas como modo de produção, compreender as ordens que lhe forem dadas e obedecê-las de maneira adequada. Sem isso, do ponto de vista da reprodução, um homem será apenas um corpo biológico inútil.[467]

Tal espécie de ambivalência – ou tensão – entre matéria e ideia provoca intensa discussão em torno da logicidade da crítica marxista do direito – naquela que, vale reiterar, é a principal digressão da crítica kelseniana sobre o pensamento jurídico marxista. Saliente-se, contudo, que foi somente em Althusser que a chave da investigação sobre a determinação da consciência pelas práticas materiais foi decifrada de modo a ultrapassar a simples transposição da abstração dos agentes da troca ao campo da superestrutura segundo um modelo de "consciência instrumental" em favor do plano da "relação vivida dos homens com seu mundo"[468]. A ideologia, segundo a teoria althusseriana, é apresentada não como mera falsa-representação de uma determinada esfera da consciência historicamente dominante capaz de subordinar o agir dos homens, mas, ao contrário, surge como um "sistema (com sua lógica e rigor próprios) de representações (imagens, mitos, ideias ou conceitos, conforme o caso) dotado de uma existência e de um papel históricos no interior de uma sociedade dada"[469] prestando-se a uma

[467] DAVOGLIO, Pedro Eduardo Zini. Ideologia e ideologia jurídica. *In*: KASHIURA Jr., Celso Naoto. AKAMINE Jr., Oswaldo. MELO, Tarso de. (Orgs.) **Para a crítica do direito:** reflexões sobre teorias e práticas jurídicas. São Paulo: Outras Expressões: Editorial Dobra, 2015, p. 235. Sobre a transformação e a apropriação do corpo biológico em corpo finalístico à reprodução do capital, ver: FOUCAULT, M. **Vigiar e Punir:** nascimento da prisão. Petrópolis: Vozes, 1987.

[468] ALTHUSSER, Louis. Marxismo e humanismo. *In* ALTHUSSER, Louis. **Por Marx.** Campinas: Editora da Unicamp, 2015, p. 194.

[469] Idem, p. 192. Assim que Althusser refere-se à ideologia como parte organicamente integrante de qualquer sociedade, caracterizando como utópica e idealista a concepção de um mundo em que a ideologia é plenamente substituída pela ciência: "[...] o materialismo histórico não pode conceber que mesmo uma sociedade comunista possa prescindir de ideologia, quer se trate de moral, quer de arte ou de 'representação de mundo'. [...] no estado atual da teoria

função prático-social historicamente definida segundo a unidade entre a relação real e a relação imaginária dos homens para com as suas condições de existência.

> Na ideologia, os homens exprimem, com efeito, não suas relações com suas condições de existência, mas *a maneira* pela qual vivem sua relação com suas condições de existência, o que supõe simultaneamente relação real e relação 'vivida', 'imaginária'. A ideologia é, então, a expressão da relação dos homens com seu 'mundo', ou seja, a unidade (sobredeterminada) de sua relação real e de sua relação imaginária com suas condições de existência reais. Na ideologia, a relação real está inevitavelmente investida na relação imaginária: a relação que mais *exprime* uma *vontade* (conservadora, conformista, reformista ou revolucionária), até mesmo uma esperança ou uma nostalgia, do que descreve uma realidade.[470]

É certo que, ao longo de sua obra, Althusser desenvolve, revisita e revisa alguns aspectos da sua teoria da ideologia (mudanças e nuances que, em rigor, não cabem ser aprofundados no âmbito deste trabalho). O cerne do pensamento althusseriano acerca da ideologia, contudo, permanece sólido em torno de três teses centrais já ventiladas em páginas anteriores e definitivamente esmiuçadas por Francisco Sampedro em seu artigo *A teoria da ideologia de Althusser*[471], todas fundamentais à compreensão do movimento de interpelação ideológica: i) a ideologia como inconsciente; ii) a ideologia em sua dupla função (matricial e de submetimento); e iii) a materialidade da ideologia.

No primeiro aspecto, Althusser incorpora o *inconsciente* freudiano à sua investigação acerca do mecanismo da ideologia, de modo a descentralizar o sujeito humano em um feixe de relações sociais do qual ele não é a origem e, tampouco, objeto. O sujeito aparece em Althusser, portanto, em seu *locus* de *suporte* de relações sociais reproduzidas segundo forma-

marxiana, tomada rigorosamente, não é concebível que o comunismo, novo modo de produção que implica forças produtivas e relações de produção determinadas, possa prescindir de uma organização social da produção e de formas ideológicas correspondentes." *In* ALTHUSSER, Louis. Marxismo e humanismo. *In* ALTHUSSER, Louis. **Por Marx.** Campinas: Editora da Unicamp, 2015, p. 192-193.

470 ALTHUSSER, Louis. Marxismo e humanismo. *In* ALTHUSSER, Louis. **Por Marx.** Campinas: Editora da Unicamp, 2015, p. 194.

471 Ver SAMPEDRO, Francisco. A teoria da ideologia de Althusser. In NAVES, Marcio Bilharinho (Org.). **Presença de Althusser.** Campinas: UNICAMP/IFCH, 2010.

ções ideológicas que advogam pelo seu próprio reconhecimento enquanto sujeito – o que se manifesta na admissão dos já referidos "panos de fundo da obviedade" apresentados no seio das relações sociais (a exemplo da forma jurídica, da forma política, da forma salário, etc.) e que admitem o reconhecimento de um sujeito já marcado e mediado pelas "estruturas invisíveis da ideologia"[472]. Noutro lado, sob a denominada função matricial da ideologia, Althusser estabelece-a como um "sistema de representações que asseguram a relação dos indivíduos com as tarefas fixadas pela estrutura da totalidade social, e que constitui uma forma específica de necessidade que assegure o desempenho efetivo das tarefas prescritas pelo sistema social"[473], articulado e determinado, em última instância, pela lógica do trabalho abstrato, da reprodução da sociabilidade do capital e pelos processos de valorização e de realização do valor. Tal perspectiva, em um vislumbre da sujeição de uma entidade sindical como representação jurídica da coletividade de trabalhadores, por exemplo, explicaria as diretrizes reiteradamente propostas para fins de aferição de representatividade sindical subordinadas à efetivação de processos de negociação coletiva mais "eficazes" (leia-se: negociações menos conflituosas e que perturbem o menos possível a produção capitalista).[474] Ambos os aspectos do pensamento althusseriano pressupõem, notadamente, a materialidade da ideologia em instituições, os aparelhos ideológicos de Estado "que atuam em conjunto com o aparelho repressivo de Estado na reprodução das relações de produção."[475] Assim que as ideias encontram sua existência material imbricada na *prática* dos sujeitos, definida e distribuída por um complexo aparato estatal – no que vale invocar a noção gramsciana de *Estado ampliado*[476] – voltado à reprodução do capital e de suas formações sociais, donde fala-se em *aparelhos ideológicos do Estado.*

472 Sampedro, Francisco. A teoria da ideologia de Althusser. In Naves, Marcio Bilharinho (Org.). **Presença de Althusser.** Campinas: UNICAMP/IFCH, 2010, p. 42.

473 Idem, p. 44-45.

474 Ver PL n. 5.552/2019, PL n. 5.275/2005 e o Relatório Final do Fórum Nacional do Trabalho no que diz respeito à Reforma Sindical, dentre outros.

475 Kashiura Jr., Celso Naoto. Sujeito de direito e interpelação ideológica: considerações sobre a ideologia jurídica a partir de Pachukanis e Althusser. **Direito & Práxis,** Rio de Janeiro, v. 6, n. 10, 2015, p. 49-70.

476 Em um horizonte semelhante, ver o Capítulo VI de *Sobre a reprodução*, de Louis Althusser, especificamente o item IV – *"Instituições" públicas e privadas*, em Althusser, Louis. **Sobre a reprodução**, Petrópolis: Vozes, 2008, p. 103-104.

> As ideias – segundo Althusser – desaparecem enquanto tais (enquanto dotadas de uma existência ideal, espiritual), na medida mesma em que se evidenciava que sua existência estava inscrita nos atos das práticas reguladas por rituais definidos em última instância por um aparelho ideológico. O sujeito portanto atua enquanto agente do seguinte sistema (enunciado em sua ordem de determinação real): a ideologia existente em um aparelho ideológico material, que prescreve práticas materiais reguladas por um ritual material, práticas estas que existem nos atos materiais de um sujeito, que age conscientemente segundo sua crença.[477]

Ressurge aqui, como centro das teses althusserianas, a noção de sujeito. Certo de que somente há prática "através de e sob uma ideologia", bem como de que "só há ideologia pelo sujeito e para o sujeito"[478], Althusser, ao tempo em que articula a ideia à materialidade, opera uma espécie de clivagem entre a forma exterior da subjetividade e a materialidade da ideologia como surgida e "imposta" pelos aparelhos ideológicos do Estado, isto é, "antes de serem metabolizadas pelo seu [do sujeito] aparelho psíquico e acederem à consciência – as 'ideias' existem materialmente 'fora' deles, nas instituições, rituais e práticas socialmente programadas dos aparelhos"[479].

Ressalte-se, todavia, que a subjetividade althusseriana, como *forma*, não se confunde com a individualidade dos *sujeitos concretos*. O pensamento althusseriano estabelece uma alteridade específica entre o indivíduo – sujeito concreto – e o *Sujeito*, por assim dizer. Nessa perspectiva, destaca-se a conclusão no sentido de que, ainda que a função primordial da ideologia seja, efetivamente, constituir os indivíduos concretos em sujeitos, "a ideologia sempre/já interpelou os indivíduos como sujeitos, o que quer dizer que os indivíduos foram sempre/já interpelados pela ideologia como sujeitos, o que necessariamente nos leva a uma última formulação: os indivíduos são sempre/já sujeitos."[480] Tal alteridade é representada, segundo

[477] ALTHUSSER, Louis. **Aparelhos Ideológicos de Estado:** nota sobre os aparelhos ideológicos de Estado (AIE). Rio de Janeiro: Edições Graal, 1985, p. 92.

[478] Idem, p. 93.

[479] DAVOGLIO, Pedro Eduardo Zini. Ideologia e ideologia jurídica. *In*: KASHIURA Jr., Celso Naoto. AKAMINE Jr., Oswaldo. MELO, Tarso de. (Orgs.) **Para a crítica do direito:** reflexões sobre teorias e práticas jurídicas. São Paulo: Outras Expressões: Editorial Dobra, 2015, p. 246.

[480] ALTHUSSER, Louis. **Aparelhos Ideológicos de Estado:** nota sobre os aparelhos ideológicos de Estado (AIE). Rio de Janeiro: Edições Graal, 1985, p. 98.

Althusser, por uma *estrutura duplamente especular* que constitui e garante o funcionamento da ideologia como um todo em um movimento que "submete os sujeitos ao Sujeito, ao mesmo tempo que lhes dá, pelo Sujeito [...] a garantia de que se trata realmente deles e Dele"[481].

Tal "jogo de espelhos" importa à dialética da representação sindical na medida em que o sindicato atua simultaneamente como aparelho ideológico e como reunião personificada de sujeitos concretos portadores/suportes de relações sociais capitalistas. O sindicato, portanto, aparece como a cristalização do que Althusser designa como "triplo sistema de submetimento, reconhecimento universal e garantia absoluta"[482], a representação prática de uma ideologia imposta como forma jurídica da coletividade de indivíduos concretos, em uma espécie de coletivo de sujeitos-assujeitados às materialidades e rituais especificamente relacionados ao seu reconhecimento dentro da estrutura social do capital. Interessante, nesse contexto, é a verificação do mecanismo prático de reconhecimento/constituição do sujeito – a interpelação – transposta ao sindicato e, notadamente, a percepção geral do sindicato como "supersujeito" (exatamente por que sujeito-Sujeito) coletivo pressupostamente oposto ao indivíduo-mônada e, consequentemente, oposto à sociabilidade capitalista.

Veja-se, a sustentar tal abstração, que o exemplo apresentado por Althusser para resolver o "paradoxo" da abstração indivíduo-concreto-sujeito é exatamente o ritual ideológico que envolve a espera de um nascimento:

> Que os indivíduos sejam sempre 'abstratos' em relação aos sujeitos que são desde sempre, Freud já o demonstrou, assinalando simplesmente o ritual ideológico que envolve a espera de um 'nascimento', este 'feliz acontecimento'. Todos sabemos como e quanto é esperada a criança a nascer. Deixando de lado os 'sentimentos', isto, prosaicamente, quer dizer que as formas de ideologia familiar/paternal/maternal/conjugal/fraternal, que constituem a espera do nascimento da criança, lhe conferem antecipadamente uma série de características: ela terá o nome do seu pai, terá portanto uma identidade, e será insubstituível. Antes de nascer a criança é portanto sujeito, determinada a sê-lo através de e na configuração ideológica familiar específica na qual ele é 'esperado' após ter sido concebido. Inútil dizer que esta configuração ideológica familiar é, em sua unicidade, fortemente estruturada e que é nesta

[481] ALTHUSSER, Louis. **Sobre a reprodução**, Petrópolis: Vozes, 2008, p. 217.
[482] Idem. Ibidem.

estrutura implacável, mais ou menos 'patológica' (supondo-se que este termo tenha um sentido determinável) que o já-presente futuro-sujeito 'encontrará' o 'seu' lugar, quer dizer 'tornando-se' sujeito sexual (menino ou menina) que ele já é.[483]

Extrai-se da formulação althusseriana acima o assujeitamento do indivíduo concreto segundo um mecanismo de identificação/reconhecimento adequado a um determinado "plano simbólico evidente", um pano de fundo da obviedade compreendido como "a autoprodução consciente da justificação para o sentido do enunciado com base em um sistema de crenças materiais exteriores"[484]. Tendo isso em conta, revisite-se, pois, a jurisprudência do Supremo Tribunal Federal acerca do processo de obtenção, pelo sindicato, de sua "personalidade sindical":

> A jurisprudência do STF, ao interpretar a norma inscrita no art. 8º, I, da Carta Política – e tendo presentes as várias posições assumidas pelo magistério doutrinário (uma, que sustenta a suficiência do registro da entidade sindical no Registro Civil das Pessoas Jurídicas; outra, que se satisfaz com o registro personificador no Ministério do Trabalho; e a última, que exige o duplo registro: no Registro Civil das Pessoas Jurídicas, para efeito de aquisição da personalidade meramente civil, e no Ministério do Trabalho, para obtenção da personalidade sindical) –, firmou orientação no sentido de que não ofende o texto da Constituição a exigência de registro sindical no Ministério do Trabalho, órgão este que, sem prejuízo de regime diverso passível de instituição pelo legislador comum, ainda continua a ser o órgão estatal incumbido de atribuição normativa para proceder à efetivação do ato registral. Precedente: *RTJ* 147/868, rel. min. Sepúlveda Pertence. O registro sindical qualifica-se como ato administrativo essencialmente vinculado, devendo ser praticado pelo ministro do Trabalho, mediante resolução fundamentada, sempre que, respeitado o postulado da unicidade sindical e observada a exigência de regularidade, autenticidade e representação, a entidade sindical interessada pre-

[483] Idem, p. 98-99.

[484] DAVOGLIO, Pedro Eduardo Zini. Ideologia e ideologia jurídica. *In*: KASHIURA Jr., Celso Naoto. AKAMINE Jr., Oswaldo. MELO, Tarso de. (Orgs.) **Para a crítica do direito:** reflexões sobre teorias e práticas jurídicas. São Paulo: Outras Expressões: Editorial Dobra, 2015, p. 251. Sobre o movimento da interpelação no plano do consciente-inconsciente, ver MOCNIK, Rastko. *Ideology and fantasy*. *In:* KAPLAN, Ann; SPRINKER, Michael. ***The althusserian legacy.*** London: Verso, 1993.

encher, integralmente, os requisitos fixados pelo ordenamento positivo e por este considerados como necessários à formação dos organismos sindicais.[485]

Ora que, a despeito de reduções posteriores, o Supremo Tribunal Federal há muito compreende que "a constituição de um sindicato – posto culmine no registro que o investe na representação da categoria – a ele não se resume: não é um momento, mas um processo"[486]. Tal *processo*, retiradas as máscaras morais da consciência e as tradicionais justificações racionais e de conteúdo, compreende, em rigor, a conformação daquele agrupamento de sujeitos concretos a uma forma social pressuposta, isto é, a um sistema de crenças materiais expresso como "regularidade, autenticidade e representação" e, ainda, reconhecido como adequado à "vida associativa regular" e à "ação sindical eficiente"[487]. O sindicato-Sujeito, portanto, como ente coletivo, ponto de agregação em torno do qual gravitam sujeitos concretos reunidos *pelo trabalho abstrato*, opera o mecanismo da interpelação em geral aplicável especificamente à sociabilidade capitalista e limitada ao seu próprio horizonte: "[...] manifestações de luta de classes entre os repre-

[485] STF. AÇÃO DIRETA DE INCONSTITUCIONALIDADE: ADI 1.121 MC, Relator: Ministro Celso de Mello, j. 6-9-1995, P, *DJ* de 6-10-1995. STF, 2020. Disponível em: <http://www.stf.jus.br/portal/constituicao/artigoBd.asp?item=173>. Acesso em: 29 jun. 2020.

[486] STF. RECURSO EXTRAORDINÁRIO: RE 205.107-1/MG, Relator: Ministro Sepúlveda Pertence, DJ de 25-09-1998. STF, 2020. Disponível em <https://jurisprudencia.stf.jus.br/pages/search/sjur21788/false>. Acesso em: 10 ago. 2020.

[487] Art. 571. Qualquer das atividades ou profissões concentradas na forma do parágrafo único do artigo anterior poderá dissociar-se do sindicato principal, formando um sindicato específico, desde que o novo sindicato, a juízo da Comissão de Enquadramento Sindical, ofereça possibilidade de vida associativa regular e de ação sindical eficiente. BRASIL, Decreto-Lei n. 5.452, de 1º de maio de 1943. **Aprova a Consolidação das Leis do Trabalho.** Rio de Janeiro, RJ, mai 1943. Não é difícil a associação entre a semântica empregada pela Norma Consolidada e a reprodução da "vida" individual e da "ação" sindical segundo a perspectiva da estabilidade capitalista referida por Hirsch:"[...] 'estrutura' e 'ação' não podem ser entendidos como exteriormente opostos. Com as suas contradições, a estrutura social já se expressa na ação por intermédio da determinação social formal, bem como as estruturas 'objetivas' são (re)produzidas naturalmente pela ação social. [...] Sob as condições capitalistas, ela [a vida em sociedade] depende da permanência da garantia dada ao processo de reprodução do capital. Ele está submetido a regularidades definidas que permanecem independentes dos atores. Esse é o nexo "funcional" decisivo que assegura a reprodução da sociedade capitalista e define as estratégias dos atores, fazendo com que todas ações que se voltem contra as formas sociais dominantes e suas concretizações institucionais tornem-se uma operação de alto risco." In: HIRSCH, Joachim. **Teoria materialista do Estado:** processos de transformação do sistema capitalista de Estado. Rio de Janeiro: Revan, 2010, p. 52.

sentantes do capital e os trabalhadores em torno de questões associadas ao tempo de trabalho ou da relação entre salários e lucros são estruturalmente intrínsecas ao capitalismo"[488].

Tomando emprestada a conclusão de Davoglio sobre a subjetivação, no sentido de que "o mecanismo da interpelação em geral poderia ser mais bem descrito como uma *submissão* à linguagem e uma *identificação* imaginária com um conjunto de crenças materiais que lhes indica [aos trabalhadores] o seu lugar no sistema da divisão social do trabalho"[489], e articulando tal conclusão ao pensamento de Kashiura Jr., no ponto em que o autor se refere à interpelação como um momento de constituição dos sujeitos em duplo sentido, constituindo "o indivíduo como *sujeito* de seus atos, e, ao mesmo tempo, constitui o indivíduo como *assujeitado*, como submetido a uma estrutura social que se impõe independentemente de sua escolha"[490],

[488] POSTONE, Moishe. **Tempo, trabalho e dominação social:** uma reinterpretação da teoria crítica de Marx. São Paulo: Boitempo, 2014, p. 54. Mais adiante, prossegue Postone: "A luta de classes está enraizada de várias maneiras nessa forma quase objetiva de mediação social. A relação entre trabalhadores e capitalistas é marcada por uma indeterminação inerente em relação, por exemplo, à jornada de trabalho, ao valor da força de trabalho e à proporção entre o tempo necessário e o tempo excedente de trabalho. O fato de tais determinações da relação não serem 'dadas' e, portanto, poderem a qualquer momento ser objeto de negociação e conflito, indica que a relação entre os produtores do excedente social e seus apropriadores, no capitalismo, não se baseia fundamentalmente na força direta ou em padrões tradicionais fixos. Pelo contrário, ela é constituída, em última análise, de forma muito diferente – pela forma-mercadoria de mediação social, de acordo com Marx. São precisamente os aspectos indeterminados dessa relação que permitem a expressão de necessidades e exigências historicamente variáveis. Finalmente, essa relação de classe implica em permanente conflito também devido à forma de antagonismo social envolvido – de direito contra direito – que é, em si, tanto uma determinação da subjetividade social como da objetividade social. Como forma de uma antinomia social 'objetiva', é também uma determinação da autoimagem das partes envolvidas. Eles se veem como detentores de direitos, uma autoimagem constitutiva das lutas envolvidas. A luta de classes entre capitalistas e trabalhadores também está enraizada nas formas específicas pelas quais as necessidades e as exigências são compreendidas e articuladas em um contexto social estruturado pela mercadoria – isto é, como consciência social e concepções de direitos associados a uma relação estruturada dessa forma." In: POSTONE, Moishe. **Tempo, trabalho e dominação social:** uma reinterpretação da teoria crítica de Marx. São Paulo: Boitempo, 2014, p. 367-368.

[489] DAVOGLIO, Pedro Eduardo Zini. Ideologia e ideologia jurídica. *In*: KASHIURA Jr., Celso Naoto. AKAMINE Jr., Oswaldo. MELO, Tarso de. (Orgs.) **Para a crítica do direito:** reflexões sobre teorias e práticas jurídicas. São Paulo: Outras Expressões: Editorial Dobra, 2015, p. 256.

[490] KASHIURA JR., Celso Naoto. Sujeito de direito e interpelação ideológica: considerações sobre a ideologia jurídica a partir de Pachukanis e Althusser. **Direito & Práxis**, Rio de Janeiro, v. 6, n. 10, 2015, p. 49-70.

resulta evidente a relação do sindicato como eixo de articulação de uma coletividade em uma subjetividade determinada e determinante na produção (e na reprodução) capitalista: a subjetividade jurídica, reintroduzindo a concepção jurídica de mundo no circuito vicioso constitutivo da aparelhagem ideológica. Daí porque Edelman pontue que "o Direito, que fixa as formas de funcionamento do conjunto das relações sociais, torna eficaz, no mesmo momento, a Ideologia Jurídica, que é a relação imaginária dos indivíduos com as relações sociais em geral"[491].

Isso porquanto o movimento operário, organizado em sindicatos e centrado em uma luta altamente impregnada pela ideologia jurídica, *assujeita* os indivíduos concretos por ele representados em uma estrutura marcada por um "conceito unitário do trabalho"[492], isto é, em uma existência pressuposta e assegurada do trabalho abstrato e do processo do valor de troca. Há nas relações sociais existentes no interior do sindicato um evidente processo incorporação das formas sociais derivadas da mercadoria e do capital, isto é, um processo de *conformação* ou acoplamento, em que se sobressai a instância ideológica da subjetivação jurídica que, pressupondo no sujeito-coletivo-sindical a materialização da igualdade e da liberdade características da circulação mercantil, põe em segundo plano a determinação do mais-valor extraído na esfera da produção.[493] O fluxo de relações sociais havidas no interior do sindicato sob o desígnio da reprodução do capital,

[491] EDELMAN, Bernard. **O direito captado pela fotografia:** elementos para uma teoria marxista do direito. Coimbra: Centelha, 1976, p. 126.

[492] HOLLOWAY, John. **Fissurar o capitalismo.** São Paulo: Publisher Brasil, 2013, p. 153. A leitura de Jappe é ainda mais extrema, na medida em que dispara contra o próprio *trabalho* enquanto práxis constitutiva do sujeito: "Conformar-se com a forma de actividade característica da sociedade mercantil alargou a base da constituição do sujeito, mas isso comportou um preço elevado e historicamente inédito. Fazer do trabalho a práxis que constitui o sujeito significava ligar o devir-sujeito do homem à sua submissão a uma práxis rigorosamente despojada de todas as qualidades que podiam torná-la actividade especificamente humana." In: JAPPE, Anselm. **A sociedade autofágica**: capitalismo, desmesura e autodestruição. Lisboa: Antígona, 2019, p. 83.

[493] "Formas sociais caracterizam relações objetivas exteriores e reificadas face aos indivíduos, em que a sua ligação social manifesta-se disfarçada, não transparente. Sob as condições capitalistas, a sociabilidade não pode ser gerada de outro modo. As relações entre os indivíduos devem assumir o aspecto de *relações objetivadas*, ou seja, a própria existência social aparece para o indivíduo como coisa, como 'fetiche' difícil de ser visualizado, ocultando aquilo que o engendra e o move." In: HIRSCH, Joachim. **Teoria materialista do Estado:** processos de transformação do sistema capitalista de Estado. Rio de Janeiro: Revan, 2010, p. 30.

portanto, não permite que seja simples fruto do acaso a sua representação, por Althusser, como Aparelho Ideológico de Estado.

> Desde o começo do capitalismo industrial – discorre Holloway –, os trabalhadores empregados pelos capitalistas se uniram para lutar por melhores condições, maiores salários, menor jornada de trabalho etc. A forma típica de organização é o sindicato, uma forma hierárquica e geralmente burocrática de organização. A luta do trabalho abstrato é, antes de tudo e principalmente uma luta sobre o emprego: a luta por melhores condições de emprego, por salários mais altos, por mais emprego, uma luta contra o desemprego. Estas lutas são importantes, elas afetam as condições de vida de milhões e milhões de pessoas mundo afora. Mas são também lutas que tomam como certa a reprodução da dominação capitalista, a subordinação do nosso fazer ao controle alienado, a contínua abstração do fazer em trabalho.[494]

A conformação do movimento operário à forma-jurídica, portanto, evidencia a submissão dos indivíduos concretos – trabalhadores e trabalhadoras organizados em sua respectiva coletividade – à forma do capital (e do trabalho abstrato), identificando-os segundo um conjunto de crenças e pressupostos radicados na subjetividade jurídica e franqueando-lhes acesso, exclusivamente, às determinações da igualdade e da liberdade constantes na esfera mercantil. Assim que o assujeitamento da luta operária à ao sindicato juridicamente reconhecido pelo Estado encarcera o movimento operário na lógica de dominação do trabalho abstrato, conformando a luta operária ao "processo da liberdade e da igualdade" que nada mais é que o "processo do valor de troca" tornado "processo do sujeito".[495] Neste plano, Alysson Mascaro explicita a fina conexão existente entre a subjetividade jurídica e a dominação capitalista, mesmo que situada no plano da coletividade sindical:

[494] HOLLOWAY, John. **Fissurar o capitalismo.** São Paulo: Publisher Brasil, 2013, p. 154.

[495] "Posso responder então à questão aberta por Althusser: se é verdade que toda a ideologia interpela os indivíduos como sujeitos, o conteúdo concreto/ideológico da interpelação burguesa é o seguintes: o indivíduo é interpelado como encarnação das determinações do valor de troca. E posso acrescentar que o sujeito de direito constitui a forma privilegiada desta interpelação, na exata medida em que o Direito assegura e assume a eficácia da circulação." In: EDELMAN, Bernard. **O direito captado pela fotografia:** elementos para uma teoria marxista do direito. Coimbra: Centelha, 1976, p. 135.

A subjetividade é o núcleo das explorações e das dominações do capitalismo. A consciência, a boa vontade ou até a união dos indivíduos em partidos, sindicatos, movimentos, grupos ou mesmo massas e multidões não faz com que as relações sociais se deem em grau distinto daquele dos indivíduos em interação isolada. Se as subjetividades se armam com direitos subjetivos que se transacionam sem fim, constituindo o mundo das mercadorias, a união de indivíduos em classes e grupos, e mesmo a eventual consciência e a gana de luta decorrentes, resulta, quase sempre, em manejos com os mesmos direitos subjetivos, apenas agora em plano social, difuso ou coletivo. Tal qual o direito privado deu conta de se atualizar em direito público administrativo e em direito do trabalho e direitos sociais, a subjetivação jurídica procede do mesmo modo com o partido político e o sindicato.[496]

4.4. O Tribunal Superior do Trabalho e o direito de greve: o paradigma do dissídio coletivo de greve n. 1000418-66.2018.5.00.0000

A representação do sindicato como aparelho ideológico e, portanto, como agente da interpelação ideológica e do assujeitamento, vem à superfície exatamente quando o agrupamento de sujeitos concretos reunidos em coletividade emprega seu mais característico artifício de luta reivindicatória: a greve. É a greve, e principalmente a prática da greve contraposta ao seu tratamento jurídico pelos juízes e tribunais, i.e., pelo Estado-juiz, que permite este mergulho para além da reflexão meramente abstrata, admitindo a investigação das manifestações concretas do valor como elementos de coerção e de compulsão social expressos dialeticamente em uma "estrutura alienada de mediação social que constitui a formação de capital"[497] e assegura a sua reprodução. Nesse sentido, o recente julgado proferido pelo Tribunal Superior do Trabalho no âmbito do dissídio coletivo de greve número 1000418-66.2018.5.00.0000 é, provavelmente, o melhor representante – ainda que esteja longe de ser o único[498] – do *imperativo do valor* no tratamento jurídico da greve no Brasil.

[496] Mascaro, Alysson Leandro. **Crise e golpe.** São Paulo: Boitempo, 2018, p. 188.

[497] Postone, Moishe. **Tempo, trabalho e dominação social:** uma reinterpretação da teoria crítica de Marx. São Paulo: Boitempo, 2014, p. 103.

[498] São inúmeros os exemplos de julgados que classificam movimentos paredistas como *abusivos*, ora por sua "motivação política", ora pelo descumprimento de determinações como a manutenção de contingente de trabalhadores superior a 50% (cinquenta por cento) em atividade em determinado serviço apontado como essencial. O dissídio coletivo de greve n.

Tratou-se o feito de ação declaratória de nulidade de greve combinada com obrigação de não fazer inibitória movida por Centrais Elétricas Brasileiras S.A. – ELETROBRAS, Furnas Centrais Elétricas S.A. – ELETROBRAS FURNAS, e diversas outras companhias energéticas do Brasil integrantes do Sistema ELETROBRAS[499], em face de Federação Nacional dos Urbanitários – FNU-CUT, Federação Brasileira dos Administradores – FEBRAD, Federação Nacional dos Engenheiros – FNE, Federação Nacional dos Técnicos Industriais – FENTEC, dentre outras entidades sindicais de trabalhadores[500], tendo por pedido liminar a declaração da abusividade

1000418-66.2018.5.00.0000, todavia, foi o escolhido para análise exatamente pela sua vocação paradigmática, que o alçou a "precedente obrigatório" referenciado em todo e qualquer julgado semelhante posterior, bem como pela abrangência do seu conteúdo, que passa desde a determinação da manutenção das atividades laborais em contingente mínimo de 75% (setenta e cinco por cento) e deságua na abusividade da greve pela sua motivação "política".

499 A relação completa das partes integrantes do polo ativo do feito é a seguinte: i) Centrais Elétricas Brasileiras S.A. – ELETROBRAS; ii) Furnas Centrais Elétricas S.A. – ELETROBRAS FURNAS; iii) Companhia de Geração Térmica e Energia Elétrica – CGTEE S.A.; iv) Eletrosul Centrais Elétricas S.A. – ELETROBRAS ELETROSUL; v) Companhia Hidro Elétrica do São Francisco – CHESF; vi) Eletrobras Termonuclear S/A – ELETRONUCLEAR; vii) Centrais Elétricas do Norte do Brasil S.A. – ELETRONORTE; viii) Centro de Pesquisas de Energia Elétrica – ELETROBRAS CEPEL; ix) Boa Vista Energia S/A – ELETROBRAS DISTRIBUIÇÃO RORAIMA; x) Companhia de Eletricidade do Acre – ELETROBRAS DISTRIBUIÇÃO ACRE; xi) Companhia Energética do Piauí – ELETROBRAS DISTRIBUIÇÃO PIAUÍ; xii) Companhia Energética de Alagoas – ELETROBRAS DISTRIBUIÇÃO ALAGOAS; xiii) Centrais Elétricas de Rondônia – ELETROBRAS DISTRIBUIÇÃO RONDÔNIA; xiv) Amazonas Distribuidora de Energia S.A. – ELETROBRAS AMAZONAS ENERGIA; e xv) Amazonas Geração e Transmissão de Energia S.A.

500 A relação completa das partes integrantes do polo passive do feito é a seguinte: i) Federação Nacional dos Urbanitários – FNU-CUT; ii) Federação Brasileira dos Administradores – FEBRAD; iii) Federação Interestadual de Sindicatos de Engenheiros – FISENGE; iv) Federação Nacional dos Engenheiros – FNE; iv) Federação Nacional dos Trabalhadores em Energia, Água e Meio Ambiente – FENATEMA; v) Federação Nacional dos Técnicos Industriais – FENTEC; vi) Federação Regional dos Urbanitários do Nordeste – FRUNE; vii) Federação Nacional das Secretárias e Secretários – FENASSEC; viii) Sindicato dos Trabalhadores das Indústrias Urbanas do Estado do Maranhão; ix) Sindicato dos Trabalhadores nas Indústrias urbanas no Estado de Pernambuco – SINDURB/PE; x) Sindicato dos Urbanitários de Rondônia – SINDUR; xi) Sindicato dos Trabalhadores nas Indústrias Urbanas do Estado do Piauí – SINTEPI; xii) Sindicato dos Economistas do Estado do Rio de Janeiro; xiii) Sindicato dos Administradores no Estado do Rio de Janeiro – SINAERJ; xiv) Sindicato dos Trabalhadores nas Indústrias da Energia Elétrica de São Paulo; xv) Sindicato dos Trabalhadores nas Indústrias Urbanas do Estado do pará – STIUPA; xvi) Sindicato dos Trabalhadores nas Indústrias Urbanas no Estado de Alagoas – STIUEA; xvii) Sindicato dos Trabalhadores nas Indústrias Urbanas

e a nulidade de movimento grevista então previsto para os dias 11, 12 e 13 de junho de 2018, bem como para determinar a manutenção de 100% (cem por cento) dos trabalhadores e dos serviços prestados pelo Sistema ELETROBRAS em tais dias, além de pedido de mérito para, confirmando a liminar, lograr a declaração do caráter abusivo e nulo da greve obreira, sob pena de multa diária de 1.000.000,00 (um milhão de reais), por réu, em caso de descumprimento do comando judicial.

A ação judicial em questão dirigiu-se contra deliberação de cerca de 24 mil trabalhadores e trabalhadoras vinculados ao Sistema ELETROBRAS que resolveram anunciar 72 horas de greve "em protesto contra a tentativa do governo ilegítimo e golpista de Michel Temer (MDB-SP) de privatizar o Sistema Eletrobras."[501] À exordial, as empresas suscitantes posicionaram a Centrais Elétricas Brasileiras S/A – ELETROBRAS enquanto empresa de economia mista de capital aberto controlada pelo Governo Federal do Brasil, que detinha 51% (cinquenta e um por cento) de suas ações ordinárias. Afirmaram os autores que a ELETROBRAS constituía a maior *holding* do setor elétrico da América Latina, com ações negociadas nas Bolsas de Valores de São Paulo (Bovespa), Nova Yorque (NYSE) e Madri (LATIBEX). Não obstante, discorreram longamente sobre as dificuldades financeiras que

do Estado de Roraima – STIURR; xviii) Sindicato dos Trabalhadores na Indústria de Energia Elétrica de Florianópolis – SINERGIA; xix) Sindicato dos Trabalhadores em Empresas de Energia do Rio de Janeiro e Região – SINTERGIA/RJ; xx) Sindicato dos Trabalhadores nas Empresas Urbanas de Água, Energia, Laticínios, Empresa de Habitação e Processamento de Dados no Estado do Acre; xxi) Sindicato dos Trabalhadores e Trabalhadoras nas Indústrias Urbanas do Estado do Amapá – STIUAP; xxii) Sindicato dos Trabalhadores nas Indústrias Urbanas do Estado do Amazonas – STIUAM; xxiii) Sindicato dos Trabalhadores Eletricitários do Vale do Itajaí – SINTEVI; xxiv) Sindicato dos Eletricitários do Ceará – SINDIELETRO; xxv) Sindicato dos Trabalhadores nas Indústrias Urbanas, nas Atividades de Meio Ambiente e nos Entes de Fiscalização e Regulação dos Serviços de Energia Elétrica, Saneamento, Gás e Meio Ambiente no Distrito Federal – STIU/DF; xxvi) Sindicato dos Trabalhadores nos Serviços de Fiação, Tração, Luz e Força de Araraquara – SINDLUZ ARARAQUARA; xxvii) Sindicato dos Trabalhadores na Indústria de Energia Elétrica de Campinas; xxviii) Sindicato dos Eletricitários de Furnas e DME – SINDEFURNAS; xxix) Sindicato das Secretárias do Estado do Rio de Janeiro – SINSERJ; xxx) Sindicato dos Trabalhadores da Indústria de Energia Elétrica do Norte e Noroeste Fluminense – STIEENNF; xxxi) Sindicato dos Trabalhadores na Indústria de Energia Elétrica dos Municípios de Parati e Angra dos Reis – STIEPAR; e xxxii) Sindicato Nacional dos Advogados e Procuradores de Empresas Estatais – SINAPE.

[501] Eletrobras: 24 mil trabalhadores podem aderir à greve de 72 horas. **Portal Vermelho**, 2018. Disponível em: < https://vermelho.org.br/2018/06/07/eletrobras-24-mil-trabalhadores-podem-aderir-a-greve-de-72-horas/>. Acesso em: 08 de novembro de 2020.

supostamente impunham contratempos ao Sistema, "contextualizando" os julgadores acerca do alegado elevado endividamento empresarial que, em tese, justificaria a eventual privatização de seus ativos.

Ainda segundo a peça inicial, as suscitantes afirmavam que a paralisação das atividades laborais pelos trabalhadores do Sistema ELETROBRAS poderia "impactar de forma negativa todo o povo brasileiro", de modo que, ao suscitarem o dissídio coletivo de greve, as empresas estariam agindo para não "deixar que o Brasil seja afetado pelo alardeado movimento paredista, o qual não apresenta reivindicações específicas, ponderadas e justas de natureza trabalhista, sob pena de causar inestimáveis prejuízos em geral". Segundo as autoras, a ação não foi proposta somente tendo em vista os interesses da ELETROBRAS, "mas também ostenta nítida defesa de interesses coletivos de toda população brasileira, face aos excessos perpetrados no exercício do direito de greve pelos órgãos de classe dos trabalhadores do Setor Elétrico", pelo que não poderia a ELETROBRAS "permanecer inerte quanto a este movimento político, construído com um objetivo que escapa ao convencionalmente fixado para a finalidade da greve justa e destinada a reivindicações específicas de conquistas de classe."

A ilegalidade do movimento paredista decorreria, portanto, de as entidades sindicais estarem "desvirtuando o instituto da greve previsto no artigo 9º da Constituição Federal de 1988 e na Lei n. 7.783/89", haja vista a alegada inexistência de "uma sólida e convincente pauta de reivindicações trabalhistas destinada à ELETROBRAS". Ademais, apontam as autoras que o "objetivo político da paralisação" representa hipótese de "dano à propriedade", além de que um "movimento desta magnitude e órbita fere diretamente a garantia constitucional e fundamento da República do Brasil da livre iniciativa e do livre exercício de qualquer atividade econômica", sendo "matematicamente impossível antecipar o custo da contingência desta greve e os contratempos que ela poderá gerar em vários outros setores da economia e na população em geral", o que vilipendiaria o requisito da proporcionalidade. Advogam as autoras exatamente pela limitação do direito de greve "a questões que tenham relevância para a coletividade dos empregados, em razão dos pleitos que desejam postular do empregador", de modo que "motivações de ordem política não devem ensejar paralisações, sob pena de serem elas materialmente abusivas".

O "imperativo de segurança nacional, bem como de relevante interesse coletivo" alegadamente presente no caso do setor relativo à energia elétrica e ao aproveitamento energético dos cursos de água justificou a apresentação, pela União Federal, de pedido de intervenção no feito, sob o argumento da "essencialidade dos serviços públicos relacionados à energia elétrica, até porque repercutem de modo significativo na esfera jurídica de todo o setor produtivo do país, bem como no cotidiano de todo e qualquer cidadão, sobretudo diante da proximidade de evento esportivo que atrai a atenção mundial (Copa do Mundo de Futebol)", bem como do "notório interesse econômico da Fazenda Pública em intervir no feito, especialmente na condição de responsável pelo direcionamento e pelo controle da política econômica do país, passível de ser substancialmente afetada pelo movimento paredista em questão".

Ao proferir decisão interlocutória analisando o pedido liminar, o Ministro Mauricio Godinho Delgado, relator da matéria, manifestou-se, inicialmente, pela legalidade do movimento paredista (tanto em sua perspectiva formal quanto material) sob o fundamento de que "transparece a presença de relevantes interesses profissionais no contexto da greve, porque, obviamente, interessa ao trabalhador, particularmente ao empregado, preservar a empresa." A decisão acena que "a preservação do emprego e da empresa [...] aparentemente é o principal aspecto motivador do movimento paredista [e, portanto,] representa interesse envolto de inequívoco conteúdo econômico-profissional". É nítida a preocupação do Ministro Relator em pontuar que a legalidade do movimento paredista está condicionada à "dimensão e impacto profissionais e contratuais" em sua motivação, afastando, no plano concreto, uma "mera instrumentalização político-ideológica ou algo similar" ou "feição estritamente política ou político-ideológica" que invalidaria a greve. Percebe-se, aqui, que a adequação da greve à forma-jurídica pressupõe a sua vinculação, em algum grau, à forma-mercadoria, isto é, ao contrato de trabalho e, portanto, à lógica da compra e venda da força de trabalho.

Nada obstante apontar para a legalidade do movimento paredista, o Ministro Relator, consignando a possibilidade de a greve em questão "acarretar, para as suscitantes e a sociedade como um todo, danos irreparáveis ou de difícil reparação" e em um juízo de "ponderação do direito constitucional de greve, conferido aos trabalhadores, com os direitos da população diretamente afetada" cujo objetivo, em tese, é "possibilitar menor impacto negativo da greve perante a sociedade, aliado à efetividade do movimento como forma de pressão perante a categoria econômica e meio legítimo conferido aos trabalhadores para reivindicar direitos e melhores condições de trabalho" entendeu "razoável a determinação de manutenção de 75% dos trabalhadores em serviço" de cada uma das empresas componentes do Sistema ELETROBRAS, a partir da zero hora do dia 11 de junho de 2018 e durante todo o período de greve, garantindo-se o "funcionamento da geração, transmissão e distribuição de energia, observando-se a proporcionalidade quanto às funções dos trabalhadores", tudo sob pena de multa diária de R$ 100.000,00 (cem mil reais), haja vista tratar-se "de greve em área essencial que, potencialmente, pode colocar em risco a operação do sistema nacional". Ressalte-se que a abrangência do quantitativo mínimo, conforme esclarecido posteriormente em julgamento de embargos de declaração, "engloba todas as categorias profissionais, funções e setores das Empresas Suscitantes, incluindo as áreas administrativa, de apoio e/ou operacional".

Em seu Parecer, o representante do Ministério Público do Trabalho, reafirmando sua atribuição de "defender os interesses sociais e individuais indisponíveis no âmbito das relações de trabalho", endossou a compreensão de que a greve "de natureza puramente política, como regra, deve ser proibida, pois o direito de greve, estabelecido pelo art. 9º da Constituição Federal, não é ilimitado". Pontuou, ainda, que "o direito de greve limita-se a reivindicações relacionadas ao contrato de trabalho" (ainda que indiretamente, isto é, no caso de a greve ser empregada como instrumento de defesa *do próprio contrato,* ocasião em que comumente confunde-se com a chamada "greve política"). Salientou o *parquet*, todavia, que o caso concreto sequer configura-se como greve "na acepção jurídica do termo", tratando-se de "um ato de represália de natureza política ante a vigência de um Decreto de possível privatização", o que afastaria o exame da matéria sob a ótica juslaboral, exigindo o seu encaminhamento para a esfera cível.

Julgada a matéria no âmbito da Seção Especializada em Dissídios Coletivos do Tribunal Superior do Trabalho, os Ministros acordaram, unanimemente: i) pelo reconhecimento da ilegitimidade passiva da Federação Nacional dos Engenheiros – FNE, do Sindicato dos Trabalhadores na Indústria de Energia Elétrica nos Municípios de Parati e Angra dos Reis – STIERPAR e da Federação Nacional das Secretárias e Secretários – FENASSEC, que sequer haviam se manifestado pela participação no movimento paredista – apesar de terem suportado os efeitos da decisão liminar, inclusive sob pena de multa –, extinguindo o processo, sem resolução de mérito, em relação a tais partes; e ii) pelo reconhecimento do cumprimento da decisão liminar proferida em atenção aos pedidos de natureza cautelar e inibitória, enquanto esteve em vigor, extinguindo o processo, também sem resolução de mérito, em relação a tais pedidos. Noutro ponto, acordaram os Ministros da SDC, por maioria, em julgar *procedente* o pedido de abusividade da greve, a partir do voto divergente do Ministro Ives Gandra da Silva Martins Filho, tendo sido vencidos os Ministros Maurício Godinho Delgado e Kátia Magalhães Arruda.

A matéria, ao fim, foi assim ementada:

> AÇÃO DECLARATÓRIA DE NULIDADE DE GREVE - NATUREZA POLÍTICA DO MOVIMENTO PAREDISTA - COMBATE À POLÍTICA GOVERNAMENTAL DE PRIVATIZAÇÕES NO SETOR ELÉTRICO - ABUSIVIDADE DA GREVE. 1. A greve é o instrumento de que dispõem os trabalhadores para fazer frente às empresas, quando pretendem a melhora das condições de trabalho ou o cumprimento das obrigações contratuais e quando frustrada a negociação coletiva. Assim, num regime concorrencial, ao poder econômico das empresas sobre a remuneração dos trabalhadores se opõe o poder sindical dos trabalhadores sobre a prestação de serviços. As empresas afetadas pela paralisação, ao perderem fatia do mercado devido a essa, verificarão o que lhes é menos gravoso: a perda de receitas e de mercados ou o atendimento às reivindicações obreiras. Em suma, a greve é, na seara laboral, o que é a guerra na seara política, lembrando o dito de Karl Von Clausewitz: "A guerra é a política por outros meios, quando falha a diplomacia" ("Da Guerra"). E a negociação coletiva representaria a diplomacia, ou seja, a busca das melhores condições de trabalho por meios pacíficos, já que uma greve incomoda todos: as empresas, os trabalhadores e os beneficiários dos bens e serviços prestados pelas empresas e seus trabalhadores. 2. Se a greve, em matéria laboral, é um direito constitucionalmente garantido, cabendo aos trabalhadores decidirem sobre a oportunidade de exercê-lo e os interesses a serem esgrimidos por meio dela (art. 9º), então tem-se como subjacente à norma constitucional que o polo passivo do exercício desse direito são as empresas, quer por sofrerem com a paralisação dos serviços, quer por serem as que podem atender às reivindicações obreiras. Nesse sentido, a expressão "interesses" a serem defendidos diz respeito, obviamente, àqueles que possam ser contrapostos às pretensões patronais de restrição à ampliação de direitos aos empregados. 3. No caso de uma greve política, como é a hipótese dos autos, em que o objetivo foi contestar a política de privatização do governo,

especialmente no setor elétrico, a paralisação deixa de ser um direito laboral, para se transformar em modalidade de "lobby" ou grupo de pressão, como outro qualquer que vise obter ou impedir a normatização legal de determinada questão. A natureza não trabalhista de uma greve política fica clara na medida em que o polo passivo direto da greve, que são as empresas, não tem como negociar as reivindicações obreiras, pois dirigidas ao poder público. 4. Assim, verifica-se que o movimento paredista objeto do presente dissídio coletivo de greve é nitidamente abusivo, pois desvirtua o direito de greve, para transformá-lo em instrumento de manifestação política, no qual saem prejudicadas as empresas e a população que utiliza os serviços paralisados. Procedência do pedido de declaração de abusividade da greve.[502]

O voto vencedor, sinteticamente, aponta como elemento de abusividade da greve exatamente a extrapolação do sinalagma do contrato de trabalho, isto é, da relação de contraposição de interesses e pretensões entre vendedores e compradores de força de trabalho subsumida à própria esfera do contrato em si. O Ministro Ives Gandra da Silva Martins foi bastante claro quanto à interpretação restrita da greve enquanto manifestação de desconformidade obreira com os termos e condições do contrato de trabalho, enfatizando que "a greve é o instrumento de que dispõem os trabalhadores para fazer frente às empresas, *quando pretendem a melhora das condições de trabalho ou o cumprimento das obrigações contratuais* e quando frustrada a negociação coletiva". A greve, segundo o subtexto contido no voto vencedor, possui dimensão exclusivamente econômica e privada, apresentando-se, portanto, como um "incômodo" social que contrapõe o "poder econômico das empresas sobre a remuneração dos trabalhadores" ao "poder sindical dos trabalhadores sobre a prestação dos serviços", cumprindo às empresas afetadas pela paralisação – e, aparentemente, somente a elas – a verificação sobre "o que lhes é menos gravoso: a perda de receitas e de mercados ou o atendimento às reivindicações obreiras". Daí é que se extrai o cerne do voto em comentário, isto é, da "natureza não trabalhista de uma greve política" cujo objetivo era "contestar a política de privatização do governo" e que, por isso, transformou-se em "modalidade de 'lobby' ou grupo de pressão, como outro qualquer que vise obter ou impedir a normatização legal de

[502] TST. DISSÍDIO COLETIVO DE GREVE: TST-DCG-1000418-66.2018.5.00.0000, Relator: Ministro Ives Gandra Martins Filho, Data de julgamento: 11/2/2019, DEJT de 15/2/2019.

determinada questão", de modo que "o polo passivo direto da greve, que são as empresas, não tem como negociar as reivindicações obreiras, pois dirigidas ao poder público", configurando-se o movimento paredista como "nitidamente abusivo, pois desvirtua o direito de greve, para transformá-lo em instrumento de manifestação política, no qual saem prejudicadas as empresas e a população que utiliza os serviços paralisados".

Observe-se que o próprio voto vencido, defendido pelo Ministro Mauricio Godinho Delgado e pela Ministra Kátia Magalhães Arruda e que julgava improcedente o pedido de declaração de abusividade do movimento paredista em questão, apontava para a configuração da greve como "manifestação relevante da chamada autonomia privada coletiva", isto é, "movimento concertado para objetivos definidos, em geral, de natureza econômico-profissional ou contratual trabalhista". Ora que, noves fora o evidente o viés progressista do voto em questão, suas razões – e não haveria de ser diferente, considerando estar em análise manifestação advinda do Tribunal Superior do Trabalho[503] – ainda se vinculam à forma histórica da mercadoria, isto é, à equiparação subjetiva entre compradores e vendedores da mercadoria força de trabalho, veja-se:

> Ressalte-se que o Direito do Trabalho, em face da diferenciação socioeconômica e de poder às vezes lancinante entre empregador e empregado, reconheceu na greve um instrumento politicamente legítimo e juridicamente válido para permitir, ao menos potencialmente, a busca de um relativo equilíbrio entre esses seres, quando atuando coletivamente, em torno de seus problemas trabalhistas mais graves, de natureza coletiva. É que movimentos paredistas se constituem nos mais notáveis instrumentos de convencimento e pressão detidos pelos obreiros, se considerados coletivamente, quando de seu eventual enfrentamento da força empresarial, no contexto da negociação coletiva trabalhista. Por essa razão lógica, confirmada ao longo de dois séculos

[503] "Sobre esse ponto, não se deve, evidentemente, cair na ilusão ideológica que permite aos magistrados ou juristas serem, com toda a boa 'consciência profissional' ou 'moral', os servidores do Estado capitalista – a ilusão de que o Direito sendo igual para todos os sujeitos declarados iguais e livres, o Direito sendo o Direito da Liberdade e da Igualdade, os magistrados e justiças seriam os servidores da Liberdade e da Igualdade e não do Estado capitalista! [...] Isso também não significa que não se possa invocar tal artido do Direito existente como *garantia* contra tal abuso, inclusive um 'abuso de classe' e que juristas honestos não possam colocar sua 'ciência' a serviço do 'bom direito', mas sempre nos limites do Direito." In: ALTHUSSER, Louis. **Sobre a reprodução**, Petrópolis: Vozes, 2008, p. 187.

de História contemporânea, suprimir aos trabalhadores as potencialidades desse instrumento é tornar falacioso o princípio juscoletivo da equivalência entre os contratantes coletivos, em vista da magnitude dos instrumentos de pressão coletiva naturalmente detidos pelo empresário.[504]

Revela-se aí o compromisso estrutural advindo das relações de interdependência existentes entre as formas sociais derivadas do valor e da mercadoria posta em circulação, traduzido no ponto em que as decisões judiciais, "mesmo quando em negação da vontade de um burguês específico – é, no entanto, a manutenção da própria estrutura de submissão dos indivíduos à conformação jurídica geral".[505] É nítida a interdição da ruptura qualitativa pela engrenagem das interações quantitativas revestidas pelo verniz da norma jurídica.[506] A *legalidade* do movimento paredista, portanto, também segundo o voto vencido, repousaria exatamente na conexão entre a pauta obreira e o contrato de trabalho – vez que, além do óbvio alcance das reivindicações relativas à manutenção do modelo organizacional e societário estatal do Sistema ELETROBRAS, "constatam-se reivindicações consistentes na preservação o emprego pelos trabalhadores (obviamente ameaçado pela possível privatização das empresas) – "sendo esse o conduto essencial de desenvolvimento do instituto ao longo da história do capitalismo". Aqui é o "inequívoco conteúdo econômico-profissional" que circunscreve a adequação do movimento paredista à forma jurídica, conforme se observa do seguinte trecho:

[504] TST. DISSÍDIO COLETIVO DE GREVE: TST-DCG-1000418-66.2018.5.00.0000, Justificativa de voto vencido. Relator: Ministro Mauricio Godinho Delgado, Data de julgamento: 11/2/2019, DEJT de 15/2/2019.

[505] Mascaro, Alysson Leandro. **Estado e forma política.** São Paulo: Boitempo, 2013, p. 34.

[506] No que, inclusive, se apresenta o processo de acoplamento entre as formas política estatal e jurídica, reveladas em passagem de Alysson Leandro Mascaro: "O Estado de direito assim o é, fundamentalmente, porque opera em conjunto com as relações sociais permeadas pelo direito. No processo social da reprodução capitalista se instaura uma subjetividade que investe de juridicidade a relação entre burgueses e trabalhadores e, ao mesmo tempo, torna o Estado também permeado pela mesma juridicidade. Ainda que não um sujeito de direito como as pessoas físicas e as pessoas jurídicas, na sociabilidade capitalista o Estado adquire uma forma específica, que o faz ser constituído e relacionado, de modo próprio, como uma subjetividade jurídica." In: Mascaro, Alysson Leandro. **Estado e forma política.** São Paulo: Boitempo, 2013, p. 40-41.

Registre-se, além disso, que a teor do comando constitucional, não são, em princípio, inválidos movimentos paredistas que defendam interesses que não sejam estritamente contratuais, desde que ostentem também dimensão e impacto profissionais e contratuais importantes. A validade desses movimentos será inquestionável, em especial se a motivação política vincular-se a fatores de significativa repercussão na vida e trabalho dos grevistas, não se tratando de mera instrumentalização político-ideológica ou algo similar – caso dos autos.[507]

Veja-se que o próprio voto vencido referencia, em diversas ocasiões, o posicionamento assumido pela Organização Internacional do Trabalho, que, tendo acompanhado o assunto há várias décadas, produziu "uma linha decisória relativamente firme e coerente no sentido de que a chamada greve política, caso apresente vinculação real e consistente com as condições de trabalho [...], mostra-se legítima, válida, plenamente jurídica." Assim, tanto a Comissão de Peritos para a Aplicação de Convenções e Recomendações e o Comitê de Liberdade Sindical, ambos da Organização Internacional do Trabalho, tal como os demais espaços de legitimação *jurídica* das reivindicações obreiras exigem a sua vinculação, em maior ou menor grau, ao sinalagma contratual, pondo na ilegalidade as chamadas "greves puramente políticas".

La legislación de varios países considera, expressa o tácitamente, las huelgas políticas como ilícitas – enuncia o Estudio General de 2012, párrafo 124, do Comitê de Peritos da OIT – La Comisión considera que son lícitas las hielgas motivadas por las políticas económicas y sociales de los gobiernos, incluídas las hielgas generales, y por lo tanto no deberían ser consideradas como hielgas puramente políticas, que no están cubiertas por los princípios del Convenio. En su opinión, las organizaciones de trabajadores y de empleadores encargadas de defender lso intereses sócio económicos y profesionales deben respectivamente, poder recurrir a la huelga o a acciones de protesta para apoyar sus posiciones en la búsqueda de soluciones a los problemas derivados de las grandes cuestiones de política económica y social que tienen consecuencias inmediatas para sus miembros. Además, considerando que un sistema democrático constituye un requisito fundamental para el ejercicio de los derechos sindicales, la Comisión estima que, frente a una situación

[507] TST. DISSÍDIO COLETIVO DE GREVE: TST-DCG-1000418-66.2018.5.00.0000, Justificativa de voto vencido. Relator: Ministro Mauricio Godinho Delgado, Data de julgamento: 11/2/2019, DEJT de 15/2/2019.

en la que los sindicatos y las organizaciones de empleadores no gozan de las libertades fundamentales para cumplir sus cometidos respectivos, éstos tendrían justificación para exigir el reconocimiento y el ejercicio de esas libertades; asimismo, la Comisión estima que esas reivindicaciones pacíficas deberían ser consideradas como actividades sindicales legítimas, incluso cuando dichas organizaciones recurran a la huelga.[508]

O julgado em análise, portanto, imiscui-se na relação entre a greve e a forma jurídica, isto é, o *direito de greve* como expressão da conformação do conflito coletivo à forma do valor, a partir de dois pontos fundamentais: i) o *imperativo* do valor, no ponto em que determina a continuidade do trabalho, ou seja, da extração do mais-valor, em proporção de 75% de todos os trabalhadores vinculados ao Sistema ELETROBRAS; e ii) a *derivação* da forma jurídica em relação ao valor e às contradições fundamentais do capital, no ponto em que a subjetivação do direito de greve pressupõe a sua vinculação aos paradigmas do contrato de trabalho e à equivalência mercantil, ou, melhor dizendo, à materialidade do processo de compra e venda de força de trabalho.

Em comum, ambos os aspectos possuem a dinâmica de "processo em curso" do capital, ou seja, de *movimento* contínuo e cuja paralisação aparece não somente como indesejada e prejudicial – a toda a sociedade, segundo o alegado no dissídio em questão, por mais que, ao menos à primeira vista, as empresas suscitantes não tenham legitimidade jurídica ou mesmo social para falar em nome de qualquer coletividade além da sua própria condição de detentoras de capital – , mas como *impossível* sob pena de fissurar a própria cadeia de valorização do valor e toda a estrutura produtiva daí derivada que, renegando a totalidade social decorrente do processo de trabalho como mediação social geradora do valor, advoga pela completa *separação* entre as esferas da economia e da política, o que desnuda, mais que a interpretação unidimensional do direito de greve pelos atores jurídicos nacionais, a *captura* da greve pela regulação capitalista.

[508] ORGANIZAÇÃO INTERNACIONAL DO TRABALHO. ***Dar un rostro humano a la globalización.*** Conferência Internacional do Trabalho, 101ª Reunião, 2012. Disponível em < https://www.ilo.org/wcmsp5/groups/public/---ed_norm/---relconf/documents/meetingdocument/wcms_174832.pdf> Acesso em 15 out 2020.

4.5. A greve e a interrupção do movimento do valor

Todo o contexto acima revela a perspectiva do discurso jurídico como legitimador de uma "ordem da propriedade privada"[509], donde a investigação das categorias constitutivas sobre as quais incide o controle judicial da greve, especialmente em sua prática ideológica, surge como fundamento de uma "teoria marxista do direito" cujo fechamento se dá exatamente no "conhecimento concreto do funcionamento do direito"[510], isto é, na restituição prática daquilo que as categorias jurídicas refletem enquanto categorias derivadas das relações sociais sustentadas pela produção social burguesa. Assim que, implícitas sob as manifestações exteriores do controle judicial do direito de greve, observa-se toda a extensão da forma jurídica como derivação organizada – em gramática jurídica – da circulação de mercadorias.

> Atado às formas aparentes da circulação, das quais é uma expressão organizada, e preso a essa relação contratual inaugural, o direito termina por reduzir a relação capital trabalho a uma relação entre títulos: o título de trabalho em oposição ao título de propriedade, ambos expressões desdobradas, cada qual em seu modo particular, do direito de propriedade que estrutura o capital.[511]

A exposição de uma suposta relação intrínseca – e alegadamente natural, imanente e imutável – entre a greve e a "ordem da propriedade privada" pressupõe o contrato como técnica jurídica de cristalização do sujeito de direitos na coletividade sindical, submetendo o reconhecimento do direito de greve – e condicionando a sua licitude e/ou a sua não abusividade – a uma maior ou menor adstringência aos parâmetros da relação contratual e ao sinalagma presente no movimento de circulação da mercadoria força de trabalho. Estruturalmente, observou-se na jurisprudência indicada (e cujas conclusões repetem-se à exaustão no âmbito do Tribunal Superior do Trabalho e de outros tribunais regionais do trabalho brasileiros), que "o direito não pode [...] apreender a greve fora do contrato de trabalho e, portanto, do direito de propriedade"[512] e, por isso, apreende todo e qual-

[509] EDELMAN, Bernard. **O direito captado pela fotografia:** elementos para uma teoria marxista do direito. Coimbra: Centelha, 1976, p. 21.

[510] Idem, p. 22.

[511] ARANHA ARBIA, Alexandre. Resenha: A legalização da classe operária. Revista Direito e Práxis, vol. 7, núm. 4, 2016, pp. 770-777. Universidade do Estado do Rio de Janeiro, Brasil.

[512] EDELMAN, Bernard. **A legalização da classe operária.** São Paulo: Boitempo, 2016, p. 39.

quer *desvio* ou *desafio* coletivo à forma-contrato como uma transposição dos limites do exercício do direito de greve em si – como um *abuso de direito*, de modo que "a greve só atinge a legalidade em certas condições, e essas condições são as mesmas que permitem a reprodução do capital"[513].

> E aqui se encontra o coração das coisas – afirma Edelman em passagem que parece ter sido escrita *sob medida* para decisões judiciais que, como a exposta acima, determinava a manutenção das obrigações contratuais por pelo menos 75% dos trabalhadores –, pois o "abuso" consiste precisamente em fazer funcionar a *greve, isto é, a violência de classe* dentro das obrigações contratuais, para, no fim das contas, desviá-las de seu objeto. E se a jurisprudência resiste estruturalmente a essa confusão, é porque a violência de classe não deve entravar o bom funcionamento da empresa. A partir do momento que essa violência passa para o contrato, ela revela a "ilusão" deste, torna visível que os operários, *de fato*, são os verdadeiros "senhores" da empresa. E as obrigações contratuais apresentam-se, então, como a última trincheira do direito de propriedade. Assim, o que se esconde sob a noção de greve abusiva é a violência de classe: e o direito a apreende a sua maneira, isto é, traçando uma linha de demarcação: de um lado, a greve; de outro, o contrato.[514]

Ora que, por detrás da proteção da forma social do contrato e da preservação da lógica da propriedade inerente ao movimento de compra e venda de força de trabalho, oculta-se uma relação muito mais primordial que é exatamente a tendência de movimento e de expansão do capital na forma de valor, que, ao gerar o mais-valor, impulsiona a própria sociabilidade capitalista em seu "movimento direcional constante [da] produção pela produção, por um processo que existe pelo processo"[515]. Isto significa dizer que uma decisão judicial que constrange o movimento paredista a manter, em algum grau, o funcionamento empresarial em proporção "adequada" está, na via oblíqua, garantindo a manutenção regular e contínua do movimento D-M-D', blindando-a de uma ruptura definitiva contra a incapacidade de o Estado trabalhar com demandas que extrapolem a vazão das formas sociais daí derivadas.[516]

[513] Idem, p. 48.

[514] Idem, p. 47.

[515] POSTONE, Moishe. **Tempo, trabalho e dominação social:** uma reinterpretação da teoria crítica de Marx. São Paulo: Boitempo, 2014, p. 308-309.

[516] MASCARO, Alysson Leandro. **Estado e forma política.** São Paulo: Boitempo, 2013.

Ademais, se a base das relações sociais do capitalismo está no excedente de valor produzido pelo consumo da mercadoria força de trabalho, e se tal consumo somente ocorre, em bases mercantis, alçando trabalhadores à condição de sujeitos de direito – proprietários livres para dispor de sua própria força de trabalho em troca da sua própria subsistência e reprodução –, ao decidir pela manutenção de determinado contingente obreiro "em funcionamento" o tribunal garante, sob o invólucro da "manutenção da atividade essencial", o curso do processo do capital daquele determinado setor econômico, bem como dos setores econômicos a ele relacionados direta ou indiretamente. O controle judicial da greve e do direito de greve, portanto, alinha-se às precondições da totalidade social do capital ao tratar a força de trabalho segundo a lógica do já citado *invólucro reificado da propriedade abstrata do valor, que se manifesta como a capacidade de ser trocada por outras mercadorias a uma proporção determinada.*

A captura da greve pela forma-jurídica, em um nítido sentido de *conformação* orientado à não-interrupção dos movimentos de expansão e de reprodução do capital, manifesta-se também em outro sentido, qual seja o da interdição da greve política. Nessa perspectiva, de espaço privilegiado para a atuação política de enfrentamento ao capital, o "chão da fábrica", espaço geográfico da extração do mais-valor, passou a ser arena da "neutralidade", isto é, da defesa restrita de interesses *profissionais, econômicos, privados.* "Aqui, profissional se opõe ao político"[517]:

> Se, com efeito, o trabalho é profissional – conclui Edelman –, ele evidentemente pertence à esfera econômica, aos interesses privados, ao direito privado; e todo mundo sabe que ao "privado" se opõe o "público" ou o geral, ao singular o universal... Em suma, qualificando o trabalho de "profissional", este é situado do lado do econômico: ao Homem (o trabalhador) o econômico, ao cidadão a participação política. E então a burguesia poderá afirmar serenamente que a política se detém nas portas da fábrica; ela poderá negar à classe operária a única prática de classe que lhe é própria: a greve, uma vez que essa é a única prática em que a classe operária organiza a ela mesma, e para ela mesma, nos locais de produção.[518]

[517] EDELMAN, Bernard. **A legalização da classe operária.** São Paulo: Boitempo, 2016, p. 48.
[518] Idem, p. 49. Alessandra Devulsky vai ainda mais além ao aduzir a relativização da política obreira como interdição da própria cidadania do trabalhador: "A filosofia política burguesa que discute, com efusividade, o conceito de cidadania, não vê problemas em postergar o seu

De modo que, ao confinarem a luta operária à esfera da *legalidade burguesa*, os tribunais endossam o sentido da forma-jurídica, isto é, o sentido de que o exercício da liberdade e da igualdade pelos trabalhadores grevistas somente é admissível na medida em que jamais se questione a *forma* do *contrato* por eles celebrado junto ao capitalista que lhe paga pela compra de sua força de trabalho.[519] Tal forma social, portanto, é afirmada objetivamente *contra* o operário, exteriormente a ele, lembrando-o de sua reificação, ou seja, lembrando-o "precisamente que o direito de propriedade do empregador sobre os bens da empresa e a autoridade que ele exerce sobre os trabalhadores são da mesma natureza; que [...] o trabalhador é uma máquina que, durante a jornada de trabalho, pertence ao patrão."[520] Observam-se aí os traços distintivos-constitutivos do poder político burguês: a distinção entre sociedade civil e estado e a separação entre economia e política. Tal distinção, inclusive, faz-se curiosa na medida em que, viu-se no caso concreto anteriormente exposto (e vê-se cotidianamente em casos similares),

reconhecimento. O trabalhador só é cidadão depois de findadas suas horas de trabalho, na fábrica; enquanto está no exercício do trabalho, ele é um "bem especial" do empregador, vedando-se-lhe quaisquer atividades que não sejam aquelas que proporcionem a mais-valia." In: DEVULSKY TISESCU, Alessandra. **Edelman:** althusserianismo, direito e política. São Paulo: Alga-Omega, 2011, p. 107. Em um mesmo diapasão, Alysson Leandro Mascaro: "O campo jurídico exerce um papel fundamental na construção da moderna democracia. Sendo, tal como as demais instituições estatais, um aparato necessário à dinâmica das relações de produção capitalistas, o direito assume a dianteira, em relação ao papel da livre ação política, como elemento de balizamento das possibilidades da democracia. Ao invés de estender a deliberação política democrática ao limite, o direito restringe e qualifica seus espaços e mecanismos. Os resguardos dos direitos subjetivos fundamentais e dos ritos e procedimentos previamente instituídos possibilitam facultar a livre deliberação a um espaço temático já então delimitado e formalizado. [...] balizada pelo direito, a ação política é ampla, livre e voluntariosa justamente num espaço que é previamente construído estatalmente. A forma política do capitalismo dá o limite da própria liberdade da vontade democrática." In: MASCARO, Alysson Leandro. **Estado e forma política.** São Paulo: Boitempo, 2013, p. 87.

519 "Qual é, perguntam-se os juristas, o *objeto* do contrato de trabalho? Incontestavelmente, da parte do assalariado, é uma prestação de trabalho e, da parte do empregador, uma prestação de salário. E isso é tão 'verdadeiro' que essas prestações recíprocas parecem nascer do contrato, do acordo de vontades. Mas, se isso é correto, devemos tirar daí uma consequência fundamental. Se a prestação de serviço nasce do contrato, o assalariado não pode suspender a execução de suas obrigações por *razões extrínsecas* ao contrato [...]. Ora, como a política é exterior ao trabalho, a greve política é abusiva." In: EDELMAN, Bernard. **A legalização da classe operária.** São Paulo: Boitempo, 2016, p. 50-51.

520 EDELMAN, Bernard. **A legalização da classe operária.** São Paulo: Boitempo, 2016, p. 67. Ver nota n. 490.

são comuns as alegações empresariais e mesmo manifestações advindas do próprio Poder Judiciário no sentido de que as paralisações operárias trazem "danos sociais" ou "prejuízos à comunidade", novamente ressaltando a ausência de qualquer hipótese de legitimação da empresa ou mesmo do juiz para "falar em nome" da comunidade – ao contrário, a manifestação mais próxima de uma manifestação comunitária, no caso específico de uma greve, é exatamente aquela dos trabalhadores organizados em sua coletividade. São perceptíveis, nessa esteira, as características da "comunidade política" da sociedade capitalista, representadas por um Estado aparentemente localizado "acima" das lutas sociais existentes na arena privada dos interesses econômicos e concretizadas em atos de preservação deste caráter privado e "proporcional" advindo do sinalagma da relação compra e venda da força de trabalho estabelecida entre operários e capitalistas.[521]

> Lindo, não? O capital não é "responsável" por sua política, não é "responsável" por "seu" Estado! De um lado, a extorsão do mais-valor, de outro, o Estado, e se pode ver, concretamente, a eficácia da separação sociedade civil/ Estado. Assim, essa resposta [reforçando o caráter privado da relação contratual posta em disputa pela greve] já é política. E o fato de o direito levá-la em consideração não deveria nos surpreender.[522]

A democracia burguesa, segundo Alysson Mascaro, "representa o bloqueio da luta dos trabalhadores mediante formas que não sejam aquelas pre-

[521] O que é perfeitamente observável no quadro das alegações de que a greve política, por ser direcionada contra um "terceiro" alheio à relação de trabalho, impõe prejuízos desproporcionais à empresa que, alegadamente, nada pode fazer para atender à reivindicação obreira. Nessa esteira, além da farta jurisprudência exemplificada pelo caso concreto apresentado, tem-se, também, ampla doutrina especializada: "Nada no comportamento do empresário justifica o prejuízo que a greve política necessariamente lhe causará. Com efeito, a greve não é dirigida contra ele, e ele não tem nenhuma participação na orientação política ou econômica que causou a greve. E, no entanto, ela o privará do benefício do trabalho remunerado, sem que se reduzam suas despesas gerais, suas amortizações e outros elementos de seus custos. Talvez a própria greve o impeça de cumprir os compromissos perante terceiros, tornando-o contratualmente responsável. Esse "prejuízo" da greve política é "gratuito", portanto injusto. Há nela uma injustiça social, em detrimento, dessa vez, do empregador." In: SINAY, Hélène. ***La grève.*** Paris: Dalloz, 1966, p. 186. *Apud* EDELMAN, Bernard. **A legalização da classe operária.** São Paulo: Boitempo, 2016, p. 52.

[522] EDELMAN, Bernard. **A legalização da classe operária.** São Paulo: Boitempo, 2016, p. 52. Sobre a intrínseca relação entre o Estado e as relações jurídicas apoiadas sobre a perspectiva da propriedade privada, veja-se a Nota 70, no ponto em que cita Joachim Hirsch.

vistas nos exatos termos jurídicos e políticos dados. Exclui-se, com isso, a possibilidade da luta que extravase o controle e o talhe do mundo estatal e de suas amarras jurídicas."[523] Há, portanto, um mecanismo latente à estrutura de mediação estatal dos conflitos sindicais que enraíza a luta de classes na "lógica do Estado" e, via de consequência, nas formas sociais do capital.

Tal mecanismo, alimentado pela lógica expansionista do valor e pelos movimentos de produção e de reprodução do capital, garante a reprodução do trabalho como mediação entre as formas sociais do capital, garantindo assim o movimento de extração de mais-valor que produz exatamente as tais formas sociais. Assim, os trabalhadores, ao mesmo tempo em que se subjetivam para a forma jurídica como cidadãos livres vendedores de força de trabalho no mercado, entregam-se como matérias-primas reais consumidas em um processo de produção "imparável" no qual estão estruturalmente – e coercitivamente – inseridos, confrontando-se contra um objetivo fora do seu controle – o valor – e cuja busca incessante e absoluta pauta, externamente, a totalidade do capital *inclusive* no âmbito da manifestação coletiva da disputa de classes.

> Com a subsunção real, o objetivo da produção capitalista – que é na verdade um meio – molda o material de sua realização. A relação entre a forma material da produção e seu objetivo (valor) não é mais contingente. Pelo contrário, o trabalho abstrato começa a quantificar e moldar o trabalho concreto à sua imagem, a dominação abstrata do valor começa a se materializar no processo de trabalho em si. Um marco da subsunção real, de acordo com Marx, é que, apesar das aparências, as matérias-primas reais do processo de produção não são os materiais físicos que são transformados em produtos materiais, mas os *trabalhadores* cujo tempo de trabalho objetivado constitui o sangue vital da totalidade. Com a subsunção real, essa determinação do processo de valorização se materializa: a pessoa, literalmente, se torna um meio. [...] Só pode decidir que produtos tem maior probabilidade de maximizar o (mais)-valor obtido, a escolha dos produtos materiais como objetivos não é a função das qualidades substantivas nem das necessidades a serem atendidas. [...] O objetivo da produção no capitalismo é um dado absoluto que, paradoxalmente, é apenas um meio – mas um meio que não tem outro fim que não ele mesmo.[524]

[523] MASCARO, Alysson Leandro. **Estado e forma política.** São Paulo: Boitempo, 2013, p. 87.

[524] POSTONE, Moishe. **Tempo, trabalho e dominação social:** uma reinterpretação da teoria crítica de Marx. São Paulo: Boitempo, 2014, p. 211. Hirsch é certeiro ao exemplificar a coerção

O papel desempenhado tanto pelo direito *positivo* de greve quanto pelo Estado-juiz aplicador deste direito *in concreto* é, portanto, francamente afetado à conformação da ação sindical para com as exigências da valorização do capital. Observa-se, nessa linha, o desenvolvimento de uma relação direta entre a forma social e a institucionalidade "estatal" articulada como nexo funcional regulatório da luta de classes, mantendo-a restrita e acomodada às exigências da valorização do valor, isto é, ao *processo de acumulação* do capital, inclusive sob pena de colocar-se em questão a própria existência material da sociedade capitalista.[525] O alijamento entre o *profissional-econômico* e o *político*, portanto, não é decorrência de uma consciência maquiavélica ou fruto de uma complexa engenharia social operada por uma alegada "elite maldosa", mas é, sobretudo, fruto de um processo de regulação que encontra na subjetividade jurídica – e na reprodução estrita dessa mesma subjetividade jurídica – as condições para a reprodução de uma totalidade social historicamente determinada.

Assim que, no movimento de conformação do *fato-greve* ao *direito de greve*, posiciona-se o Estado-juiz como mediador de um conflito social latente "como se estivesse separado formalmente da sociedade, de seus antagonismos e classes sociais, enquanto instância autônoma frente aos cidadãos isolados"[526], o que acopla o direito de greve ao discurso jurídico da luta de classes, isto é, compatibiliza o conflito de classes às condições democrático-burguesas e às formas sociais do valor e do capital, garantindo e esta-

do processo de valorização do capital por sobre os sindicatos: "[...] no caso dos sindicatos que se veem obrigados a levar em conta as condições do crescimento capitalista, a possibilidade de valorização do capital e a manutenção das estruturas sociais capitalistas, e exatamente quanto mais fortes e influentes eles sejam. Assim, o conflito sempre manifesto entre direção e base tem uma dimensão fundamental. [...] Os sindicatos são, como outras organizações e grupos de interesse, órgãos de representação de interesses *e* simultaneamente órgãos de controle, de domínio, de disciplina; nesse sentido, eles são quase aparelhos de Estado." In: HIRSCH, Joachim. **Teoria materialista do Estado:** processos de transformação do sistema capitalista de Estado. Rio de Janeiro: Revan, 2010, p. 44.

525 "[...] dentro das relações capitalistas, a ação social não pode ser escolhida arbitrariamente, pois se mantêm submetida a condições estruturais e às determinações da forma social. Se o processo de acumulação e valorização do capital é interrompido são colocados em questão a existência material da sociedade, os postos de trabalho, bem como as possibilidades de consumo." In: HIRSCH, Joachim. **Teoria materialista do Estado:** processos de transformação do sistema capitalista de Estado. Rio de Janeiro: Revan, 2010, p. 109.

526 HIRSCH, Joachim. **Teoria materialista do Estado:** processos de transformação do sistema capitalista de Estado. Rio de Janeiro: Revan, 2010, p. 111.

bilizando, na via oblíqua, a reprodução das contradições fundamentais da produção da capitalista através da "adaptação da ação conflitiva aos requisitos da acumulação do capital"[527]. Assim, ao administrar as tensões sociais na órbita da forma-sujeito, o direito de greve previne a interrupção dos movimentos de expansão do capital, prevenindo, também, qualquer questionamento em relação à dinâmica das formas que estruturam os processos sociais da totalidade capitalista. A captura da greve pelo discurso jurídico mantém, assim, o éden da subjetividade jurídica, realizando "o sonho da burguesia: um capitalismo garantido de uma vez por todas pelo direito"[528] de onde não escapa nem mesmo a luta coletiva entre as classes sociais.

[527] Idem, p. 113.

[528] EDELMAN, Bernard. **A legalização da classe operária.** São Paulo: Boitempo, 2016, p. 61.

CONCLUSÕES

Pode-se afirmar que o principal processo investigativo desta pesquisa consistiu na *conexão* entre diversas obras e matrizes de pensamento crítico que, partindo de um ponto comum encontrado na metodologia marxiana, analisam dialeticamente as relações mantidas entre capital e trabalho no tempo histórico presente. Assim que, de um panorama mais elevado, pode--se conceber a presente investigação como um *traçado* desde a maturação da obra marxiana, e tendo o *corte epistemológico* como ponto de inflexão essencial, até as expressões mais contemporâneas do que se denominou como "novo marxismo" aplicado ao fenômeno concreto da paralisação da produção capitalista.

Enfrentar a problemática da paralisação da produção pareceu, contudo, impossível – ou, de certa forma, mesmo inócuo – caso não fossem compreendidos exatamente *quais* os efeitos provocados por tal paralisação, o que demandou a dedicação de algumas páginas para a exposição acerca das contradições fundamentais à produção capitalista. Tais páginas permitem ao leitor identificar, nas entranhas da objetividade produtiva do capitalismo, alguns dos elementos mais basicamente relacionados aos movimentos imanentes aos processos de valorização e de realização do valor, cujo desenvolvimento encerra aquele que é, possivelmente, o principal esteio da reprodução do capital na sociabilidade burguesa: a forma-sujeito ou, mais precisamente, a forma *sujeito de direito*.

Foi na identificação do processo de subjetivação jurídica que se apresentou o *elo* entre as contradições fundamentais da produção capitalista e o direito de greve. Tratou-se, a essa altura, de manusear a teoria pachukaniana do direito para extrair do seio da concepção da *forma jurídica da mercadoria* e da íntima conexão entre a sujeição jurídica, a circulação de mercadorias e a produção capitalista, uma perspectiva concreta de determinação – ou, diria a gramática do novo marxismo, de *derivação* – entre as relações de produção, a forma e o conteúdo do direito de greve. Tal determinação, diga-se, foi encontrada na chamada "concepção jurídica de mundo" que reveste de ideologia da mercadoria parte importante da tática e da estratégia de atuação do movimento operário mobilizado no tempo histórico contemporâneo.

A aplicação do "modelo" pachukaniano ao "direito" de greve revelou, portanto, mais do que uma aparente "injustiça" nas respostas oferecidas pelo Estado quando da mediação de movimentos paredistas deflagrados por trabalhadores insatisfeitos com as condições em que exercem o seu labor. Ao identificar no direito a forma histórica da mercadoria percebeu-se a sensível conexão da greve com a perspectiva da subjetivação jurídica, que culmina no acoplamento – ou, no vocabulário de Mascaro, na *conformação* – da, talvez única, manifestação operária capaz de *interromper a continuidade dos movimentos de expansão e de reprodução do capital*, aos imperativos destes mesmos movimentos. A greve, portanto, acomodou-se aos padrões de equivalência mercantis, tributando a sua *legalidade* à sujeição da coletividade em luta a um discurso "reconhecido" pelo capital, ou seja, a um discurso balizado segundo o sinalagma encerrado pelo contrato de trabalho.

Assim, as classes em *luta* domesticaram-se enquanto classes em um *constante diálogo* mantido sobre uma base de indeterminação paradoxalmente determinada e previsível: o montante de capital variável incidente no processo de produção. Nada mais que isso, sob pena de alheamento à forma jurídica aceitável pelo direito "do trabalho" ou mesmo pela forma jurídica de modo geral, de modo que, inequivocamente, observou-se o direito como instrumento não apenas de regulação-acomodação do movimento operário, mas como mecanismos de desarticulação das greves como instâncias de deliberação proletária e de manifestação política da classe trabalhadora.

Neste contexto, ao confrontar o seu objeto de investigação, a investigação em comentário revelou não somente as estruturas objetivas que conformam e formatam as relações sociais estruturantes da sociabilidade do capital como um "mal entendido" entre capital e trabalho, mas, também, abriu as portas para outro nível de reflexão crítica e (ainda mais) radical, consistente na aproximação entre os movimentos de estruturação da sociabilidade capitalista (sobretudo os processos de produção e valorização do valor) e a própria subjetivação do indivíduo, cujo fetiche apresenta o discurso jurídico como universalização de uma dita racionalidade que, ao fim e ao cabo, representa uma mera etapa da dialética da reificação adequada às fórmulas de produção e de reprodução do capital.

REFERÊNCIAS

Akamine JR., Oswaldo. Luta de classes e forma jurídica: apontamentos. In: Kashiura Jr., Celso Naoto. Akamine Jr., Oswaldo. Melo, Tarso de. (Orgs.) **Para a crítica do direito:** reflexões sobre teorias e práticas jurídicas. São Paulo: Outras Expressões: Editorial Dobra, 2015.

Althusser, Louis. Advertência aos leitores do livro I d'O Capital. In Marx, Karl. **O capital:** crítica da economia política: livro I: o processo de produção do capital. São Paulo: Boitempo, 2017.

Althusser, Louis. **Aparelhos Ideológicos de Estado:** nota sobre os aparelhos ideológicos de Estado (AIE). Rio de Janeiro: Edições Graal, 1985.

Althusser, Louis. Contradição e sobredeterminação: notas para uma pesquisa. In Althusser, Louis. **Por Marx.** Campinas: Editora da Unicamp, 2015.

Althusser, Louis. **Freud e Lacan. Marx e Freud:** introdução crítica-histórica. Rio de Janeiro: Edições Graal, 1985.

Althusser, Louis. Marxismo e humanismo. *In* Althusser, Louis. **Por Marx.** Campinas: Editora da Unicamp, 2015.

Althusser, Louis. Ideologia e aparelhos ideológicos de Estado: notas para uma investigação. In: Žižek, Slavoj (Org.). **Um mapa da ideologia.** Rio de Janeiro: Contraponto, 1996.

Althusser, Louis. **Por Marx.** Campinas: Editora da Unicamp, 2015.

Althusser, Louis. Prefácio. In: Althusser, Louis. **Por Marx.** Campinas: Editora da Unicamp, 2015.

Althusser, Louis. Resposta a John Lewis. In: Althusser, Louis. **Posições I.** Rio de Janeiro: Edições Graal, 1978.

Althusser, Louis. Sobre a dialética materialista: da desigualdade das origens. In Althusser, Louis. **Por Marx.** Campinas: Editora da Unicamp, 2015.

Althusser, Louis. **Sobre a reprodução,** Petrópolis: Vozes, 2008.

Althusser, Louis. Sobre o jovem Marx: Questões de teoria. In Althusser, Louis. **Por Marx.** Campinas: Editora da Unicamp, 2015.

Alves, Alaor Caffé. Determinação social e vontade jurídica. In: Kashiura Jr., Celso Naoto. Akamine Jr., Oswaldo. Melo, Tarso de. (Orgs.) **Para a crítica do direito:** reflexões sobre teorias e práticas jurídicas. São Paulo: Outras Expressões: Editorial Dobra, 2015.

Aranha Arbia, Alexandre. Resenha: A legalização da classe operária. Revista Direito e Práxis, vol. 7, núm. 4, 2016, pp. 770-777. Universidade do Estado do Rio de Janeiro, Brasil.

Aristóteles, **A política.** São Paulo: Escala Educacional, 2006.

Assis Ferreira, Adriano de. **Questão de classes:** Direito, Estado e capitalismo em Menger, Stutchka e Pachukanis. São Paulo: Alfa-Omega, 2009.

Beltran, Ari Possidonio. **A autotutela nas relações de trabalho.** São Paulo: LTr, 1996.

BRASIL, **Constituição da República Federativa do Brasil de 1967.** Brasília, 24 jan 1967.

BRASIL, **Constituição da República Federativa do Brasil de 1988.** Brasília, DF, out 1988.

BRASIL, **Constituição dos Estados Unidos do Brasil**, de 10 de novembro de 1937. Rio de Janeiro, 10 nov 1937.

BRASIL, **Constituição dos Estados Unidos do Brasil**, de 18 de setembro de 1946. Rio de Janeiro, 18 set 1946.

BRASIL, Constituição Política do Império do Brazil,de 25 de março de 1824. **Manda observar a Constituição Política do Imperio, oferecida e jurada por Sua Magestade o Imperador.** Rio de Janeiro, 25 mar 1824.

BRASIL, Decreto n. 847, de 11 de Outubro de 1890. **Promulga o Código Penal.** Rio de Janeiro, DF, 11 out 1890.

BRASIL, Decreto n. 1162, de 12 de Dezembro de 1890. **Altera a relacção dos arts 205 e 206 do Codigo Criminal.** Rio de Janeiro, 12 dez 1890.

BRASIL, Decreto-lei n. 898, de 29 de setembro de 1969. **Define os crimes contra a segurança nacional, a ordem política e social, estabelece seu processo e julgamento e dá outras providências.** Brasília, 29 set 1969.

BRASIL, Decreto-lei n. 1.632, de 4 de agosto de 1978. **Dispõe sobre a proibição de greve nos serviços públicos e em atividades essenciais de interesse da segurança nacional.** Brasília, 4 ago 1978.

BRASIL, Decreto-lei n. 2.848, de 7 de setembro de 1940. **Código Penal.** Rio de Janeiro, 7 dez 1940.

BRASIL, Decreto-Lei n. 5.452, de 1º de maio de 1943. **Aprova a Consolidação das Leis do Trabalho.** Rio de Janeiro, RJ, mai 1943.

BRASIL, Decreto-lei n. 9.070, de 15 de março de 1946. **Dispõe sobre a suspensão ou abandono coletivo do trabalho e dá outras providências.** Rio de Janeiro, 15 mar 1946.

BRASIL, Lei n. 4.330, de 1º de junho de 1964. **Regula o direito de greve, na forma do art. 158, da Constituição Federal.** Brasília, 01 jun 1964.

BRASIL, Lei n. 9.279, de 14 de maio de 1996. **Regula direitos e obrigações relativos à propriedade industrial.** Brasília, DF, mai 1996.

BRASIL, Lei n. 9.609, de 19 de fevereiro de 1998. **Dispõe sobre a proteção da propriedade intelectual de programa de computador, sua comercialização no País e dá outras providências.** Brasília, DF, fev 1998.

BRASIL, Lei n. 13.152, de 29 de julho de 2015. **Dispõe sobre a política de valorização do salário-mínimo e dos benefícios pagos pelo Regime Geral de Previdência Social (RGPS) para o período de 2016 a 2019.** Brasília, DF, jul 2015.

Bukharin, N. **Tratado de Materialismo Histórico.** Rio de Janeiro: Laemmert, 1970.

Candido, Antonio. O direito à literatura. In: Candido, Antonio. **Vários Escritos.**, Rio de Janeiro: Ouro sobre Azul, 2011.

CASALINO, Vinicius. **O direito e a mercadoria:** para uma crítica marxista da teoria de Pachukanis. São Paulo: Dobra Editorial, 2011.

CASTEL, Robert. **A metamorfose da questão social:** uma crônica do salário. Petrópolis, Vozes, 2013.

CASTORIADIS, Cornelius. **A experiência do movimento operário.** São Paulo: Brasiliense, 1985.

CESARINO JÚNIOR, A. F. **Direito social brasileiro.** Volume 1. São Paulo: Saraiva, 1970.

COLLOR, Lindolfo. Exposição que justificou o Decreto n. 19.770, de 19 de março de 1931. In: COLLOR, Lindolfo. **Origens da legislação trabalhista brasileira.** Porto Alegre: Fundação Paulo do Couto e Silva, 1990.

CORREIA, Marcus Orione Gonçalves. Dogmática jurídica: um olhar marxista. *In*: KASHIURA Jr., Celso Naoto. AKAMINE Jr., Oswaldo. MELO, Tarso de. (Orgs.) **Para a crítica do direito:** reflexões sobre teorias e práticas jurídicas. São Paulo: Outras Expressões: Editorial Dobra, 2015.

COUTINHO, Carlos Nelson. **Marxismo e política:** a dualidade de poderes e outros ensaios. São Paulo: Cortez, 1994.

COSTA, Orlando Teixeira da. Direito de greve. In: COSTA, Orlando Teixeira da. **Direito coletivo do trabalho e crise econômica.** São Paulo: LTr, 1991.

DAVOGLIO, Pedro. **Althusser e o direito.** São Paulo: Ideias & Letras, 2018.

DAVOGLIO, Pedro Eduardo Zini. Ideologia e ideologia jurídica. *In*: KASHIURA Jr., Celso Naoto. AKAMINE Jr., Oswaldo. MELO, Tarso de. (Orgs.) **Para a crítica do direito:** reflexões sobre teorias e práticas jurídicas. São Paulo: Outras Expressões: Editorial Dobra, 2015.

DEVULSKY TISESCU, Alessandra. **Edelman:** althusserianismo, direito e política. São Paulo: Alfa-Omega, 2011.

EDELMAN, Bernard. **A legalização da classe operária.** São Paulo: Boitempo, 2016.

EDELMAN, Bernard. **O direito captado pela fotografia:** elementos para uma teoria marxista do direito. Coimbra: Centelha, 1976.

ENGELS, Friedrich. **A origem da família, da propriedade privada e do Estado.** São Paulo: Expressão Popular, 2010.

ENGELS, Friedrich. **A situação da classe trabalhadora na Inglaterra.** São Paulo: Boitempo, 2010.

ENGELS, Friedrich. **Anti-Dühring:** a revolução da ciência segundo o senhor Engeu Dühring. São Paulo: Boitempo, 2015.

ENGELS, Friedrich. **Sobre a questão da moradia.** São Paulo: Boitempo, 2015.

ENGELS, Friedrich. Esboço de uma crítica da economia política. **Temas de Ciências Humanas**, São Paulo, Livr. Ed. Ciências Humanas, n. 5, p. 1-29. 1979.

ENGELS, Friedrich. KAUTSKY, Karl. **O socialismo jurídico.** São Paulo: Boitempo, 2012.

ESTADOS UNIDOS DA AMÉRICA. **A declaração de independência dos Estados Unidos da América.** 4 de julho de 1776. Disponível em <http://www4.policiamilitar.sp.gov.br/unidades/dpcdh/Normas_Direitos_Humanos/DECLARAÇÃO%20DE%20INDEPENDENCIA%20DOS%20EUA%20-04%20de%20julho%20de%201776%20-%20PORTUGUÊS.pdf> Acesso em 05 mai 2020.

FEUERBACH, Ludwig. **A essência do cristianismo.** Petrópolis: Vozes, 2013.

FERNANDES, Florestan. Introdução In MARX, Karl. **Contribuição à crítica da**

economia política. São Paulo: Expressão Popular, 2008.

FOUCAULT, M. **Vigiar e Punir**: nascimento da prisão. Petrópolis: Vozes, 1987.

FRANCO GRILLO, Marcelo Gomes. **O Direito na filosofia de Slavoj Žižek:** perspectivas para o pensamento jurídico crítico. São Paulo: Alfa-Omega.

FRANÇA. **Constituição Jacobina de 1793.** 10 de outubro de 1793. Disponível em <https://alphahistory.com/frenchrevolution/extracts-constitution-of-1793/> Acesso em 05 mai 2020..

FRANÇA, **Declaração de direitos do homem e do cidadão.** 26 de agosto de 1789. Disponível em < http://www.direitoshumanos.usp.br/index.php/Documentos-anteriores-à-criação--da-Sociedade-das-Nações-até-1919/declaracao-de-direitos-do-homem-e--do-cidadao-1789.html> Acesso em 28 de abr de 2020.

FRANKLIN, Benjamin. ***A modest enquiry into the nature and necessity of paper currency.*** Disponível em: <https://founders.archives.gov/documents/Franklin/01-01-02-0041> Acesso em: 16 de fev de 2020.

GENRO, Tarso Fernando. **Contribuição à crítica do direito coletivo do trabalho.** Porto Alegre: Síntese, 1980.

GOMES, Angela Maria de Castro. **Cidadania e direitos do trabalho.** Rio de Janeiro: Jorge Zahar Ed., 2002.

GORENDER, Jacob. Apresentação. In MARX, Karl. **O capital:** crítica da economia política: livro I: o processo de produção do capital. São Paulo: Boitempo, 2017.

GRAMCSI, Antonio. **Escritos políticos.** Volume II. Lisboa: Seara Nova, 1977.

HEGEL, Georg Wilhelm Friedrich. **Linhas fundamentais da filosofia do direito, ou, Direito natural e ciência do estado em compêndio.** São Leopoldo: Ed. UNISINOS, 2010.

HILFERDING, Rudolf. *La crítica de Böhm--Bawerk a Marx.* In: HILFERDING, Rudolf; BÖHM-BAWERK, Eugen von; BORTKIEWICZ, Ladislau von. ***Economía burguesa y economía marxista.*** Ciudad de México: Pasado y presente, 1978.

HOLLOWAY, John. **Fissurar o capitalismo.** São Paulo: Publisher Brasil, 2013.

HONNETH, Axel. **Luta por reconhecimento:** a gramática moral dos conflitos sociais. São Paulo: Editora 34, 2009.

JAPPE, Anselm. **As aventuras da mercadoria:** por uma nova crítica do valor. Lisboa: Antígona, 2013.

JAPPE, Anselm. **A sociedade autofágica**: capitalismo, desmesura e autodestruição. Lisboa: Antígona, 2019.

JAPPE, Anselm. *El absurdo mercado de los hombres sin cualidades.* In JAPPE, Anselm; KURZ, Robert.; ORTLIEB, Claus Peter. ***El absurdo mercado de los hombres sin cualidades.*** La Rioja: Pepitas de Calabaza, 2014.

KANT, Immanuel. **A metafísica dos costumes.** Lisboa: Calouste Gulbelkian, 2005.

KANT, Immanuel. **Fundamentação da metafísica dos costumes**. Lisboa: Edições 70, 2008.

KANT, Immanuel. *Theory and practice concerning the common saying: this may be true in theory but does not apply to practice.* In: ***The philosophy of Kant:*** *Immanuel Kant's moral and political writings.* New York: Random House, 1949.

KASHIURA JR., Celso Naoto. Apontamentos para uma crítica marxista da subjetividade moral e da subjetividade jurídica. In: KASHIURA Jr., Celso Naoto. AKAMINE Jr., Oswaldo. MELO, Tarso de. (Orgs.) **Para a crítica do direito:** reflexões sobre teorias e práticas jurídicas.

São Paulo: Outras Expressões: Editorial Dobra, 2015.

KASHIURA JR. Celso Naoto. **Sujeito do Direito e capitalismo.** São Paulo: Outras Expressões; Dobra Universitário, 2014.

KELSEN, Hans. **Teoria pura do direito.** São Paulo: Editora WMF Martins Fontes, 2009.

KELSEN, Hans. ***The communist theory of Law.*** New York: Frederick A. Praeger, 1955.

KENNEDY, Duncan. ***Antonio Gramsci and the legal system.*** Artigo apresentado à *National Lawyer's Guild Conference on Law and the State in Late Capitalist Society*, 1979. Disponível em <http://iglp.law.harvard.edu/uncategorized/duncan-kennedy-antonio-gramsci-and-the-legal-system-61-alsa-forum-32-1982/> Acesso em 16 jun 2020.

KURZ, Robert. *Los intelectuales después de la lucha de clases: de la nueva aconteptualidad a un nuevo pensamiento crítico.* In: JAPPE, Anselm. KURZ, Robert. ORTLIEB, Claus Peter. ***El absurdo Mercado de los hombres sin cualidades.*** La Rioja: Pepitas de Calabaza, 2014.

KURZ, Robert. ***Marx Lesen!*** Frankfurt: Eichborn, 2006.

KURZ, Robert. **O pós-marxismo e o fetiche do trabalho:** sobre a contradição histórica na teoria de Marx. Krisis, n. 15, 1995, Disponível em: <http://www.obeco-online.org/rkurz136.htm> Acesso em: 05.02.2020.

LACAN, Jacques. **O seminário, livro 16:** de um outro ao outro. Rio de Janeiro: Zahar, 2008.

LAPIDUS, I.; OSTROVITYANOV, K.; **Princípios de Economia Política** (tomo I), São Paulo: Nova Cultura.info, 2020.

LEITE, João Antonio G. Pereira. **Estudos de direito do trabalho e direito previdenciário.** Porto Alegre: Síntese, 1979.

LÊNIN, Vladimir Ilitch. **O Estado e a revolução:** a doutrina do marxismo sobre o Estado e as tarefas do proletariado na revolução. São Paulo: Boitempo, 2017.

LENINE, V. I. Que fazer? In: LENINE, V. I. **Obras escolhidas**: tomo 1. São Paulo: Alfa-Omega, 1986.

LÖWY, Michael. **A teoria da revolução no Jovem Marx.** Petrópolis: Vozes, 2002.

LÖWY, Michael. **Método dialético e teoria política.** Rio de Janeiro: Paz e Terra. 1978.

LUKÁCS, György. **História e consciência de classe:** estudos sobre a dialética marxista. São Paulo: Martins Fontes, 2003.

LUXEMBURGO, Rosa. **Reforma ou revolução?** São Paulo: Expressão Popular, 2015.

MAFFI, Bruno. **Prefácio à edição brasileira.** In: MARX, Karl. **Capítulo VI inédito de O capital**: resultados do processo de produção imediata. São Paulo: Centauro, 2004.

MARTINS, Norma Izabel Ribeiro. **Direito de greve.** Brasília: Serviço de Informação Legislativa, 1964.

MARX, Karl. **A ideologia alemã.** São Paulo: Boitempo, 2007.

MARX, Karl. **A origem do capital:** a acumulação primitiva. São Paulo: Global Editora, 1977.

MARX, Karl. **Capítulo VI inédito de O capital**: resultados do processo de produção imediata. São Paulo: Centauro, 2004.

MARX, Karl. **Contribuição à crítica da economia política.** São Paulo: Expressão Popular, 2008.

MARX. Karl. **Crítica da filosofia do direito de Hegel.** São Paulo: Boitempo, 2013.

MARX, Karl. **Crítica do Programa de Gotha.** São Paulo: Boitempo, 2012.

MARX, Karl. ***Die bourgeoisie und die Kontrerevolution.*** Berlim: Dietz, 1961, vol. 6, p. 107-108. Trad. em português disponível em <http://www.scientific-socialism.de/FMFEDireitoCAP24Port.htm> Acesso em 27 abr 2020.

MARX, Karl. **Grundrisse:** manuscritos econômicos de 1857-1858: esboços da crítica da economia política. São Paulo, Boitempo, 2011.

MARX, Karl. **Liberdade de imprensa.** Porto Alegre: L&PM, 2010.

MARX, Karl.; ENGELS, Friedrich. **Manifesto comunista.** São Paulo: Boitempo, 1998.

MARX, Karl.; ENGELS, Friedrich. Manifesto Comunista. In: MARX, Karl.; ENGELS, Friedrich.; LÊNIN, Vladimir Ilitch. **Manifesto Comunista; Teses de abril.** São Paulo: Boitempo, 2017.

MARX, Karl. **Manuscritos econômico-filosóficos.** São Paulo: Boitempo, 2010.

MARX, Karl. ENGELS, Friedrich. **Mensagem do Comitê Central à Liga dos Comunistas.** Moscou: Edições Progresso Lisboa, 1982. Disponível em <https://www.marxists.org/portugues/marx/1850/03/mensagem-liga.htm> Acesso em 24 de maio de 2020.

MARX, Karl. **Miséria da filosofia**: resposta à Filosofia da miséria, do Sr. Proudhon. São Paulo: Expressão Popular, 2009.

MARX, Karl. **O 18 de Brumário de Luís Bonaparte.** São Paulo: Boitempo, 2011.

MARX, Karl. **O capital:** crítica da economia política: livro I: o processo de produção do capital. São Paulo: Boitempo, 2017.

MARX, Karl. **O capital:** crítica da economia política: livro II: o processo de circulação do capital. São Paulo: Boitempo, 2014.

MARX, Karl. **O capital**: crítica da economia política: livro III: o processo global da produção capitalista. São Paulo: Boitempo, 2017.

MARX, Karl. **Os despossuídos:** debates sobre a lei referente ao furto de madeira. São Paulo: Boitempo, 2017.

MARX, Karl. **Salário, preço e lucro.** São Paulo: Centauro, 2002.

MARX, Karl. **Sobre a questão judaica.** São Paulo: Boitempo, 2010.

MARX, Karl. **Teses sobre Feuerbach.** Moscou: Ed. Progresso Lisboa, 1982. Disponível em < https://www.marxists.org/portugues/marx/1845/tesfeuer.htm> Acesso em 02 mai 2020.

MARX, Karl. **Trabalho assalariado e capital & salário, preço e lucro.** São Paulo: Expressão Popular, 2010.

MASCARO, Alysson Leandro. **Crise e golpe.** São Paulo: Boitempo, 2018.

MASCARO, Alysson Leandro. **Crítica da legalidade e do direito brasileiro.** São Paulo: Quartier Latin, 2019.

MASCARO, Alysson Leandro. Direito, capitalismo e Estado: da leitura marxista do direito. In: KASHIURA Jr., Celso Naoto. AKAMINE Jr., Oswaldo. MELO, Tarso de. (Orgs.) **Para a crítica do direito:** reflexões sobre teorias e práticas jurídicas. São Paulo: Outras Expressões: Editorial Dobra, 2015.

MASCARO, Alysson Leandro. **Estado e forma política**. São Paulo: Boitempo, 2013.

MASCARO, Alysson Leandro. **Filosofia do Direito.** São Paulo: Atlas, 2009.

MASCARO, Alysson Leandro. **Utopia e Direito:** Ernst Bloch e a Ontologia Jurídica da Utopia. São Paulo: Quartier Latin, 2008.

MENDONÇA, José Carlos. **A ideologia do socialismo jurídico.** Rio de Janeiro: Corifeu, 2007.

MIAILLE, Michel. **Uma introdução crítica ao direito**. Lisboa: Ed. Moraes, 1979.

MOCNIK, Rastko. *Ideology and fantasy. In:* KAPLAN, Ann; SPRINKER, Michael. ***The althusserian legacy***. London: Verso, 1993.

MORAES, Evaristo de. **Apontamentos de direito operário.** São Paulo: LTr, 1998.

NASCIMENTO. Amauri Mascaro. **Conflitos coletivos de trabalho.** São Paulo: Saraiva, 1978.

NAVES, M. B. A ilusão da jurisprudência. **Lutas Sociais** (PUCSP), São Paulo, v. 7, o. 67-72, 2001.

NAVES, Márcio Bilharinho. **A questão do direito em Marx.** São Paulo: Outras Expressões/Dobra, 2014.

NAVES, Márcio Bilharinho, Direito, Circulação Mercantil e Luta Social. In: ALVES, Alaor Caffé... [et al.]. **Direito, Sociedade e Economia:** leituras marxistas. Barueri: Manole, 2005.

NAVES, Márcio Bilharinho. **Marx:** ciência e revolução. São Paulo: Moderna, 2000.

NAVES, Márcio Bilharinho. **Marxismo e direito:** um estudo sobre Pachukanis. São Paulo: Boitempo, 2008.

NEGRI, Antonio. **O poder constituinte.** Rio de Janeiro: DP&A, 2002.

OLIVEIRA, Francisco. **Os direitos do antivalor.** Petrópolis: Vozes, 1998.

ORGANIZAÇÃO DAS NAÇÕES UNIDAS. **Declaração universal dos direitos humanos.** 10 de dezembro de 1948. Disponível em < https://nacoesunidas.org/wp-content/uploads/2018/10/DUDH.pdf> Acesso em 28 de abr de 2020.

ORGANIZAÇÃO INTERNACIONAL DO TRABALHO. ***Dar uns rostro humano a la globalización.*** Conferência Internacional do Trabalho, 101ª Reunião, 2012. Disponível em <https://www.ilo.org/wcmsp5/groups/public/---ed_norm/---relconf/documents/meetingdocument/wcms_174832.pdf> Acesso em 15 out 2020.

OUTUBRO: revista de estudos socialistas, n. 34, 2020.

PACHUKANIS, Evguiéni B. **Teoria geral do direito e marxismo.** São Paulo: Boitempo, 2017.

POSTONE, Moishe. **Tempo, trabalho e dominação social:** uma reinterpretação da teoria crítica de Marx. São Paulo: Boitempo, 2014.

RIBEIRO, Lélia Guimarães Carvalho. A greve como legítimo direito de prejudicar. In: **Revista do Ministério Público do Trabalho.** Ano VI, v. 11, Brasília: Ministério Público da União, mar. 1996.

RUBIN, Isaak Illich. ***Essays on Marx's theory of value.*** Indo-European Publishing, 2019.

RUPRECHT, Alfredo. **Conflitos coletivos do trabalho.** São Paulo: LTr/USP, 1979.

RUSSOMANO, Mozart Víctor; CABANELLAS, Guillermo. **Conflitos coletivos do trabalho.** São Paulo: Editora Revista dos Tribunais, 1979.

RUSSOMANO, Mozart Victor. **Direito sindical:** princípios gerais. Rio de Janeiro: Konfino, 1975.

SAFATLE, Vladimir. **Introdução a Jacques Lacan.** Belo Horizonte: Autêntica Editora, 2018.

SANTOS, Roberto A. O. Uma contribuição sociológica à renovação da teoria jurídica da greve. In **Revista da Academia Nacional de Direito do Trabalho**. São Paulo: LTr, 1993.

SAMPEDRO, Francisco. A teoria da ideologia de Althusser. NAVES, Marcio Bilharinho (Org.). **Presença de Althusser.** Campinas: UNICAMP/IFCH, 2010.

STF. AÇÃO DIRETA DE INCONSTITUCIONALIDADE: ADI 1.121 MC, Relator: Ministro Celso de Mello, j. 6-9-1995, P, *DJ* de 6-10-1995. STF, 2020. Disponível em: < http://www.stf.jus.br/portal/constituicao/artigoBd.asp?item=173>. Acesso em: 29 jun. 2020.

STF. RECURSO EXTRAORDINÁRIO: RE 205.107-1/MG, Relator: Ministro Sepúlveda Pertence, DJ de 25-09-1998. STF, 2020. Disponível em <https://jurisprudencia.stf.jus.br/pages/search/sjur21788/false>. Acesso em: 10 ago. 2020.

Stucka, Petr. Ivanonich. **Direito e luta de classes:** teoria geral do direito. São Paulo: Ed. Acadêmica, 1988.

Sweezy, Paul M. *Introducción*. In: Hilferding, Rudolf; Böhm-Bawerk, Eugen von; Bortkiewicz, Ladislau von. ***Economía burguesa y economía marxista.*** Ciudad de México: Pasado y presente, 1978.

Tannebaum, Frank. **O sindicato no mundo moderno.** Rio de Janeiro: Edições GRD, 1963.

Thévenin, Nicole-Edith. Ideologia jurídica e ideologia burguesa (ideologia e práticas artísticas). In: NAVES, Márcio Bilharinho. (Org.). **Presença de Althusser.** Campinas: UNICAMP/IFCH, 2010, p. 55.

Thévenin, Nicole-Édith. O itinerário de Althusser. In: NAVES, Márcio Bilharinho (Org.). **Presença de Althusser.** Campinas: UNICAMP/IFCH, 2010.

Tsé-Tung, Mao. ***Sobre la práctica y la contradicción.*** Madrid: Akal, 2013.

TST. DISSÍDIO COLETIVO DE GREVE: TST-DCG-1000418-66.2018.5.00.0000, Relator: Ministro Ives Gandra Martins Filho, Data de julgamento: 11/2/2019, DEJT de 15/2/2019.

TST. DISSÍDIO COLETIVO DE GREVE: TST-DCG-1000418-66.2018.5.00.0000, Justificativa de voto vencido. Relator: Ministro Mauricio Godinho Delgado, Data de julgamento: 11/2/2019, DEJT de 15/2/2019.

TST. RECURSO DE REVISTA: RR-1000123-89.2017.5.02.0038, Relator: Ministro Breno Medeiros. DJ: 06/02/2020. TST, 2020. Disponível em: <https://tst.jusbrasil.com.br/jurisprudencia/807016681/recurso-de-revista-rr-10001238920175020038/inteiro-teor-807016787?ref=serp>. Acesso em: 07 abr. 2020.

VATICANO. **Carta encíclica *Quadragesimo Anno*.** 15 de maio de 1891. Disponível em 29 de maio de 2020 em <http://www.vatican.va/content/pius-xi/pt/encyclicals/documents/hf_p-xi_enc_19310515_quadragesimo-anno.html>.

VATICANO. **Carta encíclica *Rerum Novarum*: sobre a condição dos operários.** 15 de maio de 1891. Disponível em 24 de maio de 2020 em <http://www.vatican.va/content/leo-xiii/pt/encyclicals/documents/hf_l-xiii_enc_15051891_rerum-novarum.html>.

VIRGÍNIA. **Declaração de direitos do bom povo de Virgínia.** 16 de junho de 1776. Disponível em < http://www.direitoshumanos.usp.br/index.php/Documentos-anteriores-à-criação-da-Sociedade-das-Nações-até-1919/declaracao-de-direitos-do-bom-povo-de-virginia-1776.html> Acesso em 28 abr 2020.

Weber, Max. **Escritos políticos.** São Paulo: Martins Fontes, 2014.